GUÉRIR DU MALHEUR

« Spiritualités vivantes »

LYTTA BASSET

GUÉRIR DU MALHEUR

Albin Michel
Labor et Fides

Albin Michel
▪ *Spiritualités* ▪

Collections dirigées
par Jean Mouttapa et Marc de Smedt

22, rue Huyghens, 75014 Paris

ISBN : 2-226-11043-7
ISSN : 0755-1835

Avant-propos

« On n'oublie rien de rien, on n'oublie rien du tout, chantait Jacques Brel, on s'habitue, c'est tout. » Mieux vaudrait dire : on croit s'habituer, mais le mal est fait et la blessure restera intacte tant qu'on ne s'en occupera pas. On ne le comprendra peut-être que beaucoup plus tard, quand le moment sera venu...

La culture dans laquelle nous avons grandi nous pousse encore à parler de ce qui nous arrive surtout en termes de faute : la question « qu'ai-je fait de mal ? » occupe bien davantage nos pensées et nos bibliothèques que la question « que m'a-t-on fait de mal ? ». Et nos réactions spontanées vont dans le même sens. Alors, faut-il un courage spécial pour aborder de front ce qui nous a été imposé de douloureux ? Est-il réservé à une élite d'âmes bien trempées de pouvoir prendre en compte la réalité du mal subi ?

Une variante de cette question nous aidera à répondre : *faut-il* vraiment remuer tout cela — ce passé blessé, ce qui précisément *n'a pas passé* ? Personne, du haut de son mérite, n'est en droit d'asséner à autrui un tel « il faut ». Mais les circonstances de l'existence nous acculent tôt ou tard à ce point précis où nous ne pouvons plus nous mentir à nous-mêmes : le moment est venu pour nous de faire face à cette souffrance ancienne que nous avions passé notre temps à maintenir enfouie. C'est désormais une nécessité intérieure plus forte que tous les bons conseils, et nous ne l'avions pas programmée !

À l'origine lointaine de cet essai, il y a eu une sorte de fascination exercée par le problème de la culpabilité. Fascination de plus en plus existentielle qui a fini par imposer un arrêt total à mon travail de recherche : j'avais mis en route une thèse de doctorat en théologie sur la culpabilité mais ma route se trouvait totalement obstruée par une réalité que ni ma formation philosophique ni ma formation théologique ne m'avaient préparée à aborder — le mal subi dans ma propre existence. La question se posait, incontournable, comme elle se pose à tout être humain avec plus ou moins d'intensité : qu'est-ce que je porte en moi de profondément blessé, que je n'ai pas pu voir jusqu'à aujourd'hui ? Que se cache-t-il d'insupportable derrière mon sentiment constant d'être coupable ou d'avoir à faire mes preuves ?

Ce double livre est le fruit d'un long temps de visitation et il a pour visée d'inviter chaque lectrice, chaque lecteur à entrer à son tour dans une visitation de sa propre histoire, jusque dans ses épisodes les plus inaccessibles : visiter le passé que nous portons au fond de nous *et* nous laisser visiter jusque-là — laisser Dieu entrer chez nous pour que la lumière se fasse même et surtout à la cave, pour que notre vérité, la vérité de notre histoire, vienne enfin à Son grand jour...

Aux temps interminables du désert, le fil ténu de la présence de Dieu a été et demeure pour moi ce verset de l'Apocalypse : « Voici, je me tiens à la porte et je frappe. Si quelqu'un entend ma voix et ouvre la porte, j'entrerai chez lui et je prendrai le repas avec lui et lui avec moi » (3,20). Discrétion parfaite, infini respect de ma liberté : *si* tu entends ma voix, *si* tu m'ouvres et *si* tu me fais entrer, moi l'Autre qui en appelle à toi, alors j'entrerai et nous visiterons ensemble ton histoire. Si tu ne m'entends pas, je me tiendrai encore et toujours à ta porte, je frapperai et j'attendrai, avec mon désir brûlant de toi — de manger avec toi, de partager la même joie d'exister. Je tenterai de me faire entendre de toi jusqu'à ton dernier souffle, sans me lasser...

Mais sur notre chemin de visitation, Dieu resterait souvent une abstraction si nous ne trouvions pas des compagnons de route. Quelquefois les livres en sont... C'est le désir qui m'anime aujourd'hui : que ce double livre soit pour chacun-e à sa manière un compagnon avec lequel on peut cheminer quelque temps, qu'on peut laisser reposer et reprendre plus tard, qu'on peut aborder de divers côtés. En effet, chacune des cinq parties (trois dans ce volume, deux dans le deuxième — *Le Pouvoir de pardonner*) formant en elle-même une unité, cinq portes d'entrée sont possibles, selon la sensibilisation du moment : on peut par exemple être davantage concerné par le pouvoir de pardonner et entrer beaucoup plus tard dans l'univers de Job. Un tel sujet n'impose aucune chronologie !

Nous vivons dans une société de *fast-food*, mais ce texte n'est pas destiné à être lu rapidement et tout d'une traite. Il m'a fallu sept ans pour l'écrire en respectant le rythme de mon propre cheminement. On n'y trouvera donc aucune recette pour éliminer rapidement la souffrance ni pour acquérir une méthode de pardon des offenses en dix points. Je souhaite vivement qu'à travers cette lecture chacun-e puisse à son tour respecter son propre rythme et se donner le temps de l'écoute intérieure.

Il s'agissait, au départ, d'une thèse de doctorat : tout ce que j'avançais devait être légitimé et vérifié. La version actuelle de deux volumes en livre de poche est allégée et peut parfois donner l'impression d'affirmations gratuites. Mais quiconque désire avoir accès aux justifications et développements de détail peut les trouver dans *Le Pardon originel. De l'abîme du mal au pouvoir de pardonner*, Genève, Labor et Fides, 1994 (4e éd. ; diffusion en France par Le Cerf).

Il demeure que, même allégé, ce texte aborde un sujet difficile. Ce n'est pas qu'il requière un quotient intellectuel élevé ni une culture spéciale, mais il pourrait conduire à se poser la question suivante : mon incompréhension n'est-elle pas plutôt une forme de résistance ? Ne suis-je pas touché-e par ce qui se dit là, au point de me sentir menacé-e ? Si tel est le cas, le cheminement se fera peut-être à tout petits pas, ou plus tard.

Enfin, si écrire sur un sujet aussi intime que le mal subi ne va pas de soi, s'imprégner de ce qui est écrit ici d'un tel sujet ne va pas non plus de soi. Dieu ne se tient-il pas là, dans cet entre-deux de la parole fragile que nous échangeons ainsi, en esprit et en vérité ?

Avertissement

Transcriptions

Les mots hébreux et grecs sont transcrits entre crochets, selon les grilles suivantes :

Hébreu
(Selon Dict. P. Reymond)

א		’	
בּ ב		b v	
גּ ג		g	
דּ ד		d	
ה		h	
			וֹ ô
ו	⇒	w ⇒	וּ u
			ֻ ou
ז		z	
ח		*h* (italique)	
ט		*t* (italique)	
י		y	
כּ כ ך		k	
ל		l	
מ ם		m	
נ ן		n	
ס		s	
ע		‘	
פּ פ ף		p f f	
צ ץ		*s* (italique)	
ק		q	
ר		r	
שׂ		´s	
שׁ		s`	
ת		t	

Grec
(Les esprits rudes sont transcrits par un h)

α	a
β	b
γ	g
δ	d
ϵ	e
ζ	z
η	ê
θ	th
ι	i
κ	k
λ	l
μ	m
ν	n
ξ	x
ο	o
π	p
ρ	r
σ ς	s
τ	t
υ	u
φ	ph
χ	ch
ψ	ps
ω	ô

Le *dagesh* hébreu apparaît dans les transcriptions par un dédoublement de la lettre.

Abréviations

NT = Nouveau Testament
LXX = la Septante (traduction grecque de la Bible hébraïque)
Dt Esaïe = le deutéro-Esaïe, auteur présumé des chapitres 40 à 55 du Livre d'Esaïe

Les (évangiles) synoptiques = Matthieu, Marc et Luc
TOB = Traduction œcuménique de la Bible

Les abréviations des Livres bibliques sont celles en usage dans la TOB.

Les traductions des textes bibliques données en tête de chapitre sont celles de l'auteur.

La bibliographie qui figure en fin de volume renvoie aux livres et articles que l'auteur cite expressément. Toutes les autres sources d'information utilisées ici sont mentionnées dans la bibliographie détaillée de la thèse publiée sous le titre *Le Pardon originel.*

Introduction

Longtemps on a cru pouvoir résoudre le problème du mal par la réflexion. Optimisme qui peut faire sourire. Il n'empêche qu'il cache une exigence toujours actuelle : comprendre le mal dans sa totalité. Personne n'y renonce aisément : c'est que cette exigence du sens fait partie de nous. Vivre et supporter le mal n'est véritablement possible que si nous y trouvons un sens — à la fois une signification et une orientation. Comprendre le mal dans sa totalité... Voilà ce à quoi avait renoncé Kant, à la suite de saint Augustin. Pourtant, après Kant, les systèmes d'explication du mal ont foisonné et on a continué à vouloir comprendre le mal dans sa totalité.

Et s'il existait une autre perspective ? Nous renoncerions à « résoudre » le problème du mal — à faire le tour de tout ce qui le cause et le compose, c'est-à-dire à repenser le monde autrement. Nous aurions plutôt à cœur de « dissoudre » le problème du mal dans quelque chose de plus vaste que lui. Il s'agirait de le com-prendre : de *prendre-avec lui* ce qui l'englobe et le dépasse de toutes parts, à la manière dont le sucre se dissout dans l'eau sans pour autant se trouver anéanti. C'est dire, avec P. Ricœur, que « la tâche de penser — oui, de penser Dieu et de penser le mal devant Dieu — peut ne pas être épuisée par nos raisonnements conformes à la non-contradiction et à notre penchant pour la totalisation systématique » (*Le Mal*..., p. 14)

« Tout mal est une faute ou une punition » ?

Cette formule attribuée à saint Augustin exprimait la vision d'un monde où chacun est impliqué dans une culpabilité déjà établie. Le problème que pose le mal est d'emblée résolu par la manière de le définir : je souffre soit parce que je commets le mal, soit parce que je subis une peine pour un mal que j'ai commis. Le mal se trouve réduit à la faute commise (*culpa/peccatum*) et à la punition-peine (*poena*). Le mal que nous souffrons injustement semble ne pas exister en tant que tel. Pour quelle raison ? La psychanalyse confirme qu'il y a là quelque chose d'universel : la souffrance, dans un premier temps et sans qu'on en ait conscience, crée un sentiment de culpabilité — je souffre, donc j'ai sûrement mal agi.

Mais l'expérience est là pour nous rappeler que le mal ne se réduit pas à la faute et à la punition ! Par ailleurs, le mal souffert n'est pas à mettre sur le même plan que le mal commis. Certes, il peut paraître plus facile d'aborder le mal par le biais de la faute : le mal commis faisant intervenir la volonté, il nous serait possible d'en faire le tour. Mais alors, nous nous apercevons que le mal subi n'est pas pris en compte : le mal subi n'est pas l'exact pendant du mal commis. Un emprisonnement (mal souffert) n'est pas du même ordre que le délit qui l'a provoqué (mal commis). D'emblée il y a disproportion, ou plutôt *absence de commune mesure*. Dès qu'il est question de souffrance — qu'elle soit infligée justement ou non — on entre dans une réalité qui n'est pas mesurable ; on fait connaissance avec l'incommunicable, cet arrière-fond auquel s'adosse toute expérience du mal.

Le mal souffert déborde tous les discours destinés à en rendre compte. Par ailleurs, l'interrogation qu'il suscite en nous est toujours plus ou moins motivée par un sentiment d'injustice. *Pourquoi moi ?* est une manière de dire : le mal que je subis est disproportionné par rapport au mal que je crois avoir commis. S'il en est ainsi, c'est qu'au moment où je souffre, je sais ce que je souffre mais ne sais pas ce que je fais souffrir : il m'est alors impossible de voir le rapport entre mon malheur et ma responsabilité, je ne sais qu'une chose — je souffre.

Traditionnellement, philosophes et théologiens ne se sont guère intéressés à ce soubassement de souffrance injuste présent dans toute expérience du mal. C'est probablement parce qu'il commence par imposer silence : quelle que soit son origine, le mal souffert interdit toute généralisation conceptuelle ; nous le vivons d'abord comme ce qui ne peut franchir les frontières de notre sphère individuelle sans se trouver immédiatement altéré, caricaturé, trahi. Il peut sembler alors plus légitime de s'interroger sur le mal commis. Mais c'est s'exposer à ne rien comprendre au problème du mal. En outre, c'est conduire la réflexion sur la faute dans une impasse.

Un écueil pour la pensée philosophique

Il y a, comme dit P. Ricœur, un « pathétique de la misère », cette incapacité où nous sommes de mettre des mots sur la totalité de notre expérience du mal. C'est notre premier écueil, mais il n'est pas nécessairement une faillite. Ce qui nous conduit à la faillite, c'est de vouloir interpréter le mal par le biais de la faute, comme on l'a fait traditionnellement. Si l'on peut montrer que cette méthode conduit à l'échec, on verra comment le mal souffert, qui défie la réflexion pure, appelle une *autre* méthode.

Au travers de quelques tentatives philosophiques exemplaires, nous ferons apparaître combien la notion de faute est difficile à penser. À l'aurore de la philosophie, Socrate affirmait que nul n'est méchant volontairement. À sa suite, la philosophie platonicienne tentait de rendre toutes choses intelligibles : « Nul ne tend de son plein gré vers ce qui est ou ce qu'il croit mauvais » (*Protagoras* 358 c), « on n'est jamais injuste volontairement et ceux qui font le mal le font toujours malgré eux » (*Gorgias* 509 e). Le mal viendrait tout entier d'une méchanceté qui est ignorance. Mais pourquoi est-on ainsi aveuglé ? La question reste entière.

Platon en arrive à concevoir un principe du mal

inhérent à la matière : par son incarnation-incarcération dans un corps, l'âme se rend coupable d'aimer sa prison. C'est dans la matière préexistante à Dieu qu'est le principe du mal : l'âme a tort de s'y laisser attirer. Soit nous oublions ce qu'est le bien du fait de notre chute dans un corps, soit l'ayant oublié nous croyons n'avoir rien oublié ; en tout cas notre faute se détache sur le fond d'un mal qui lui demeure extérieur : le rapport entre les deux ne saute pas aux yeux. La question rebondit alors : pourquoi l'âme choisit-elle son esclavage ?

Nous portons en nous une exigence d'unité qui coïncide sans doute avec notre exigence de sens : notre esprit ne se satisfait pas d'un monde absurde, soumis à deux principes contraires (bien et mal). Dans sa *Théodicée*, Leibniz a tenté de montrer comment le moindre mal a sa place dans un univers qu'il faut prendre dans sa totalité. Grâce au principe de raison suffisante, on doit comprendre que ce monde est le meilleur possible ; sinon il ne serait pas venu à l'existence ; la faute a pour racine notre limitation originelle ; elle ne met pas en péril le bien qui prédomine dans ce monde où toute chose a sa raison d'être : le mal est constamment équilibré par le bien.

Admettons, avec Leibniz, qu'on commette le mal par une erreur de la volonté ! Admettons que la faute, prévue par Dieu, fasse partie de son programme de création ! Mais comment comprendre une faute à la fois inévitable et pourtant commise en toute liberté ? Et que devient, dans ce système, la souffrance totalement injuste ?

À partir de Kant, on n'aura plus peur d'affronter

le mal pour lui-même, jusqu'aux frontières de l'intelligible. Pour Kant, le mal atteint la racine même de notre conduite : c'est « un mal radical inné dans la nature humaine (mais que nous avons cependant contracté nous-mêmes) » (*La Religion...*, p. 46). Pourtant notre disposition au bien est restée intacte, à l'état de germe. Et Kant avoue lui-même que l'origine de notre penchant au mal est incompréhensible. Tout se passe comme si le mal avait sa source dans une décision absurde de notre liberté. À nouveau, nous voyons bien que le mal ne se réduit pas à la faute — il y a toujours un surplus d'inexplicable : aucune faute, ou penchant aussi *radical* soit-il, ne rend compte complètement de la réalité du mal.

Avec la faute, nous sommes donc confrontés au même non-sens qu'avec le mal subi. C'est la première remarque que provoque la nouvelle d'un meurtre, par exemple : mais pourquoi a-t-il/elle fait cela ? Le mal ne s'explique pas par la seule méchanceté. Le non-sens resurgit intact : pourquoi nous rendons-nous coupables ?

Tant que nous cherchons du côté de l'origine de la faute, nous nous égarons... et nous sommes égarés, par exemple par les penseurs qui ont inventé le pur libre arbitre — la liberté que nous aurions de choisir, tout simplement, entre le bien et le mal ! Il serait si reposant de pouvoir ainsi maîtriser le mal : il suffirait de ne pas le choisir ! N'est-ce pas là un moyen, vieux comme l'histoire de la pensée, pour ne pas avoir à affronter l'inaffrontable — cet *autre* mal, injustement souffert dans la pire des solitudes ? Nous éviterions ainsi le combat redoutable avec ce mal non nommé qui défie non seulement la pensée mais l'existence tout entière.

La théodicée — cette tentative intellectuelle de sauver le Dieu bon, étranger au mal — revient à l'honneur avec Hegel. Dans sa philosophie dialectique, il y a place pour tous les malheurs : le mal existe, mais pour se résoudre dans l'étape suivante, qui est toujours un progrès en direction du Bien ou Savoir absolu. Le mal se réduit à notre finitude : nous faisons erreur parce que notre point de vue est encore trop particulier. Nous nous en apercevons seulement après coup, au moment où notre faute n'en est plus une puisqu'elle se trouve intégrée au devenir de l'Esprit, qui est éminemment un bien.

Mais si notre faute consiste à avoir recherché notre seul bien subjectif, qui nous dira où est le bien universel à atteindre ? Si notre conscience particulière ne le sait pas, à cause de sa finitude, que devient la faute ? Reproche-t-on au myope sa myopie ? Nous retrouvons ici l'écueil de la pensée socratique : si notre conscience singulière n'est pas méchante volontairement, le mal commis s'évanouit ; il demeure aussi incompréhensible que le mal subi auquel il tentait de donner une explication. Quant au mal-malheur, il se trouve à nouveau neutralisé, n'étant pas pris au sérieux pour ce qu'il est puisqu'il est travesti en étape nécessaire au progrès vers la totalité. Comme l'écrit P. Ricœur, « plus le système prospère, plus les victimes sont marginalisées. La réussite du système fait son échec. La souffrance, par la voie de la lamentation, est ce qui s'exclut du système » (*Le Mal*..., p. 33).

Chacun pour sa part, Nietzsche et Kierkegaard

s'opposent à une pensée purement rationnelle. Ce n'est pas que la vie doive être opposée à la pensée. En effet, si avec ces philosophes de l'existence nous aboutissons au même échec, c'est parce que la notion de faute est prise pour elle-même, sans être replacée sur le fond inexploré du mal-malheur. Certes, Nietzsche ne fait jamais l'économie du mal-malheur : « Le non-sens de la souffrance, et non la souffrance, est la malédiction qui a pesé jusqu'à présent sur l'humanité » (*La Généalogie...*, p. 347).

Ce qu'il dénonce à juste titre, c'est la réduction et l'identification du mal-malheur au mal commis. « Le prêtre *règne* par l'invention du péché » (*L'Antéchrist...*, p. 317), toute souffrance devient punition, et la « caste sacerdotale » enseigne à dénigrer la vie ; à cause d'elle, tout le réel bascule dans le « mal » en raison de sa force débordante ; toute manifestation de notre volonté est suspectée de péché ; tous nos actes étant intéressés puisqu'ils traduisent notre volonté de puissance, on peut tous les taxer de péché. Pour Nietzsche, bien et mal ne sont que des expressions de *notre* volonté de puissance. Le bien n'existe pas en dehors de *mon* bien, de ce que je veux profondément, authentiquement et pour l'éternité.

Nietzsche balaie donc la faute du champ de sa pensée. Notre volonté ne peut en aucun cas être considérée comme mauvaise, ni parce que par nature nous serions mauvais, ni parce que nous exercerions mal notre liberté : ce serait alors une volonté négative, une sorte de néant positif, quelque chose d'impensable ; ceux qui défendent cette idée le font par ressentiment, parce que la vie les a fait souffrir.

Comment suivre cet auteur alors qu'à l'évidence, le mal que nous commettons devient mal-malheur pour les autres et ne se réduit donc pas à du vent ? Notre réflexion sur le mal se fourvoie quand elle ne prend pas *également au sérieux* le mal que nous commettons et le mal que nous subissons.

Le philosophe danois Kierkegaard, pour sa part, s'est intéressé précisément aux racines de la culpabilité : le péché — cette situation existentielle où nous sommes coupés de Dieu — est entièrement *de notre faute*, et pourtant il échappe à notre raison et à notre pouvoir. C'est quelque chose d'obscur et de radical qui, une fois mis en œuvre, ne cesse de s'entretenir soi-même. Tel est le paradoxe : à la fois nous sommes responsables du mal que nous commettons *et* nous ne parvenons pas à le vaincre. Occasion rêvée, selon cet auteur, de prendre au sérieux le mal commis, comme quelque chose que nous sommes incapables de maîtriser complètement par la pensée : cette réalité semble mener sa vie propre, insaisissable, assourdissante ; nous en prenons conscience quand cesse le vacarme. Luther l'avait dit : on ne sait rien du péché sinon à l'intérieur de ce qu'il n'est plus — la proximité avec Dieu, la relation retrouvée avec lui.

Cependant, Kierkegaard maintient que nous nous coupons volontairement de Dieu. Et nous butons à nouveau sur le pourquoi et le comment de « cette corruption de la volonté (qui) dépasse toute la conscience de l'individu ». Nous ne savons jamais jusqu'à quel point nous sommes coupés de Dieu : pourquoi avons-nous « besoin d'une révélation venant de Dieu pour (nous) éclairer sur la nature du péché et (nous) montrer à quelle profondeur il plonge » (*La Maladie...*, p. 250) ?

Kierkegaard tente alors de comprendre comment notre angoisse nous entraîne dans le péché : « L'angoisse est l'état psychologique qui précède le péché, s'en approche aussi près que possible, de façon aussi angoissante que possible, sans toutefois expliquer le péché qui ne surgit que dans le saut qualitatif » (*Le Concept...*, p. 191). Mais pourquoi notre liberté bascule-t-elle du côté d'une faute qui lui fera réaliser qu'elle *était* libre ? D'où vient l'angoisse devant le possible, ce pouvoir étranger qui inquiète *et* fascine ? Tel est le paradoxe du christianisme, selon cet auteur : nous ne pouvons pas expliquer pourquoi nous nous coupons de Dieu par le mal que nous commettons, pas plus que nous ne pouvons expliquer pourquoi nous sommes libres de ne pas le faire ; et c'est précisément dans cette impossibilité que s'enracine la bonne nouvelle : Dieu balaie tout, le péché est extirpé « si radicalement qu'il semble noyé dans la mer » (*La Maladie...*, p. 255). Moins nous comprenons, plus nous sommes invités à faire un acte de foi !

Mais la question reste brûlante : comment nous sentir réellement libérés si nous avons renoncé à tout espoir de com-prendre le mal commis, de le *prendre-avec*, de l'intégrer à notre propre existence, de lui trouver sens ? Et comment lui trouver sens si nous avons commencé par l'isoler du mal-malheur subi ? Tout se passe comme si Kierkegaard nous demandait de sacrifier non notre raison mais notre *exigence de sens* sur l'autel de la foi. Du moment que notre pensée se brise contre l'écueil du mal, il nous faudrait accepter une sorte de mutilation, par un effort surhumain : je crois parce que c'est absurde ! Mais si c'était le contraire — je crois parce que cela prend sens pour moi ?

Un écueil similaire pour la théologie

En théologie, il apparaît que la pensée se heurte au même écueil. Jugeons-en par la doctrine du péché originel : elle est la tentative la plus ancienne de comprendre le mal par la faute. Or elle explique le mal en le présupposant. Terme créé par saint Augustin, probablement en 397, le péché originel désigne l'état de péché dont nous héritons du simple fait de notre nature humaine. Mais de deux choses l'une : ou bien nous fautons par transmission héréditaire et nous n'y sommes pour rien ; ou bien nous fautons parce que c'est notre choix responsable. Comment maintenir ensemble les deux affirmations sans tomber dans la contradiction ? En outre, comment retrouver le lien qui nous rattache à Dieu si nous sommes foncièrement corrompus par nature ? Nous ne pouvons alors que demeurer imperméables à la « bonne nouvelle » !

Certains théologiens ont tenté de montrer que la Bible, en particulier le récit de la Genèse, ne fait pas du péché une fatalité : il nous *arrive* de nous couper de Dieu par le mal que nous faisons, mais il n'y a là aucune nécessité ; cela aurait pu ne pas être ; nous ne sommes pas alors happés dans un enchaînement logique et implacable de causes et d'effets. Or la doctrine du péché originel se présente précisément comme une explication logique qui supprime de fait notre espace de liberté et de responsabilité.

C'est pourquoi il convient, avec P. Ricœur, de l'abandonner pour se souvenir que le récit de la Genèse a un caractère mythique : « C'est un récit précisément parce qu'il n'y a pas de déduction, de transition logique entre la réalité fondamentale de l'homme — créature bonne et destinée au bonheur — et son état existentiel ou historique vécu sous le mode de l'aliénation » (*Finitude...*, t. 2, p. 155).

Et nous nous heurtons à nouveau au même écueil : qu'est-ce qui nous contraint à mettre en péril notre liberté ? Si Adam et Ève étaient comblés par Dieu, pourquoi ont-ils choisi délibérément leur propre aliénation ? L'intuition juste de la doctrine du péché originel, c'est la solidarité de tous les humains face à un mal-déjà là auquel ils participent sans le savoir. Mais notre pensée se trouve toujours confrontée, malgré elle, à un mal plus originel que le mal effectivement commis. N'est-ce pas le signe qu'il nous faut une autre méthode d'approche : une réflexion sur le lien qui existe *toujours* entre le mal commis et le mal-malheur.

Ce fut le point de départ du théologien K. Barth : il nous est impossible de penser systématiquement le néant — cette idée de nocivité, de nuisance, de puissance négative mais active. Parce que « objectivement la relation entre le Créateur et la créature n'est pas un système mais qu'elle se trouve altérée par un élément étranger et hostile », la théologie n'aboutira jamais à un système : elle ne peut prétendre qu'à « une réflexion et un langage brisés » (*Dogmatique*..., p. 6). L'écueil, ici, est clairement désigné : « Qu'il prenne la forme du péché, de la souffrance ou de la mort, le néant ne saurait être conçu comme un phénomène naturel ou comme un état ; en fait il demeure absolument inconcevable et inexplicable. Ce que l'on peut concevoir et expliquer se réfère en effet toujours à une norme quelconque. Or le néant est ce qui est totalement anormal et sans mesure... Le néant n'obéit à aucune loi » (*ibid.*, p. 66 s).

Nous voilà sur la piste d'une autre méthode. Il ne s'agit plus de comprendre le mal à partir de ce qu'on peut en connaître et en dire. Nous chercherons à le com-prendre à partir de ce que nous pouvons en faire, à le *prendre-avec* notre existence entière, passée, présente et à venir : peut-il s'y insérer et trouver sens pour nous qui aspirons à « en faire quelque chose » ? Dans une telle démarche, notre pensée n'abdique pas. Elle change d'orientation : elle passe du pourquoi au pour-quoi du mal. Elle se désintéresse de l'explication du mal par les causes, pour se mettre à la recherche d'un sens, d'une direction, d'une compréhension du mal *à partir d'un « en vue de quoi »* il a pu arriver.

Rappelons notre point de départ : tôt ou tard nous butons sur un contenu — le mal-malheur, l'abîme ou le néant — que nous ne pouvons traduire en mots sans le trahir. Le même écueil nous est apparu dans la pensée de quelques philosophes et théologiens exemplaires, écueil lié à la méthode traditionnellement utilisée : partir du mal commis en l'isolant et en le détachant de son soubassement — ce mal-malheur subi qui fait partie de toute existence.

Ce n'est pas notre raison qui est en cause : pourquoi désarmerait-elle ? Ce qui est à approcher autrement, c'est la relation entre notre raison et ce qui n'est pas raisonnable. Le mal que nous commettons nous paraît, rétrospectivement, irrationnel. Nous ne savons pas ce qui nous a pris. Nous sommes alors renvoyés au soubassement irrationnel de toute existence raisonnable, à cette nuit indicible où les valeurs morales se confondent, où les responsabilités se mêlent inextricablement, où les repères intérieurs disparaissent. Et, dans cette nuit, nous ne voyons même plus le mal que nous faisons, parce que ce mal appartient à la même nuit que le mal-malheur dont il est issu.

C'est alors l'occasion unique pour notre pensée de s'engager dans une nouvelle tâche : retrouver la piste qui conduit du mal-malheur à la faute-péché ; ou plutôt rebrousser chemin de la faute-péché au mal-malheur, à cette toile de fond sur laquelle faute et péché s'inscrivent toujours. Dès lors, nous abandonnerons comme un faux problème la question du passage de la liberté à la faute : nous renoncerons à distinguer des concepts établis *a priori* et incompatibles. En revanche, notre question constante sera : et s'il y avait au bout du compte une *unité de sens* ? Et si notre innocence originaire — l'innocence de l'enfant qui vient au monde — était inséparable du mal à la fois subi et reproduit ? Et s'il nous fallait les prendre *ensemble*, dans une même unité de sens, une même signification ?

Il est possible de prendre un autre départ, en nous

appuyant sur le soubassement déraisonnable de l'existence plutôt que sur les catégories de notre raison (faute — liberté — bien — mal). Nous ne partirons plus de ce qui devrait être mais de ce qui, dans la réalité d'un mal absurde, porte la marque d'un sens possible, d'une intention autre, plus originaire. Autrement dit, nous prendrons au sérieux le petit peu que nous comprenons d'un mal inintelligible en lui-même. Supposons que ce petit peu soit la partie visible de l'iceberg ! N'est-ce pas une chance pour les navigateurs que nous sommes ? Car sans elle, comment aurions-nous accès à l'iceberg ? Comme le dit P. Ricœur, « nous n'avons pas d'autre accès à l'originaire que le déchu... L'idée même de déchéance comporte référence à la perte de quelque innocence que nous comprenons suffisamment pour la nommer et pour désigner la condition présente comme écart, comme perte ou comme chute » (*Finitude...*, t. 1, p. 93).

Une voie de communication

Avec le problème du mal, nous sommes confrontés à une aporie — à une « difficulté d'ordre rationnel paraissant sans issue » (dict. Le Robert). Toutefois, la définition du dictionnaire philosophique A. Lalande est moins enfermante : si l'aporie, face au mal, est « l'absence de passage ou de moyen » — du grec [aporia], la *difficulté de passer* — alors nous voyons que la voie de communication nous fait défaut, mais qu'elle peut exister. Par où allons-nous passer pour nous en sortir ?

Nous commencerons par ne pas renier l'exigence d'unité qui sous-tend toute philosophie, toute théologie et sans doute toute vision du monde : qu'est-ce qui peut humaniser notre existence sinon le sens qu'elle prend et la cohérence qui se met à l'habiter ? Inversement, qu'est-ce qui détruit davantage notre personnalité que les significations incompatibles qui la traversent ?

Quand nous réfléchissons au problème du mal, nous avons plus que jamais à prendre au sérieux notre exigence d'unité, sans quoi nous serions menacés de déshumanisation : pourquoi nous saborder nous-mêmes sous prétexte que notre pensée bute sur de l'inintelligible ? L'exigence d'unité concerne notre raison au plus haut point, dans la mesure où raison et expérience ne sont rien l'une sans l'autre : notre réflexion sur le mal ne serait rien sans l'expérience dont elle essaie de rendre compte ; et notre expérience du mal resterait à jamais absurde si aucune pensée ne cherchait à la traduire.

Notre pensée va avoir à se couler dans l'expérience, tel un liquide dans un vase. Notre pensée va prendre les contours que lui impose notre expérience du mal : si elle se désolidarisait de notre expérience, elle se perdrait, comme le liquide privé de contenant se défait et disparaît. Mais inversement, sans le liquide le vase n'a pas de sens : sans notre pensée, qui la valorise, notre expérience du mal sonnerait creux ; elle resterait béante, en attente désespérante de signification.

Si le désir le plus profond en nous est que notre

vie soit cohérente plutôt qu'en proie aux contradictions, nous ne renierons jamais notre raison : tôt ou tard nous parviendrons à l'harmoniser avec notre expérience du mal, comme le liquide petit à petit épouse le vase. Sinon l'aporie demeure, au sens de difficulté logique dont il nous est impossible de sortir. Il s'agit pour P. Thévenaz d'être « prêt à transformer sa raison et à bouleverser l'image qu'(on) s'en fait, pour être fidèle à une expérience profonde, inéluctable, dont (on) ne saurait faire fi à aucun prix » (p. 14).

Quand le vase de notre expérience vient à se fêler ou à se briser — et c'est le cas lorsque le mal nous casse et nous détruit — notre raison se trouve confrontée à un abîme de déraison : elle s'aperçoit que, jusqu'ici, seuls les contours du vase lui donnaient une assise solide. Si jusqu'ici notre raison avait cru tirer sa force d'elle-même, elle est bien obligée de constater que par la cassure de l'expérience de la souffrance, c'est *sa propre force* qui s'échappe. Elle ne se savait pas si dépendante !

Désormais nous comprenons que notre réflexion sur la vie n'avait jusqu'alors pas vraiment tenu compte de l'abîme de la souffrance, *parce que nous n'en avions pas fait l'expérience ;* ou bien, il nous suffisait de délester notre expérience du mal de ce qu'elle avait d'insupportable, et nous pouvions alors tabler sur elle et nous en servir comme d'un rempart contre l'abîme de déraison qui pourtant nous cernait de toutes parts.

Si nous voulons sortir de l'impasse où le mal nous a immobilisés, il nous faut commencer par reconnaître la totale interdépendance entre notre expérience et notre raison ; et c'est notre expérience *de la souffrance*, par sa brutalité et sa radicalité, qui peut nous révéler cette interdépendance. En effet, comment notre raison aurait-elle accès à l'abîme de déraison qui l'entoure, si elle ne se trouvait un jour confrontée à la cassure de l'expérience de la souffrance sans fond, cassure par laquelle elle-même se perd ? Qu'est-ce qui peut ébranler l'assurance intérieure de notre raison davantage que notre naufrage dans la souffrance ?

Nous avons beau nous raisonner, nous n'avons alors aucune prise sur ce naufrage intérieur. C'est enserrée dans cette expérience incontrôlable du mal que notre raison s'aperçoit de sa dépendance : à travers ce qui nous arrive, la même cassure brise le vase de notre expérience familière, et vide notre raison de ses propres ressources. Nous ne cherchons plus à comprendre le mal car notre raison, cassée elle-même par la souffrance sans fond, ne sait plus si elle *est* encore raison.

N'est-ce pas là la question la plus brûlante de cette existence, lorsque l'expérience d'une souffrance atroce fait basculer notre raison et que nous nous sentons devenir fous sans savoir à coup sûr que nous ne le sommes pas — quelles que soient les paroles rassurantes et bien intentionnées qui nous sont alors prodiguées de l'extérieur ?

Le vase se casse en même temps que le liquide se perd : notre raison et notre expérience sombrent ensemble dans l'abîme. Mais ce sont deux événements irréductibles l'un à l'autre. Il a fallu la cassure pour que nous nous en apercevions : rétrospectivement, nous comprenons que jamais nos raisonnements et nos interprétations ne parviennent à épouser parfaitement notre expérience ; et que d'un autre côté nos expériences sont toujours, en quelque sorte, en attente de signification. Pour le moment, notre pensée divorce d'avec notre expérience : elle ne peut plus la suivre, elle ne peut pas la suivre jusque dans l'abîme...

Le grand perdant de ce divorce, c'est l'enfant que pensée et expérience ont en commun : le langage, héritier des deux puisque à travers lui notre pensée vit, grandit, se communique, et qu'à travers lui notre expérience se signifie, se valorise, s'humanise... Pensée et expérience se trouvent alors brisées dans l'exacte mesure où tout langage qui les traduirait devient impossible. C'est la conviction générale des auteurs juifs de l'après-Auschwitz : « Le discours en général, écrit Susan Shapiro, et le langage sur Dieu sont cassés, leur cohérence brisée, leur capacité de signifier rompue » (p. 12).

Le langage brisé

Notre langage lui-même aurait-il échoué dans une voie sans issue ? Se montre-t-il incapable de nous aider à communiquer avec autrui, par la réflexion et par le témoignage de l'expérience ? Le pont est détruit. Mais un pont détruit ne supprime pas la possibilité du pont : au contraire, il en indique l'emplacement. Quand toute possibilité de parler et de nous faire entendre semble anéantie, le langage déserté ne devient-il pas *le lieu même* d'une rencontre inédite ? N'est-ce pas *dans cet espace* déshumanisé qu'apparaît en filigrane la possibilité de la Parole ? Soit raison et expérience du mal se perdront ensemble dans la cassure de notre être ; soit elles partiront ensemble du langage qui leur fait défaut.

C'est dire que pour parler du mal notre langage lui-même sera brisé. Il perdra peut-être sa belle cohérence logique, à coup sûr sa rhétorique. Il se fera plainte, déchirure, incantation. Il se lovera au creux de notre expérience souffrante pour tenter de la prolonger à l'adresse d'autrui, sans préoccupation autre que notre fidélité la plus étroite à la blessure qui en est la source, sans prétention autre que celle de l'écho qui transmet le cri, de façon brisée, comme s'il n'y croyait pas vraiment, comme s'il s'éteignait enfin, à regret, sans avoir tout dit.

Pourquoi un langage brisé ? Parce qu'il ne peut être entendu autrement, si nous aspirons à ce que notre souffrance innommable résonne au plus profond d'autrui, se fasse entendre au sens de comprendre. Nous parlions de l'écho : le langage qui répercute le cri doit être brisé, tel l'écho, pour être entendu au loin. « Si nos idées sur le sens et la cohérence du langage, écrit S. Shapiro au sujet de la Shoa, sont en principe incapables de dislocation et de négation, alors le témoignage de la négation radicale ne peut, en fait, jamais être entendu » (p. 12).

Toutefois, il arrive qu'un tel langage ne soit pas jugé digne d'une réflexion sérieuse. On se hâtera de dire : votre expérience tragique est certainement authentique, mais aucune philosophie, aucune théologie ne saurait valablement s'édifier sur un tel savoir. « Raison avouée : la pensée tragique est incapable de s'ériger en philosophie... Raison inavouée : une "philosophie tragique" serait inadmissible parce qu'elle signifierait la négation préalable de toute *autre* philosophie [1]. »

En effet, quand notre pensée accepte de se mouler sur notre expérience, aussi insupportable soit-elle, nous n'aspirons plus qu'à faire passer le tragique du silence au langage. Notre pensée, alors, épouse la radicalité même de notre expérience du mal ; et aucune pensée *autre* ne peut donc avoir place à ses côtés sans dénaturer immédiatement cette radicalité de la souffrance que nous endurons. Quand nous acceptons de réfléchir à ce tragique qui a happé notre existence, nous cessons de nous désolidariser, intellectuellement, de ce qui nous est arrivé. Voilà pourquoi la tentation est grande d'éliminer une philosophie ou une théologie qui se pose comme négation de la pensée au nom d'une expérience impensable.

Briser le silence, donc, ne se peut que par un langage brisé. Toutefois, cette brisure est seconde par rapport à une destruction bien plus radicale : le pire, la souffrance sans fond, ne peut pas être pensé — quand nous le revivons, nous ne pouvons même pas le penser. Mais nous nous sommes donné pour tâche de verbaliser ce qui demeurera impensable. Cela ne va pas sans renoncement : accepter de dire l'expérience du mal, laisser notre pensée traduire dans son propre registre ce qu'elle peut en entendre, c'est *renoncer à ce que tout soit dit ;* c'est privilégier la communication avec autrui aux dépens de la fidélité *totale* à cette expérience du mal que nous devons trahir tôt ou tard si nous voulons rester en vie, c'est-à-dire en relation avec les êtres parlants.

Notre langage sur le mal sera second, ni secondaire ni contingent, mais second et brisé : quelque chose le précède et le casse d'emblée dans sa prétention à rendre compte intégralement de la réalité. Il n'est pas le survivant d'une catastrophe dont il serait le seul à pouvoir témoigner. *Il a été lui-même détruit.* Désormais, il reste un langage mort si nous refusons de révéler les marques de la destruction qu'il porte en lui.

Notre pensée aux prises avec le mal n'est pas acculée à l'impasse : elle peut faire de sa grande difficulté un point de départ. Confrontée à l'expérience du mal, interpellée, désarçonnée, mise en question, notre raison ne s'y retrouve plus et c'est pour elle l'occasion de se regarder en face : tout à coup, sa parfaite adéquation à la réalité lui paraît suspecte. Elle *ne voit plus* ce qui jusqu'ici allait de soi et qu'elle ne voyait donc pas : son adhésion au réel. Elle prend conscience de son point aveugle : « Dans son aporie, écrit P. Thévenaz, la raison prend conscience qu'il y a un point aveugle dans l'œil de la raison : c'est ce point où la raison est reliée à la réalité par un accord implicite et indiscuté » (*La Condition...*, p. 48).

L'expérience du mal n'est-elle pas précisément l'expérience-choc qui nous fait prendre conscience de ce point aveugle ? Si nous accueillons cette découverte comme le premier pas sur un chemin de libération et non comme la voie de garage définitive pour notre raison, nous nous sentirons appelés à investir nos forces autrement, sans avoir à abdiquer les exigences de notre raison. Nous ne verrons pas la nécessité de nous résigner à croire en Dieu *malgré* le mal. Plus que jamais, nous chercherons à comprendre le mal, mais en commençant par mettre le Sens entre parenthèses, en prenant pour point de départ cet abîme de non-sens qui nous révèle notre tâche : trouver et être trouvés par un Sens qui ne va pas de soi, qui n'est jamais allé de soi que dans notre fantasme d'absolu.

C'est bien là une entreprise de désabsolutisation, mais nous avons tout à y gagner. Certes, nous renoncerons à croire que notre pensée recouvre *toute* la réalité ; nous prendrons acte d'une réalité radicalement *autre*, c'est-à-dire d'un mal foncièrement irréductible et inassimilable. Mais nous verrons alors notre champ d'exploration s'étendre à l'infini. En effet, nous serons libérés du souci d'intégrer de force dans les structures de notre raison un mal que nous considérions comme second et indésirable ; et nous pourrons alors mettre en œuvre toutes les ressources de notre raison pour accueillir ce mal dans nos termes, nos représentations, nos catégories de pensée. En répondant à cette vocation d'accueil, nous nous engagerons dans la quête infinie du Sens qui fait vivre.

Pourquoi parler de vocation ? Parce que notre raison sera désormais appelée par autre chose que nos raisonnements : nous ne nous enfermerons plus nous-mêmes à l'intérieur de nos principes logiques. Ayant pris conscience qu'elle ne pourra jamais prouver ni se prouver à elle-même qu'elle n'est pas folle, à moins de se prendre pour Dieu lui-même — le Sens absolu qui *se sait* Sens absolu —, notre raison n'a pas d'autre avenir que de s'engager. S'engager dans cette expérience du mal qui la tire plus loin qu'elle, qui l'appelle à rejoindre l'humain jusque dans ses abîmes...

Une raison engagée tout entière dans la tempête des humains en proie au mal est une raison qui répond à sa vocation profonde : s'insérer dans l'expérience humaine, pour le meilleur et pour le pire, pour la quête d'un Sens qui est indéfiniment à conquérir sur l'arrière-fond de non-sens que révèle le mal. Accepter d'être dans le même bateau : faire naufrage dans l'existence humaine en proie au mal, ou faire escale là où l'expérience du mal connaît des îlots de sens, et peut-être accoster un jour sur une terre insoupçonnée où tout prendra sens. Il faut parler de vocation parce que notre raison peut refuser d'être du voyage... mais sans elle à bord, comment éviter le naufrage ?

Devant notre raison s'ouvre un espace de liberté : la voilà appelée sur un terrain qui n'est pas le sien propre mais qui la sollicite tout entière. Ce terrain est celui du témoignage. Telle est sans doute la vocation la plus méconnue de notre raison : prendre au sérieux le témoignage de l'expérience du mal, explorer ce champ imprévu d'investigation le plus honnêtement possible, pour tenter d'aller jusqu'au bout de nos potentialités humaines...

Le témoignage donne à penser

Kant appelait « catégories » les concepts fondamentaux de l'entendement pur : il voulait mettre en lumière les formes vides, *a priori*, de notre pensée. Kierkegaard, lui, cherchait quelle catégorie de pensée pouvait le mieux refléter notre existence dans toutes ses composantes — intérieure, religieuse, souffrante, etc. Il n'hésitait pas à inventer de nouvelles catégories susceptibles d'aider notre pensée à se mouler sur l'expérience pour mieux lui trouver sens. Existe-t-il une catégorie de pensée qui nous permette de décrire fidèlement notre réalité et, en même temps, de mettre un terme à nos questions insolubles concernant le mal ?

Avant d'entrer dans cette question, nous avons à revisiter la relation entre *subjectif* et *objectif*. Jusqu'ici, un fossé nous est apparu entre la personne en proie au mal et la personne qui évalue cette expérience : ce qui prend les couleurs de la faute pour l'un n'est pas du tout vécu comme tel par l'autre ; le mal subi est parfaitement descriptible pour l'un et proprement indicible pour l'autre ; l'un se croit libre du mal, l'autre ne parvient pas à le convaincre qu'il est aliéné.

L'expérience du mal est si subjective qu'il devient presque impossible de le définir. C'est comme s'il fallait expliquer la liberté à un-e prisonnier-ère qui ne l'aurait jamais connue, ou décrire l'abîme du mal à qui n'y aurait jamais été plongé. Toute généralisation de l'expérience du mal paraît alors illégitime ; il se trouvera toujours quelqu'un pour objecter : moi je n'ai pas de sentiments de culpabilité ou moi je ne connais pas cette souffrance abyssale, par conséquent tout cela ne relève *que* de la sphère individuelle ; c'est peut-être authentique mais c'est trop particulier pour qu'on puisse en dire quelque chose de valable pour tout être humain !

C'est ici qu'il nous faut une autre méthode, de manière à casser le schéma traditionnel *subjectivité ou objectivité*. C'est l'objet même de notre réflexion qui nous impose cette autre méthode : le mal — souffrance et faute — qui se niche au cœur de ce qui en nous est le moins objectivable, la liberté ! Nous n'avons aucun accès à l'expérience du mal, ni à la nôtre ni à celle d'autrui, tant que nous nous cantonnons dans l'objectivité d'un savoir extérieur. Mais nous sommes capables de *prendre parti pour ce qu'il y a de plus subjectif* dans notre expérience ou celle d'autrui. Quand nous le faisons, c'est pour éviter de la réduire en concepts manipulables. Par exemple, au lieu de faire de telle personne l'objet de notre pensée (j'ai compris sa pathologie, je sais comment elle fonctionne), nous prenons sciemment parti pour une *vérité non objectivable* — la vérité de *son* expérience irréductible du mal. Nous sommes alors au défi d'accueillir cette vérité-là.

Pour une fois, nous pouvons nous faire l'écho d'une vérité que notre pensée n'a pas définie elle-même *a priori* et qu'elle ne pourra jamais objectiver — une vérité qui la précède et la déborde. Il nous arrive de déplorer l'absence d'objectivité dans le domaine du mal et de la souffrance. Pourtant, ici, objectiver ce que vit la personne souffrante, c'est être réducteur. Nous dirons alors, à propos d'un discours sur le mal : ce n'est qu'une conceptualisation du mal, et non l'inverse : ce n'est qu'une expérience individuelle du mal.

Toutefois, notre activité de sujets pensants n'est pas en cause : si nous posons au départ que le plus particulier dans l'expérience d'un sujet unique peut prendre valeur universelle, notre réflexion se trouve sollicitée à l'infini. Somme toute, nous croyons bien, spontanément, que nos catégories de pensée correspondent à la réalité. Mais nous n'en avons pas la preuve ! Alors nous pouvons *croire* à la valeur universelle de l'expérience souffrante : c'est aussi un acte de foi, mais que nous faisons consciemment, en connaissance de cause.

Qu'est-ce qui peut nous y aider ? Qu'est-ce qui peut nous pousser à croire que notre expérience la plus subjective de la souffrance communique potentiellement avec celle de tout être humain ? C'est l'intuition que Dieu lui-même est pur Sujet : « Dieu est la pure subjectivité sans mélange », dit magnifiquement Kierkegaard. Pure subjectivité, il n'a même pas en soi d'être objectif, car tout ce qui a une telle objectivité entre, par le fait même, dans le domaine du relatif » (*Papirer XI*, 2A54). En effet, tout ce qui est *objet* est maîtrisable, manipulable, donc relatif comme tous les objets de ce monde.

Mais Dieu pourrait rester pur Sujet dans son ciel, et nous incapables de voir ce qu'il y a d'universel dans notre subjectivité souffrante. Cependant, comment notre pensée pourrait-elle exister en soi ? Comment s'élèverait-elle au-dessus des individus concrets pour atteindre l'universel, sans élever aussi à l'universel leur expérience du mal ? Pourquoi seule l'expérience du mal nous maintiendrait-elle prisonniers du subjectif, alors que dans tous les autres domaines de notre activité pensante, nous parvenons à promouvoir l'individu au rang de l'universel ?

Qu'elle le veuille ou non, notre pensée a partie liée avec l'individu jusqu'aux bas-fonds de son existence. Nous pouvons y voir une malédiction, dans la ligne de Hegel pour qui le mal était précisément dans la subjectivité isolée. Mais nous pouvons aussi y déceler sa vocation. Nous chercherons alors la valeur humaine de notre subjectivité du côté du Christ et de son affirmation : « Je suis le chemin *et* la vérité *et* la vie » (Jn 14,6). Voilà bien ce qu'il nous faut pour approcher la réalité du mal : une méthode (le *chemin*, le cheminement), une découverte de ce que nous n'avions pas encore vu (la *vérité*), une valeur présente et à venir (la *vie*, ce qui fait vivre).

La tradition chrétienne a vu en Jésus de Nazareth le sujet par excellence : elle a dit comment la pure subjectivité de Dieu avait pu ainsi habiter sur cette terre. En s'offrant lui-même comme le chemin-la vérité-la vie, le Christ nous invite à approcher tout individu à travers lui-même qui n'a pas craint de *n'être que sujet* (« je suis... »). À travers lui, nous entrevoyons comment considérer toute expérience de sujet, y compris celle du mal, comme la référence de base : il existe, pour tout être humain, un cheminement qui est recherche de la vérité de sa propre vie, de sa pure subjectivité de sujet, et qui est *en même temps* irruption de la vie en abondance de Dieu, le pur Sujet.

Nulle part dans les évangiles nous ne voyons Jésus expliquer ce qu'est le péché ou la faute, ni exposer sa conception du mal, ni enseigner ce qu'est la liberté. Cependant, il apparaît comme un maître dont la force de l'enseignement ne cesse de surprendre. Force qui peut s'expliquer par la diversité et la complémentarité de ses méthodes d'enseignement : dialogues intimes, prédications, gestes concrets, notamment de guérison, images et paraboles, poésie, raisonnements déductifs, communication non verbale... et même silences. Autant d'éléments, pourtant, qui caractérisent n'importe quel grand prophète !

Ce qui a fait de Jésus le Sujet par excellence, selon la tradition chrétienne, n'est-ce pas sa manière *unique* de se tenir devant Dieu et devant les humains ? Toute sa vie et son enseignement ont eu pour centre de gravité sa conscience d'être fils. Or qu'y a-t-il de plus subjectif que la relation d'un enfant à son père ou sa mère ? Jamais humain n'était descendu aussi profond dans son expérience subjective : c'est à cette source vive du Sujet, en lui, qu'il puisait la force de son enseignement... et cet enseignement prenait valeur universelle.

Voilà pourquoi la confrontation unique de Jésus avec le mal peut concerner aujourd'hui encore chacun-e de nous dans son unicité : c'est qu'avec Jésus notre subjectivité a trouvé accès à l'universalité. Notre expérience du mal peut s'inscrire sur la toile de fond de l'universel puisque, avant nous, l'homme Jésus de Nazareth n'est pas mort d'*être seulement sujet* : à sa suite, nous trouvons notre subjectivité — y compris la plus particulière, la plus intime : notre subjectivité souffrante — *d'abord* enracinée en Dieu, le pur Sujet.

Concernant le mal, l'antagonisme entre subjectif et objectif semble bien être un faux problème. La vérité sur le mal n'est pas une marchandise à acquérir. Notre pensée devra renoncer à réconcilier l'objectif et le subjectif, pour *se* voir et *se* recevoir elle-même impliquée dans notre existence individuelle : « La tâche du penseur subjectif consiste à se comprendre soi-même dans l'existence[2] », note Kierkegaard.

Une *autre* objectivité commence alors à se dessiner, qui n'évacue aucune expérience du mal sous prétexte de son particularisme. Au contraire, notre objectivité se nourrira de ce qui fait de tout humain un sujet unique. C'est dans notre intérêt. En effet, à aucun moment notre réflexion ne peut prendre congé de notre expérience : si elle faisait fi d'une seule expérience dérangeante, notre réflexion perdrait toute crédibilité. Elle tire sa force, précisément, de sa prise en compte de *tout* l'éventail de nos expériences, y compris les plus abyssales, les plus perturbantes, les plus inavouables. Alors elle touche à quelque chose d'universel...

Maintenant nous pouvons nommer la catégorie de pensée qui nous fait accéder à cette *autre* objectivité : c'est la catégorie du témoignage. Nous avons là en quelque sorte un outil de travail, qui est « mixte » — à la fois forme de pensée, langage approprié et description correcte du réel. Ainsi, la force de l'enseignement de Jésus ne vient-elle pas de ce qu'il se situe en témoin ?

Ici la formule de P. Ricœur — « le symbole donne

à penser[3] » — devient : le témoignage donne à penser. En effet, le témoignage ne démontre rien, il ne livre pas un savoir-marchandise. Mais il n'est pas un néant : il offre matière à réflexion. Il livre quelque chose du réel, y compris de l'expérience du mal. Mais ce n'est pas un don ficelé. C'est un don ouvert, en attente de réflexion et de signification : il donne à penser...

Pas plus qu'il ne démontre quoi que ce soit, le témoignage n'est une preuve par lui-même. Il faut parfois beaucoup de temps pour qu'autrui lui trouve un sens et le prenne pour une attestation de la vérité. Nous témoignons d'abord pour susciter l'intérêt d'autrui, « intér-êt » au sens kierkegaardien de *inter-esse*, être-entre. Nous témoignons pour intér-esser autrui, pour (r)éveiller en lui cet intér-êt qui est le nôtre — cette zone intermédiaire où la pensée, dans son corps à corps avec l'expérience, se sent intér-essée, concernée au plus haut point. C'est à ce moment-là que le Sens commence à se dessiner.

La force de l'enseignement de Jésus vient de ce qu'il se situe en témoin ; mais c'est aussi qu'il rend son témoignage accessible à autrui. Si à notre tour nous adoptons la catégorie du témoignage, nous ne renonçons pas, pourtant, à tout esprit critique. Ainsi, quand nous parlons en témoins du mal subi, nous mettons tout en œuvre pour que notre témoignage soit reçu et légitimé : nous poussons à l'extrême nos capacités de réflexion, notre discernement, nos possibilités d'expression verbale et non verbale, de manière à élucider en nous-mêmes et à transmettre au mieux notre expérience. C'est là notre honnêteté de témoins : nous nous devons d'être le plus possible fidèles à ce dont nous témoignons. C'est même en cela que nous reconnaissons notre vérité de sujets. Si *nous* ne disons pas la vérité indicible de notre expérience subjective du mal, qui la dira ?

Mais l'expression *donner un témoignage* indique bien que le témoin ne parle pas avant tout pour dire sa vérité, mais pour que les autres entendent ce dont il témoigne. C'est comme s'il avait déjà, en quelque sorte, fait le deuil de tout dire, opté pour la communication à tout prix. C'est une sorte d'acte de foi : le témoin dit aussi vrai que possible parce qu'il croit que les autres prolongeront et compléteront ce qu'il dit, par leur propre réflexion liée à leur propre expérience. C'est pourquoi Jésus n'explique jamais le mal, le péché, la liberté : son témoignage donne encore à penser aujourd'hui.

Catégorie mixte de pensée, le témoignage nous offre une chance de sortir de notre enfermement dans le problème du mal. En effet, il est bien un discours, il utilise mots et concepts et fait appel à la raison ; mais il ne se nourrit pas du postulat infondé et infondable de la raison — de son adéquation totale et imaginaire au réel : quand nous témoignons, nous savons que malgré nos efforts nos mots n'adhèrent jamais parfaitement à la réalité.

Catégorie mixte, le témoignage porte *en lui-même* la trace d'une raison brisée. En effet, quand nous témoignons, nous sommes habités par l'expérience-choc que nous avons vécue et que nous tentons de communiquer : notre témoignage se situe dans la zone frontière entre cette expérience-choc et ce que notre raison peut en dire ; il naît là où l'autisme de notre raison se brise sur de l'inassimilable — cette souffrance sans fond qui est irrémédiablement *autre-que-la-raison*. On parlera ainsi d'un témoignage vibrant qui porte la marque de l'existence, plutôt que d'un témoignage froid qui reste extérieur : quand nous témoignons du mal subi, nous n'avons pas avant tout le souci de nos raisonnements et de notre conceptualité, bien que nous ne puissions pas nous en passer.

Catégorie mixte, le témoignage participe aussi du sens qu'il recherche. En effet, si notre expérience du mal est en attente de sens, notre témoignage l'est encore plus : il est gros de sens ; en quelque sorte il « fait des petits », puisqu'il fait naître en chacun-e la question : qu'est-ce que je vais en faire ? Il crée un climat de liberté qui sollicite toutes les énergies de la pensée, parce qu'il se tient à la frontière entre ce qui est expérimenté et ce qui est pensé. Pour que quelque chose vienne au jour...

La catégorie du témoignage tient ses promesses seulement si nous la maintenons à la frontière, veillant sur son caractère mixte. Ainsi, quand nous témoignons du mal subi, nous avons à nous garder de toute généralisation systématique au plan réflexif ; et d'un autre côté, nous n'avons pas à nous noyer dans notre expérience, comme si elle tirait exclusivement son sens de l'évidence qu'elle a à ses propres yeux : notre expérience ne se suffit pas à elle-même ; toute expérience, y compris celle du mal, est en attente de sens, c'est-à-dire de signification *et* de direction — sans quoi c'est une expérience autiste, qui n'a pas d'autre sens qu'elle-même !

Le ressort du témoignage, ce qui le meut du dedans, c'est donc la communication. Notions galvaudées, qu'il vaut la peine de remodeler : le *témoignage* est porteur de notre parole authentique de sujets parlants lorsque, refusant l'autosuffisance, nous tentons de faire écho à notre expérience personnelle ; par *communication* est suggérée la communication inter-personnelle la plus riche possible, celle qui promeut la rencontre, ouverte à l'infini, entre deux sujets parlants au plus près de leur vérité de sujets.

Or c'est dans le passage de notre expérience purement subjective à l'expérience purement subjective d'autrui que s'élabore une *autre* objectivité : une expérience qui, trouvant à se penser et à se dire, s'ouvre à un sens universel. Nous pouvons prendre sur le vif cet éclatement de l'alternative subjectif-objectif : c'est au moment où le témoignage nous ouvre une voie de communication ; en cet instant, le contenu de ce que nous disons (les mots, la pensée organisée) se trouve en quelque sorte métamorphosé par la manière dont nous le disons : le *ce que* passe tout entier dans le *comment* !

C'est là que s'établit l'authentique communication, quand autrui ne peut plus distinguer *ce que* je dis de *comment* je le dis, quand autrui renonce à démêler, à l'intérieur de mon témoignage, ce qui serait objectif de ce qui serait subjectif : mon témoignage ne lui apparaît ni comme un savoir extérieur ni comme quelque chose d'étranger parce que trop particulier ; mon témoignage touche autrui au moment où le subjectif en moi parle au subjectif en lui à travers des mots et des pensées qui, portant la marque de l'universel, se donnent à la manière de l'universel ; ce que j'ai souffert ou souffre de plus intime rejoint autrui, mystérieusement ; mais il me fallait parler !

Personne ne s'y trompe : si nous ne vivons pas réellement de la liberté dont nous témoignons, on ne nous croira pas ; notre témoignage ne sera pas reçu. Kierkegaard disait que dans notre relation à Dieu, le « comment » *est* le « ce que » : *ce qu'*est Dieu pour nous dépend de *comment* nous entrons en relation avec lui. De même, quand nous témoignons de notre expérience souffrante, le contenu de notre témoignage dépend de *comment* nous témoignons — de *jusqu'où* nous allons dans l'authenticité et le partage de notre intimité.

Qu'est-ce qui, en définitive, rend le témoin Jésus crédible et la catégorie du témoignage fiable ? Comment notre expérience la plus subjective peut-elle se métamorphoser en signification universelle ? C'est qu'en témoignant, nous mettons en œuvre notre esprit. Or l'esprit a à voir avec l'Esprit. Il prend appui sur la pensée mais ne se réduit pas à elle : il vient d'ailleurs, ce que la Bible exprime en parlant de souffle. L'esprit est en nous cette force qui seule peut faire cohabiter pacifiquement et unifier une pensée exigeante, une expérience inassimilable, un langage fidèle aux deux.

Seul l'esprit, cette force en nous à la fois tellement intime et tellement *autre*, est capable de rendre fiable notre témoignage. Celui-ci parle vraiment à notre vis-à-vis quand, mettant son esprit en mouvement, il lui révèle sa parenté profonde avec l'Esprit de Dieu : c'est cette parenté — similitude sans fusion — qui est source d'universalité. Notre témoignage est fiable dans la mesure où, transmettant une expérience subjective grosse de sens à découvrir, il provoque en autrui un réveil de l'esprit. Il se passe alors quelque chose de l'ordre de l'universel, un universel intelligible mais qui n'a plus pour origine la pensée : un universel qui a ses racines en l'esprit, donc en Dieu lui-même.

Est-ce bien là ce que nous cherchions ? La catégorie du témoignage est-elle bien le *sésame* qui nous sortira de l'enfermement dans le problème du mal ? Cette fois, il ne s'agira plus de démontrer la faute en l'attaquant de front : tant que nous ne reconnaissons pas le mal infligé à autrui, nous ne pouvons pas en témoigner ; il nous faut pour cela un espace de liberté. Alors la problématique s'inverse : quand nous sommes en proie au mal, seul le témoignage d'un être libre peut nous placer devant la voie d'une telle liberté, faisant apparaître à nos yeux l'emprise de ce mal auquel nous adhérions totalement jusqu'ici.

La catégorie du témoignage, étant à la fois forme de pensée et description correcte du réel en un langage adéquat, nous interdit définitivement de cloisonner les diverses composantes du mal : un témoignage devant être entendu dans son intégralité, la faute ne sera plus envisagée indépendamment du mal subi.

Le témoignage naît et demeure dans le relatif de l'existence : par sa nature même, il intervient toujours après coup, quand le mal est déjà là. Incapable d'abstraction généralisatrice, il n'invente jamais un monde idéal et normatif sans mal. Il ne part pas de lui-même : le mal est fait. Son langage est nécessairement second ; il tente de nommer ce qui au départ est innommable, ce qui le précède et le défie.

Enfin, face à l'abîme d'un mal indicible, le témoignage renonce à restituer une vérité exhaustive. Il n'a pour ambition que de permettre à la plus subjective, à la plus impartageable des expériences, de trouver accès auprès d'une autre subjectivité. Et inversement, face à quelqu'un qui souffre l'agonie du mal, le témoignage apparaît comme la seule parole encore possible : je suis sorti-e de cet abîme, il existe une issue. Ainsi, devant le mal, le témoignage donne à penser, il rend la parole, et parfois il aide à vivre.

Quelques jalons pour un cheminement

Le problème est posé, avec son arrière-fond philosophique : l'énigme du mal doit trouver sa place dans la démarche de la pensée. En faisant intervenir l'esprit et le Saint Esprit, nous ne cherchons pas refuge dans une inintelligibilité plus noble : Pentecôte atteste suffisamment comment l'Esprit peut démultiplier *l'entendement* (dans les sens intellectuel et auditif) ; la foi n'exige pas l'abdication de notre pensée mais sa réorientation. C'est bien par un acte de foi que nous ne cherchons plus l'origine du mal mais la fonction du mal dans notre existence : notre pensée tente alors de retrouver son orient, se plaçant dans une lumière qui ne vient pas d'elle-même mais qui, par son intermédiaire, donne sens à notre expérience du mal.

Il s'agira d'un cheminement : de l'abîme du mal... au pouvoir de pardonner. Cheminement proposé à chaque lecteur et lectrice, et rendu possible par l'outil de travail que représente la catégorie du témoignage : je tenterai, à partir de ma « pure subjectivité », de rejoindre la « pure subjectivité » des lecteurs et lectrices. Pas plus qu'un texte biblique n'a de sens en soi, abstraction faite de tout être humain qui pourrait le faire sien, un témoignage n'a de valeur en soi, abstraction faite de tout être humain qui pourrait le recevoir. Ce texte a donc pour visée de poser des jalons sur le chemin qui mène de l'abîme indicible du mal subi à une contrée de liberté où le pardon est un pouvoir. Mais ces jalons n'existent pas en soi ; ils se donnent à découvrir à quiconque laisse résonner en soi-même le témoignage des personnes qui se sont déjà engagées sur ce chemin — sans quoi ils restent lettre morte, exagération ou folie.

Notre point de départ sera le monologue de Job (Jb 3). Il serait possible de partir du récit de la Genèse, où la Création se dit sur fond de ténèbres abyssales, avant l'énoncé de toute parole : « La terre était *tohu* et *bohu*, une ténèbre sur les faces de l'abîme, mais le souffle d'Elohim planait sur les faces des eaux » (Gn 1,2 ; trad. A. Chouraqui). Mais précisément, cet abîme cosmique reste une abstraction ; nous n'avons pas le temps d'en mesurer l'horreur : Dieu veille, le Créateur est d'emblée maître de l'abîme. Il serait également possible de partir de

Job 38-41 qui dépeint les exploits du Dieu créateur : comment Dieu dut endiguer l'océan terrifiant (Jb 38, 8-11), comment Dieu créa et maîtrisa les puissances maléfiques que symbolisent le Bestial et le Tortueux (Jb 40,15-41,26).

Mais Job m'est apparu comme le témoin biblique le plus loquace d'une expérience éminemment subjective de l'abîme : son témoignage rejoint celui des humains de tous les temps dont l'existence, tout à coup affectée par un mal incommensurable, a sombré dans un abîme personnel et non cosmique. En outre, j'ai choisi Job parce que le cheminement qui conduit progressivement tout être humain au pouvoir de pardonner a toujours pour origine plus ou moins enfouie une confrontation brutale et insupportable avec le mal injustement souffert. Faute de remonter ou plutôt de redescendre jusqu'à cette racine profonde, faute d'entendre vraiment le témoignage de l'abîme personnel de Job — témoignage qui en appelle immanquablement à notre expérience propre — on ne fait que disserter sur le mal.

Notre cheminement s'effectuera en plusieurs étapes. Job 3 nous fera descendre dans l'abîme du mal subi par Job et réfléchir au mal qui se trouve au fondement de toute existence — un mal mystérieusement et nécessairement lié à la vie, un mal originel qui se pose en absolu, privant le sujet de parole, donc de toute vie relationnelle. Job 10 nous révélera les impasses de la culpabilité — de l'auto-accusation et de l'accusation de l'autre-Autre, qui va de pair avec l'autojustification ; les paroles de Job nous permettront de mieux cerner la fonction de cette culpabilité naturelle qui, en nous masquant l'abîme du mal, se pose aussi en absolu et met en péril toute relation vivante à l'autre-Autre. GENÈSE 2-3 fera apparaître le péché originel qu'est notre connaissance fantasmatique et absolutisée du Bien et du Mal, connaissance qui permet à nouveau de minimiser ou de nier l'expérience abyssale du mal, connaissance mortifère pour nous et pour autrui, à laquelle le Christ a su renoncer jusque sur la croix. Avec le serviteur souffrant d'ESAÏE 52-53, nous accéderons à la seule voie que le témoignage biblique offre aux humains en proie au mal : la confrontation lucide avec le mal subi, l'acceptation du moi souffrant et la solidarité inconditionnelle avec ceux et celles qui l'ont fait souffrir ; cette étape nous apparaîtra infranchissable sans l'œuvre du Christ, parfaite incarnation de la figure du serviteur souffrant, qui fait désormais de chaque humain un « serviteur » en devenir. C'est dans ce refus de reproduire le mal subi et cette solidarité inconditionnelle avec les « mal-faiteurs » que s'enracine le pouvoir humain de pardonner à l'œuvre en MATTHIEU 18 : l'évangéliste fera découvrir aux offensés que nous sommes la possibilité réelle de « laisser aller » tout le mal subi, depuis l'enfance jusque dans la vie adulte en communauté, de manière à accéder au royaume d'une vie relationnelle harmonieuse ; nous verrons alors comment le pouvoir humain de pardonner prend sa source dans un pardon aussi originel que le mal originel : ce pardon accordé « soixante-dix-sept fois sept fois » dont Jésus savait les humains capables.

Pourquoi des témoins bibliques ? Ce sont des témoins privilégiés : ils tentent de rendre compte du

Sens qui traverse toute expérience du mal, et de la seule Parole qui jamais ne choit dans l'abîme du mal ; ils témoignent de toute expérience humaine, donc également des impasses où nous nous fourvoyons et qui ont pour noms culpabilité, perfectionnisme, accusation, vengeance, mal-châtiment, aveuglement... Ils sont les témoins privilégiés de ce pouvoir, confié à notre esprit par l'Esprit, de laisser aller, congédier le mal, nous en délier *pour (re)trouver des relations vivantes avec autrui*. Enfin, ils montrent qu'un tel cheminement n'est pas utopique : si un tel chemin existe, c'est que le Christ s'est offert lui-même à être ce *chemin*, cette *vérité* et cette *vie* ; les premiers, ils ont discerné, dans son témoignage de liberté face à l'emprise du mal, la seule voie possible pour com-prendre enfin le mal, le prendre avec ce qui désormais lui est définitivement associé — le pouvoir de pardonner.

Enfin, nous aborderons les textes bibliques sans faire abstraction des interrogations et des acquis d'autres disciplines : de la philosophie, de la dogmatique, des sciences humaines, en particulier de la psychologie, de la théologie pastorale. Chaque partie biblique débouchera sur une réflexion largement nourrie de ces disciplines. En outre, les textes bibliques seront d'emblée reçus et travaillés en tenant compte de l'intérêt qu'ils présentent pour elles. Nous ne prétendons pas faire table rase pour lire les textes de la manière la plus neutre et objective possible. Nous les aborderons au contraire comme des témoignages engagés qui suscitent d'emblée notre engagement. Nous chercherons délibérément à nous identifier aux témoins bibliques, parce que l'incarnation de la Parole implique que notre propre humanité puisse rejoindre la leur.

C'est ainsi que les données de la théologie biblique se trouveront confirmées et renforcées par les apports d'autres disciplines ; cela n'a rien de surprenant puisque toutes tentent, chacune à sa manière, de rendre compte de l'épaisseur humaine. Ainsi, lorsque nous passerons d'un registre à un autre — d'une lecture philosophique à un éclairage psychanalytique, d'une interprétation rabbinique à un énoncé d'ordre pastoral —, ce sera seulement *dans la mesure où les témoignages convergent*. Ce texte a donc clairement pour visée le cheminement personnel de toute personne à l'écoute de l'Autre. Une telle visée commande encore la pluridisciplinarité : la diversité des témoignages bibliques appelle une diversité d'approches, de manière à rejoindre des sensibilités différentes. Et l'enjeu demeure le même pour tous : une libération du mal subi et de ses séquelles, sans laquelle l'Amour reste lettre morte.

I

LE MAL SUBI AU FONDEMENT DE L'EXISTENCE

« ... abandon... de ceux qui souffrirent l'insondable tourment de Job sans que jamais une parole consolatrice vienne adoucir leurs plaies. C'est le martyre de l'abandon absolu qui hante les consciences, cette détresse devant les millions de vies interrompues et à jamais irrédimées. Car l'ange de Dieu ne vint pas, comme lors du non-sacrifice d'Isaac, au temps lugubre de la *Choa*, arrêter le bras levé et prêt à immoler ; six millions de fois, il négligea de venir. Les enfants ne furent pas rendus à leurs pères, ensemble ils se virent livrés à une mort absolument solitaire. (...) Comment dès lors, après cette Passion, oser se risquer, sans sombrer dans l'inconscience ou la légèreté d'âme, aux mots qui disent encore et malgré tout l'espérance et l'attente d'une rédemption ? Comment ne pas accepter l'anéantissement de ces mots aussi ? »

C. Chalier, *La Persévérance du mal*

« Tout bourreau a été un jour victime. »

A. Miller, *C'est pour ton bien*

Chapitre 1

Job 3

1 Après, Job ouvrit la bouche
et il traite avec mépris/maudit son jour.
2 Et Job répond et dit :

3 Qu'il périsse, le jour où je fus mis au monde
et la nuit qui a dit : « Un homme a été conçu ! »
4 Ce jour-là, qu'il soit ténèbres !
Qu'il ne-s'en-soucie-pas, Eloah (= Dieu), de là-haut,
et que ne-rayonne sur lui aucune lumière !
5 Qu'elles le revendiquent, ténèbres et ombremort !
Que s'établisse-sur lui une masse nuageuse !
Qu'elle le terrifie, la profonde obscurité du jour !
6 Cette nuit-là, que l'obscurité s'en empare !
Qu'elle ne-s'unisse-pas aux jours de l'année !
Que dans le nombre des mois elle-n'entre-pas !
7 Voici, que cette nuit soit stérile !
Que n'y-entre aucun cri de joie !
8 Qu'ils (l') exècrent/(la) perforent, les maudisseurs-du-jour,
ceux qui sont prêts à exciter Léviathan !

9 *Que s'obscurcissent les étoiles de son obscurité du matin,*
qu'elle attende la lumière... et rien !
Qu'elle ne-voie-pas les paupières de l'aurore !
10 *Car elle n'a pas fermé les portes du ventre où j'étais (litt. du ventre de moi) :*
elle aurait (ainsi) caché le mal à mes yeux.
11 *Pourquoi ne suis-je pas mort dès le sein ?*
Sitôt du ventre sorti j'aurais expiré !
12 *Pourquoi donc deux genoux m'ont-ils accueilli ?*
et pourquoi deux seins que je téterai ?
13 *Car maintenant je serais étendu... et je suis/serai en paix*
je dormirais... alors c'est/ce sera repos pour moi...
14 *avec-des rois et des conseillers de la terre,*
ceux qui bâtissent des ruines pour eux
15 *ou même avec-des princes (qui ont) de l'or à eux,*
ceux qui remplissent leurs maisons d'argent
16 *ou même, comme un être tombé (= un avorton)*
caché je n'existe/n'existerai pas,
comme les petits enfants (qui) n'ont pas vu la lumière.
17 *Là les maux s'abstiennent d'agitation*
et là reposent ceux qui n'en peuvent plus
(litt. les fatigués de pouvoir).
18 *De même les prisonniers sont en paix ;*
ils n'entendent pas la voix de l'oppresseur ;
19 *Petit et grand, là c'est tout un*
et le serviteur est délivré de son maître.

20 *Pourquoi donne-t-il la lumière à celui qui peine*
et la vie aux amers de l'âme ?
21 *(à) ceux qui attendent pour la mort... et pas (de mort) pour eux*
et (à) ceux qui creusent pour elle plus que pour des trésors,
22 *(à) ceux qui se réjouissent en direction de/à cause du tertre,*
(et qui) exultent quand ils trouvent-une tombe ?
23 *à un homme dont le chemin a été caché*
et que Eloah (= Dieu) bloque de tous côtés ?
24 *Car en guise de mon pain, mon gémissement vient*
et ils coulent comme l'eau, mes rugissements.
25 *Car j'ai craint une crainte et elle me survient,*
une terreur me terrifie et elle me survient
et ce que j'ai redouté me survient.
26 *Je ne suis pas à l'aise et je ne suis pas en paix*
et je ne suis pas en repos, et elle vient, l'agitation.

Qui est Job ?

I. Un personnage exemplaire ?

S'il faut en croire la colère de Dieu contre les amis de Job à la fin de l'histoire — « vous n'avez pas parlé de moi avec droiture comme l'a fait mon serviteur Job » (42,7-8) — le problème du Livre de

Job consisterait à trouver comment bien parler de Dieu au cœur de la souffrance.

Il nous semble pourtant que Job ne cesse de parler *de lui-même* tout au long du Livre. L'auteur, soucieux avant tout d'évoquer l'abîme de souffrance dans lequel se trouve plongé Job, place tout lecteur et toute lectrice d'abord devant l'impossibilité, puis devant l'extrême difficulté de parler de soi dans cette situation. Job *commence par parler de lui* au ch. 3, sous la forme d'un monologue, alors que les amis commencent toujours par parler de Dieu... C'est pourquoi ils n'entreront jamais en dialogue avec Job. Mais est-il possible de bien parler de Dieu tant qu'on refuse d'abord d'entendre l'être souffrant parler de lui-même, de ce mal qui le ronge, effaçant peu à peu toute trace de sa foi et tout repère lié à la présence de Dieu ?

Job est-il pour autant un personnage réel ? Faut-il s'en tenir au récit du prologue et de l'épilogue et y voir, de la part de l'auteur, l'intention de donner à Job une épaisseur historique ? En effet, le long poème dramatique qui s'insère entre prologue et épilogue pourrait par ailleurs donner l'impression d'une histoire imaginaire.

Il ne s'agit pas seulement de créer la vraisemblance : en donnant des précisions de détail, l'auteur ne voulait-il pas avant tout *donner du poids à la réalité du mal* que subissait son personnage ? Ne voulait-il pas nous ôter le moyen de mettre entre parenthèses l'individu Job-en proie au mal, sous prétexte qu'il n'appartient pas à l'humanité réelle, normale ? En termes modernes, cette mise entre parenthèses consisterait à dire : c'est un dépressif, un angoissé... c'est dans sa tête, il a la maladie de la persécution, il fantasme, il fait du drame ! On trouve précisément un commentaire de ce type, à la suite du Midrash, chez J. Eisenberg et E. Wiesel :

> J.E. : On pourrait bien imaginer toute l'histoire de Job comme un cauchemar, produit de l'imagination d'un homme angoissé à l'extrême. Cela concorderait d'ailleurs avec un célèbre texte du Midrash qui nous montre Job s'interrogeant sur son identité. Il faut dire qu'en hébreu Job, *iov*, est la forme passive du mot *oyev* : l'ennemi. E.W. : Oui mais précisément on pourrait comprendre le mot *iov* comme « celui qui se traite lui-même en ennemi, qui se persécute lui-même ». J.E. : Ou tout simplement la victime ; je dirais presque « la victime-née », le persécuté par excellence ! (p. 74).

N'est-ce pas précisément pour éviter ce type d'interprétation que l'auteur de Job décrit de quels malheurs concrets Job est atteint ? C'est une histoire vraie !

II. Une victime réelle ?

Cependant, n'est-ce pas aplatir la visée du Livre que de voir en Job, purement et simplement, la victime de son peuple, comme le développe R. Girard ? « Job dit clairement ce dont il souffre : se voir ostracisé, persécuté par les êtres qui l'entourent. Il n'a rien fait de mal et tout le monde se détourne de lui, s'acharne contre lui. Il est le bouc émissaire de sa communauté... C'est un grand chef que l'opinion publique a d'abord hautement prisé, puis qu'elle a brusquement méprisé [1]. » Il est bien vrai qu'il ne sera plus jamais fait allusion aux malheurs décrits dans le prologue.

Mais ce silence a peut-être une portée autre : dans le prologue, deux des malheurs de Job ont une cause naturelle, et deux sont le résultat de violences humaines[2] ; quant à la maladie de peau dont Job sera alors affecté (un « ulcère malin » sur tout le corps, Jb 2,7), elle peut être considérée comme une somatisation ; contrairement à la thèse de R. Girard, le mal ne vient pas exclusivement des humains. Mais si l'auteur du Livre n'a pas cru bon de revenir sur l'origine du mal dont souffre Job, c'est qu'au sein de l'abîme dans lequel Job est tombé, cette origine n'a plus d'importance : l'expérience de ce mal-là est sans commune mesure, elle ne se mesure ni aux causes qui l'ont provoqué ni à quelque compensation future. L'horreur se referme sur elle-même en effaçant tout souvenir d'un commencement de l'horreur, et en interdisant toute idée d'une fin de l'horreur.

Il ne fait pas de doute qu'aux yeux de l'auteur, Job est victime d'un mal qui lui est réellement imposé de l'extérieur ; mais ce qu'il raconte ne saurait se réduire à la conséquence parfaitement prévisible d'une cause clairement établie. En effet, dès la fin du prologue, la douleur de Job rend toute parole impossible : « aucun-parlant ne lui parlait car ils voyaient combien-grande la douleur *à l'excès* » (Jb 2,13). En ôtant au prologue toute pertinence, R. Girard passe sous silence cet excès du mal *à partir duquel précisément* Job va tout de même entreprendre de parler. Mais on ne comprendra rien, tout comme les amis, à ce mal dont il va parler, tant qu'on ne prendra pas en compte ce qui en lui est en excès, ce qui fait de cette expérience un abîme et non la simple conséquence parfaitement délimitée d'une persécution extérieure. Ce mal en excès — qui a inspiré à P. Nemo le titre de son livre *Job et l'excès du mal* — ne cessera tout au long du Livre de Job de dépasser et déborder tout ce qu'on peut en dire. Il fait du personnage lui-même un personnage *en excès* : Job ne se réduit ni à sa situation spatio-temporelle ni à son identité de victime réelle.

III. Un personnage vrai

Pour quelle raison l'auteur ne s'en est-il pas tenu à l'histoire primitive ? À partir de là[3] (ou même à partir de 1,22), l'histoire primitive continuait probablement pour exposer la consolation de Job et la restauration décrite en 42,11 ss. Mais l'auteur a inséré là sa longue analyse de ce qu'un homme comme Job pouvait expérimenter tandis que durait sa situation désespérée. L'histoire primitive est absolument nécessaire à l'auteur pour établir que Job a subi un mal réel, dû aux humains au moins pour moitié. Toutefois, la restauration de l'épilogue ne pouvait pas survenir comme un bien tout à fait équivalent au mal subi : en ce cas, Job resterait peut-être un personnage réel mais ne deviendrait jamais un *personnage vrai*. Il y a une manière d'assimiler le mal qu'on subit, *de n'avoir rien à en dire*, qui ressemble étrangement à une fuite, un refoulement, un oubli, une impossibilité de le voir en face, de l'affronter pour ce qu'il est. Ainsi, la transition entre la fin du prologue et le début du poème est occupée par le silence de Job, doublé du silence des amis, « pendant sept jours et sept nuits » (Jb 2,13) : l'excès du mal commence par nous priver de parole, donc de toute possibilité de relation, et par là même de toute distanciation par rapport au mal que nous avons subi. Ce n'est plus un mal, c'est dans l'ordre des choses : « Que le nom du Seigneur soit béni ! » (Jb 1,21).

Mais, bien plus qu'un personnage réel, Job est un personnage *vrai* ; sa vérité est à chercher au-delà de son histoire réelle, au-delà de ce qu'il tente de dire de lui-même, à la charnière entre les ch. 2 et 3 : « combien-grande la douleur à l'excès ! Après, Job ouvrit la bouche ». Sa vérité est dans cet intervalle à jamais *ouvert* entre le mutisme, l'enfermement dans le mal en excès, et le surgissement de la parole. C'est cet excès de vie, de mal et de non-sens en Job qui *ouvre* à l'excès de vie, de mal et de non-sens inscrit en nous, amis ou lecteurs, au moins à titre de possibilité. Il importe avant tout que Job, qu'il ait existé ou non, soit un personnage vrai. Or cette vérité n'existe pas en soi. Elle en appelle à la vérité du lecteur ou de la lectrice que nous sommes, à notre propre excès de vie, de mal et de non-sens, à notre propre être de vérité.

Le monologue de Job 3,1-10

On peut supposer qu'au moment où il « maudit son jour » (v. 1), en fait Job « répond » (v. 2) à quelque chose qui n'est pas dit dans le texte, un désespoir sans paroles, une horreur qui l'a rendu muet pendant sept jours — temps clos sur lui-même ; création à rebours : sept jours pour détruire son univers ; chiffre de la complétude : sorte de perfection dans l'horreur ; sept jours symboliques, convertis en sept mois dans le *Testament de Job*. « Maudire son jour », c'est sa façon de réagir, de *répondre* à la chute dans l'abîme ; on pourrait aussi traduire : il maudit son jour. Job *fut abattu* et dit..., puisque c'est là le deuxième sens de la racine ['anah]. C'est donc à partir d'une situation donnée, d'un état de fait insupportable, que Job va parler. Mais parler, ici, suppose « en rajouter » : il va exprimer sous forme de vœu ce qui existe déjà pour lui dans la réalité, et cela pour tenter de répondre à l'horreur qu'il est incapable de recevoir telle quelle. Ce qu'il vit réellement, c'est le sentiment que le jour de sa naissance a péri, que ce jour est ténèbres, c'est le sentiment que Dieu ne se soucie pas de lui, que sa vie est stérile, etc. Mais il va exprimer toutes ces choses comme si elles venaient de lui, *de sa volonté*, comme s'il avait prise sur elles par le pouvoir de sa parole, un pouvoir analogue à celui du Dieu créateur. Là réside sa seule possibilité de faire face à l'abîme qui s'est ouvert sous ses pas : se donner l'illusion, par sa parole, de créer lui-même cet abîme, de ne plus être totalement passif devant l'horreur — « qu'il périsse ! qu'il soit ! que ! que ! ».

Toutefois, la seule réalité sur laquelle il n'a aucune prise — sa conception et sa naissance — se traduit dans le texte par les deux seuls verbes au mode accompli de ce passage : « un homme a été conçu » (v. 3), « elle n'a pas fermé les portes du ventre » (v. 10). C'est cet ancrage dans la réalité qui empêche Job de sombrer dans la folie — car le seul moyen d'anéantir réellement tout souvenir de son passé n'est-il pas de devenir fou ? Toute la réponse désespérée de Job se trouve encadrée par ces deux rappels de sa certitude d'être en vie : il ne peut rien contre le fait que le jour de sa naissance a existé. Mais tous les autres verbes sont au mode inaccompli, comme s'il voulait se convaincre que les choses sont modifiables, qu'il a tout de même un rôle à jouer. « Il maudit/maudira son jour », en réponse à l'abîme de non-sens et d'horreur où son jour (sa vie) est tombé. *C'est le dernier pouvoir qui lui reste : désirer lui-même le mal dont il souffre déjà !*

I. Job face à l'abîme

Certes, à première lecture, Job ne fait que maudire son existence. Mais on peut déceler, derrière ses paroles autodestructrices, des éléments de son expérience réelle. Quiconque traverse une épreuve similaire est susceptible de s'y reconnaître. Il s'agit de s'approcher de ce lieu indicible d'où Job parle, sans jamais prétendre l'avoir atteint. À quel abîme tente-t-il de faire face ? Quelques éléments de cette réalité abyssale se cachent derrière les formes impératives que Job utilise pour verbaliser son désir d'autodestruction. On pourrait par exemple entendre Job s'exprimer ainsi :

— v. 3 : « Qu'il périsse, le jour où je fus mis au monde ! » La réalité, c'est que le jour où je fus mis au monde *a péri* ou s'est perdu, car la racine ['avad] signifie aussi *s'égarer* ; ma réalité, c'est que je me sens perdu, moi Job adulte : « qu'elle périsse, la nuit qui a dit : un *homme* a été conçu » ([gever] n'est pas un fœtus mais un homme formé, l'être humain viril). *J'ai perdu* tout ce qui faisait de moi un homme, mon identité sexuée, je ne sais plus qui je suis.

— v. 4 : « Ce jour-là, qu'il soit ténèbres ! Qu'il ne-s'en-soucie-pas, Dieu, de là-haut ! » Je *suis* dans le noir, ma foi ne m'est d'aucun secours ; j'ai l'impression que Dieu ne se soucie absolument pas de moi, il est trop loin. « Que ne-rayonne sur lui aucune *lumière* ! » : la réalité, c'est que je ne vois plus aucune lumière, aucun sens à ma vie. [Neharah] étant un *hapax*[4] , cela renforce l'impression que Job a perdu quelque chose d'unique et d'irremplaçable, que personne d'autre ne peut lui rendre : la *lumière* de son jour, c'est-à-dire le sens de sa vie.

— v. 5a : « Qu'elles le revendiquent, ténèbres et ombremort ! » ou : qu'elles se l'attribuent ! En réalité, je *suis* en proie à des forces de mort, je me sens emporté par une marée noire, une force qui a tous les droits sur moi, je suis incapable de résister à cette néantisation (la racine [ga'al] signifiant « revendiquer » mais aussi « souiller/être souillé », ce sentiment d'être pestiféré — dont la maladie de peau pour Job peut être l'expression — n'est-il pas fréquent chez celui ou celle qui se trouve en pleine dépression ?).

— v. 5b : « Que s'établisse-sur lui une *masse nuageuse* ! » La réalité, c'est que ma vie est devenue aussi vaporeuse, fantomatique, aléatoire qu'une masse de nuages mouvants — ce mot ['ananah] est à nouveau un *hapax au singulier* ; raison de plus pour valoriser le sens symbolique qui est le sien : faiblesse, instabilité, fragilité. L'*hapax* indique que Job se sent totalement seul, enfermé dans cette situation qui n'est pas une vraie prison (des murs de nuages !) mais qui est pourtant devenue son *habitation*, [šakan] signifiant « s'établir, demeurer, *habiter* ».

— v. 5c : « Qu'elle le terrifie, la profonde obscurité du jour ! » La réalité, c'est que tout me terrifie ; je suis si angoissé qu'en plein jour je suis dans le noir, j'ai perdu tous mes repères ; alors qu'il fait jour — il y a du sens dans la vie pour tout le monde — il fait nuit noire pour moi ; je suis totalement seul car pour les autres la profonde obscurité du jour n'existe pas, elle est impossible — c'est cela qui est terrifiant.

— v. 6 : « Cette nuit-là, que l'obscurité s'en empare ! » Ma vie toute entière ne connaît plus de répit ni le jour ni même la nuit. « Qu'elle ne-s'unisse-pas aux jours de l'année ! que dans le nombre des mois elle-n'entre-pas ! » Ma réalité, c'est que mon temps ne m'appartient plus, les nuits ne s'unissent pas aux jours ; depuis que j'ai perdu mon identité, il n'y a plus de continuité dans le flux de ma vie ; le temps morcelé, pulvérisé, de ma vie actuelle n'a plus de commune mesure avec le calendrier, avec le temps des autres.

— v. 7 : « ... que cette nuit soit *stérile* ! que n'y-entre aucun cri de joie ! » (En dehors de Jb 3,7 [gal-mud] n'est utilisé qu'à trois reprises dans la Bible hébraïque, et chaque fois dans un sens métaphorique : il s'agit d'une stérilité bien plus radicale que la simple infécondité physique.) Non seulement le jour, mais la nuit aussi est sans valeur : donc ma vie entière est stérile, je ne porte aucun fruit, je ne vaux absolument rien. Autant dire que personne n'*entrera* dans ce monde clos de la non-valeur, du non-sens ; aucune parole n'y fera brèche, à plus forte raison aucun désir de vie, de joie de vivre.

— v. 8 : « Qu'ils (l')exècrent/qu'ils en disent du mal/qu'ils la perforent, les maudisseurs-du-jour, ceux qui sont prêts à exciter Léviathan ! » En réalité, ma vie est déjà mau-dite, perforée : déjà ma vie s'en va ; Léviathan va me dévorer : lui qui est censé dévorer soleil et lune, c'est-à-dire mon jour et ma nuit, mon univers tout entier ; j'ai le sentiment d'être persécuté, comme si quelqu'un s'acharnait à me maintenir dans cet abîme ; je me sentirais moins impuissant si je pouvais personnifier l'origine du mal.

— v. 9 : même la clarté des « étoiles de l'obscurité du matin » m'est refusée. « J'attends la lumière... et rien » : je n'ai pas la plus petite espérance, je n'entrevois aucune issue ; « qu'elle ne-voie-pas les paupières de l'aurore ! » : mon néant, la nuit de ma vie ne perçoit même pas un rai de lumière à travers ses paupières. Je suis en vie mais ce n'est que pour avoir les yeux ouverts sur l'obscurité de l'abîme.

II. Les surcharges d'autodestruction dans le texte

1. Les surcharges d'autodestruction semblent exprimer que la seule façon pour Job de faire face à son mal est de l'amplifier. Pour retourner la réalité en désir qu'il en soit ainsi, il lui faut toute une série de formes impératives : « que ! que ! que ! ». Mais ce qui constitue la surcharge, c'est la violence des mots utilisés : « Qu'il périsse ! que Dieu ne-s'en-soucie pas ! qu'elles le revendiquent ! qu'elle le terrifie ! qu'elle s'en empare ! qu'elle soit stérile ! qu'ils la perforent !... Exciter Léviathan. » Avec les v. 9 et 10, l'autodestruction semble faire place au désespoir face au principe de réalité : je suis en vie, c'est cela ma vie. Or c'est au cœur de ce déchaînement de violence verbale, exactement à mi-chemin entre le début et la fin de ce déchaînement, que se cache un *hapax*... comme une réalité impossible à aborder de front : [kimryrey], la *profonde obscurité*. Seule une traduction littérale permet de garder le noyau de non-sens absolu qui constitue le cœur de l'expérience de Job : « Que la profonde obscurité du jour terrifie le jour ! » Il s'agit d'une réalité à nulle autre comparable puisque l'auteur de Job a dû, sans doute, inventer un mot pour la désigner ; une réalité incompatible avec la réalité de tout le monde : l'obscurité du jour, contradiction dans les termes, vie rendue impossible par un maléfice inexplicable.

Si c'est l'abîme du mal qu'évoque pour Job la profonde obscurité du jour, nous pouvons entendre les quatre mots qui précèdent cet *hapax*, ainsi que les quatre mots qui le suivent comme un tout : ce serait là l'expression de notre tentative spontanée de maîtriser l'abîme en le créant nous-mêmes, en le démultipliant grâce à tout un vocabulaire noir.

v. 4 : les ténèbres (de ceux qui ne connaissent pas Dieu), la situation de détresse, le mal
v. 5 : les ténèbres
v. 5 : l'ombre/la mort = ombre de la mort (sur dix-sept emplois, neuf fois chez Job)
v. 5 : la masse nuageuse
v. 5 : *la profonde obscurité*
v. 6 : l'obscurité (sur huit emplois, cinq fois chez Job)
v. 8 : Léviathan (monstre qui dévore soleil et lune)
v. 9 : que s'obscurcissent
v. 9 : l'obscurité du soir/l'obscurité du matin

2. Dès le départ, le processus d'autodestruction semble prendre le contre-pied du récit de la création : « Ce jour-là, qu'il soit ténèbres ! » À l'inverse de Dieu, Job va chercher dans les ténèbres à s'isoler toujours davantage : que Dieu reste au ciel ! « Qu'il ne prenne pas soin ! » — autrement dit qu'il ne soit pas Dieu et que je ne sois pas homme, sa créature ! Comme dans la douleur à l'excès qu'est la dépression, tout regard extérieur est refusé — l'Autre-autre n'existe pas puisque j'ai la certitude de ne pas exister pour lui ; toute lumière est refusée : « Que ne-rayonne sur lui aucune lumière ! » (v. 4). [Neharah], la « lumière du jour », vient du verbe [nahar] « rayonner (de joie) ». « Que ne-rayonne sur ce jour aucun rayon ! » D'une part, cette métaphore confirme que *jour et nuit* désigne la vie de Job.

D'autre part, cette phrase qui s'annule elle-même donne à réfléchir : ce jour est invivable, mais il ne suffit pas qu'il *soit* réellement ténèbres ; Job fait comme s'il pouvait le supprimer, en interdisant à tout élément extérieur d'offrir une échappée. Ce redoublement littéraire (que ne-rayonne aucun rayon) n'est-il pas l'expression saisissante du mécanisme d'autodestruction à l'œuvre au cœur de toute dépression ?

3. « Qu'elles le revendiquent, *ténèbres et ombre-mort !* » (v. 5a). Du fond de l'abîme qui le revendique, qui a tous les droits sur lui, Job multiplie l'obscurité à la puissance trois : trois termes qui s'appellent l'un l'autre pour désigner l'excès du mal quand il se nourrit de lui-même pour proliférer. Job exagère, dira-t-on. Certainement pas ! Il y a une logique interne au mécanisme qui nous enferme dans un absolu d'horreur : cette possibilité de démultiplier ce dont nous souffrons est le seul pouvoir qui nous reste, la seule réponse encore possible ; pléthore de mots, termes jamais assez superlatifs pour détruire à la manière de la chose qui nous détruit...

D'autre part, l'autodestruction se signale également par l'emploi, au v. 5, du verbe [ga'al], « revendiquer », mais aussi « racheter, libérer », verbe utilisé pour les hommes proches parents d'une veuve, qui devaient la prendre en charge. Du fond d'une situation où il se sent aussi abandonné qu'une veuve sans ressources, Job semble faire de cet abandon une libération. Job n'est plus rien aux yeux de la société ; il ne peut pas plus subsister par lui-même que ne le pouvait une veuve. Il ne peut subsister que *par cet excès de mal* qui est le sien, qui devient sa raison d'être, son libérateur-sauveur. C'est une identité par la négative, mais c'est la seule qui lui reste. Voilà pourquoi le mécanisme autodestructeur est si difficile à enrayer : nous tenons à notre dépression dans la mesure où elle nous tient lieu d'identité.

Voilà pourquoi Job va *s'établir, habiter* dans cette *masse nuageuse* (v. 5b). Mais ['ananah], c'est aussi « la fragilité, l'instabilité ». C'est ici que Job s'acharne contre lui-même ; l'excès de mal est sans consistance, il est aussi instable qu'une masse nuageuse, mais Job tente de s'y établir comme on s'installe dans la dépression ; c'est désormais son seul pouvoir : s'associer aux forces de destruction dont il est la proie, redoubler lui-même leur maléfice.

4. L'*hapax* du v. 5, la profonde obscurité du jour, débouche immédiatement sur les versets concernant la nuit, comme si l'évocation de l'abîme provoquait un paroxysme d'autodestruction. La nuit du v. 3 renvoyait à la conception, à l'origine de Job ; dès le v. 6, l'autodestruction s'en prend à la racine de toute vie, à cette nuit du désir d'où découle toute vie. « Cette nuit-là, que l'obscurité s'en empare ! » (v. 6) : non-sens à nouveau, car comment l'obscurité pourrait-elle s'emparer de la nuit déjà obscure elle-même ? Multiplication de l'obscurité : redoublement caractéristique quand l'excès du mal ne nous laisse aucune autre ré-action possible.

Toute place semble refusée au désir qui inscrit la vie dans la temporalité. Ainsi pourrait-on traduire librement le v. 6b : que le désir de vie ne s'unisse pas à la vie ! On a vu que Job vivait une pulvérisation du temps ; il n'a plus de jour de naissance, plus de repères dans le passé, l'avenir est en miettes, le calendrier des autres n'a plus de sens : son temps *ne s'unit plus* aux *jours de l'année*, au *nombre des mois*. Mais cela lui est si insupportable qu'il « en rajoute » : il refuse d'avoir été désiré, de s'inscrire dans une existence temporelle ; il restera totalement seul dans une atemporalité qui lui évite de s'unir aux autres, d'entrer dans le nombre, c'est-à-dire d'être un parmi les autres (sa nuit ne sera pas une parmi d'autres : il n'aura pas de nuit du tout). C'est sa seule manière d'exister : absolutiser par la négative ce qu'il vit. Notons que le verbe du v. 6b — « qu'elle ne s'unisse pas aux jours de l'année ! » — peut venir soit de [ya*h*ad], « s'ajouter », soit de [*h*adah], « se réjouir » ; dans ce dernier cas, il faudrait traduire : que cette nuit ne se réjouisse pas dans les jours de l'année !, façon inversée de dire : qu'elle se réjouisse de ne pas faire partie des jours de l'année ! Ici se niche, à peine voilée sur le plan littéral, *et totalement inconsciente pour Job lui-même*, la complaisance mêlée au sentiment d'être tout seul, unique et sans aucune mesure de comparaison, au fond de l'abîme.

5. Dans la réalité, Job n'est plus rien. L'image de la stérilité évoque à merveille son sentiment d'inexistence : la stérilité d'une femme à cette époque était une véritable mise en question du sens de sa vie. Le v. 7 commence par un appel à l'attention : « voici ! ». C'est comme si Job voulait crier : je n'existe pas, je ne porte aucun fruit. Mais cette réa-

lité est si insupportable qu'il la convertit en désir : « Que cette nuit soit stérile ! » Ainsi, Job aggrave la réalité en s'enfermant dans ce sentiment d'inexistence : « Que n'y entre aucun cri de joie ! » Un cri percerait les murs de son existence ; or sa seule identité c'est *être seul dans son abîme*. Mais si la joie des autres et la vie qui doit rester à l'extérieur dérangent, n'est-ce pas que se cache, en filigrane dans le texte, et totalement incognito dans la conscience de Job, une sorte de joie momentanément supérieure : celle de connaître, seul, un absolu, même si c'est un absolu d'horreur ?

6. Jusqu'ici les autres paraissaient inexistants ; Job avait en face de lui des choses personnifiées et non des humains, des semblables. Au v. 8 pour la première fois, on dirait qu'il fait appel aux autres, aux « maudisseurs-du-jour ». Mais en fait n'y a-t-il pas là un redoublement de lui-même, comme dans un miroir à l'infini, car c'est lui le maudisseur-du-jour ? Redoublement à nouveau manifeste dans la littéralité du texte : « Que les *maudisseurs*-du-jour calomnient, *médisent*, donc maudissent ma nuit ! » Nous touchons peut-être là au noyau dur de l'autodestruction : Job se sent la proie totalement impuissante d'une force presque cosmique (évoquée par le monstre Léviathan). Mais sa souffrance est telle, amplifiée à l'infini par le sentiment d'impuissance, qu'elle se transforme en autodestruction : les maudisseurs ['orerey] du jour, c'est Job lui-même démultiplié qui est « prêt à exciter, réveiller ['orer] Léviathan »[5], ce monstre endormi au fond de lui, symbole des forces d'autodestruction qui sommeil-

lent au fond de tout être humain, *prêtes* à tout anéantir pour échapper à la souffrance. Ainsi apparaît le mécanisme qui consiste à fuir dans la dépression autopunitive pour échapper à une souffrance insupportable.

Si le v. 8 laisse pourtant l'impression que Job s'ouvre à des interlocuteurs, c'est que l'autodestruction donne l'illusion de ne plus être seul : il y a le moi qui souffre *et* le moi qui détruit le moi qui souffre. C'est une échappatoire, un moyen d'exister par la négation, de tenter de se mettre hors de l'abîme pour le condamner : volonté de vie totalement inversée, mais tout de même issue du désir de vivre...

7. « Que *s'obscurcissent* les étoiles de son *obscurité* du matin ! » (v. 9). Encore un redoublement, assorti d'une sorte d'annulation interne perceptible dans le choix du mot [nešef] employé dans la Bible hébraïque six fois pour « l'obscurité du soir » (crépuscule) et six fois pour « l'obscurité du matin » (aube) ; « qu'elle attende la lumière... et rien ! » : ainsi l'attente de la lumière porte en soi l'attente de l'abîme, du rien. Autrement dit, si d'aventure filtrait un rai de lumière (les « paupières de l'aurore »), Job serait incapable de le « voir » ; c'est dans la logique de l'excès du mal : rien ne doit en atténuer la noirceur, car une simple lueur relativiserait l'absolu de ce mal devenu sa seule raison d'être, le sens de sa vie. Voilà pourquoi Job ne « veut » ni ne peut rien voir.

III. Quelle issue au déchaînement d'autodestruction ?

Les neuf versets précédents semblent trouver leur justification dans le v. 10 : si j'en suis arrivé à m'autodétruire, c'est « parce que (la nuit de ma conception) *n'a pas fermé* les portes du ventre où j'étais » ; en d'autres termes, parce que je suis venu au monde, le mal n'a pas été « caché à mes yeux ». Ce deuxième verbe au mode accompli fait écho à celui du v. 3, « un homme *a été conçu* » : double principe de réalité qui, rappelons-le, encadre, endigue, limite quelque peu le déchaînement de l'excès du mal. Alors, déjà peut pointer le besoin de lui trouver un responsable. Car le texte est porteur d'une accusation de Job contre les auteurs de « son jour » : Job est « prêt à brandir, secouer Léviathan », donc à laisser s'échapper son agressivité contre père et mère, puisque ce monstre était censé dévorer soleil et lune, symboles masculin et féminin. Or ces responsables de sa vie, donc de son malheur, Job évite de les nommer : « la nuit qui a dit » (v. 3), « les portes du ventre de moi » (v. 10) — tournure pour le moins étrange — « dès le sein... du ventre sorti » (v. 11), « deux genoux... deux seins » (v. 12). Langage totalement impersonnel pour parler de réalités éminemment parentales : conception, grossesse, accouchement, adoption filiale, allaitement. Gestes éminemment relationnels, désormais dépourvus de sens au moment où toute relation personnelle est devenue impossible, au moment où une agressivité dirigée explicitement contre ses parents sortirait Job de son isolement absolu — ce qu'il refuse violemment.

Job semble se concevoir comme issu d'un grand trou noir et non du désir de ses parents. Ce qu'il vit est tellement inhumain, tellement destructeur de toute relation, y compris des plus privilégiées, qu'il ne sait plus à qui est ce ventre d'où il vient. Seul l'excès de mal a déraciné le désir de vie en lui, si radicalement qu'il nie le désir de ses parents à l'origine de sa vie.

« (La nuit de ma conception) n'a pas fermé les portes du ventre où j'étais ; elle aurait (ainsi) caché le mal à mes yeux. » Ce cri de Job ne laisse-t-il pas entendre que le mal est contemporain de la vie ? Que le projet de vivre (la conception), de voir la lumière, d'avoir quelque chose *sous les yeux*, se heurte immédiatement au mal ? Le v. 10 ne suggère-t-il pas que naître est par définition être exposé au mal, qu'ouvrir les yeux sur le monde, c'est ouvrir les yeux sur le mal qui restait caché à quiconque n'était pas encore conçu — ce qui implique qu'être conçu c'est déjà, potentiellement, être en proie au mal ? Mais de quel mal parle Job ? Partant de la constatation que seule la personne qui souffre peut dire ce qui lui fait mal, ce qui est mal pour elle, nous éviterons de projeter *nos* conceptions du mal et nous nous en tiendrons au *mal à mes yeux* qui est celui de Job.

Il faut mettre en parallèle *le ventre de moi* et *le mal à mes yeux*, littéralement « à partir de mes yeux » : le fœtus fait corps avec le ventre maternel au point que le ventre est *son* ventre ; de même, le mal auquel on est exposé à la naissance *fait corps* avec les yeux qui le perçoivent et devient le mal à mes yeux, le mal dont mes yeux ne peuvent plus se détacher. Il ne peut être que le mal qui *me* concerne, qui concerne *mes* yeux au même titre que le ventre maternel *me* concernait. Avec Job nous entrons résolument dans la sphère de cette subjectivité dont nous avons relevé la résonance universelle.

C'est pourquoi, pour mieux entendre ce que recouvre [‘amal], le « mal » qui affecte Job, nous le mettons en relation avec ses six autres mentions dans le Livre de Job. Ainsi le témoignage de l'auteur en appelle-t-il à *notre* propre subjectivité, pour qu'un Sens advienne *dans cet entre-deux du témoignage.*

Jb 4,8

Ceux qui labourent la méchanceté [’awen]
et ceux qui sèment le mal [‘amal] les moissonnent,

dit l'ami Eliphaz.

Si le mot très voisin [’ôn] désigne la puissance génératrice (des animaux, de Dieu), [’awen] se distingue par l'intention qui anime cette puissance : c'est une « puissance *mauvaise*, magique, inquiétante », donc le mal au sens de méchanceté. [‘Amal] c'est « la souffrance, le trouble », le mal au sens de malheur. Il suffirait de laisser en friche le champ de sa méchanceté et de s'abstenir de semer le malheur autour de soi pour être préservé du mal — c'est la doctrine de la rétribution. Mais en ignorant la question de savoir d'où viennent ce champ et cette semence, Eliphaz évacue totalement la réalité du mal subi : ne moissonnons-nous pas d'abord le mal que *d'autres* ont labouré et semé ? C'est précisément ce que contient notre verset 10 : ce mal que Job trouve à sa naissance, il ne l'avait ni labouré ni semé !

Jb 5,6-7

Le même Eliphaz va plus loin sans s'en apercevoir :

> La méchanceté ['awen] ne sort pas de la terre
> et le mal ['amal] ne germe pas de la glèbe ['adamah]
> Car l'humain ['adam] est né pour le mal ['amal]
> et les fils de Reshef volent vers le haut.

[Rešef], c'est la flamme et c'est le dieu de la foudre et de l'éclair. L'*humain* est donc destiné au mal, il tend naturellement vers le mal, tout comme les flammes tendent à s'élever — *fils de* évoquant quelque chose dont on hérite malgré soi. Mais méchanceté et mal sont toujours déjà là. Tout le v. 6 renvoie au récit de la création, où ce n'est pas l'arbre du bien et du mal qui sort du sol d'Éden, mais l'arbre de la *connaissance* du bien et du mal, comme s'il allait de soi que bien et mal existent déjà, avant toute connaissance que l'on puisse en avoir. Et si l'humain tend vers le mal comme la flamme vers le haut, c'est que le mal est le premier. Pour Eliphaz, il ne peut s'agir que du mal-méchanceté ; mais dans l'optique de Job, c'est le mal-souffrance, que nous trouvons à la naissance, auquel nous sommes destinés de la même manière que le fœtus est destiné au ventre maternel : le mot ['amal] utilisé par Job désigne le mal qu'on subit[6].

Jb 7,3

Des mois de néant m'ont été octroyés
et des nuits de mal ['amal] m'ont été *assignées*,

d'un verbe [manah] qui signifie « compter », et fait penser à l'expression *j'en ai eu mon compte, ma dose.* La voix passive donne à penser que Job ne veut pas accuser Dieu directement. La traduction de ['amal] par peine, misère, qu'adopte la TOB, semble aller dans le même sens : on ne posera pas la question d'un mal issu de Dieu, on se contentera de parler des misères normales de la condition humaine qui, à partir du moment où elles sont considérées comme normales, ne sont plus des misères ; mais Job parle vraiment de « nuits de mal » et non de nuits harassantes comme traduit la TOB ; il a le sentiment qu'une somme de mal lui a été impartie par quelqu'un, une Intention face à laquelle il ne peut que subir : « Job a le sentiment, écrit P. Nemo, que son mal est entretenu par quelque chose dont c'est là le but et la volonté. Cette torture oblige à penser à un tortionnaire. Elle évoque irrésistiblement une cause intentionnelle, une Intention » (« Job... », p. 60).

Jb 11,16
L'ami Çofar dit à Job :

Toi, tu oublieras le mal, tu t'en souviendras comme d'une eau écoulée.

Une eau écoulée disparaît sans laisser de trace ; c'est comme si elle n'avait jamais existé. Magnifique négation du mal subi : ce que je n'expérimente plus, non seulement n'existe pas, mais n'a jamais existé, comme si le mal s'évaporait, perdant toute consistance dès qu'on ne le subit plus. Mécanisme intemporel de refoulement du mal, non seulement face à autrui mais aussi en soi-même : ce n'était pas si grave ! On s'en souviendra mais non sans avoir évacué tous les affects insupportables attachés à ce mal subi sans défense. On *oubliera le mal*, et les conséquences de cet oubli seront désastreuses. Certes Çofar semble parler du mal que Job aurait pu *commettre*. Mais « tu oublieras *le* mal » ne renvoie à aucune faute particulière et, par ailleurs, ['amal] désigne avant tout le mal qu'on subit. Si Çofar fait cette promesse à Job, c'est précisément que cela ne va pas de soi. La caractéristique du mal subi est que nous croyons l'avoir oublié, mais qu'il subsiste toujours comme une tumeur à notre insu : ce mal, que nous trouvons à la naissance en ce sens que nous commençons toujours par le subir, ne peut précisément pas s'évaporer sans laisser de traces ; il reste de trop, en excès, tant que nous ne prenons pas la décision de l'affronter pour ce qu'il est : un mal que nous avons totalement subi, sans l'avoir mérité.

Jb 15,35

Qui conçoit le mal ['amal] enfante la méchanceté ['awen].

Image parlante : il faut être deux pour concevoir. Quel est le partenaire de l'humain à l'origine de cette conception du mal ? Au moins de façon sous-jacente, il y a l'idée d'une intervention *autre*, d'un mal qui plonge ses racines dans un avant de la vie, dans la nuit de l'origine. On commence toujours par contracter souffrance et peine comme un mal invisible, qui tôt ou tard éclôt au grand jour sous la forme d'une puissance du mal ['awen], capacité de faire du mal à son tour. Que [‘amal], le mal subi, vienne en premier, et qu'il enfante ['awen] notre méchanceté, comme une conséquence, c'est ce qui va à l'encontre de l'enseignement doctrinal judéo-chrétien : selon cet enseignement, seule notre puissance de faire le mal est à l'origine du mal. Il ne s'agit pas d'un lapsus dans la bouche d'Eliphaz car on retrouve la même affirmation, dans les mêmes termes, en Es 59,4 : « Qui conçoit le mal *fait enfanter* la méchanceté », tôt ou tard, en soi-même ou par générations interposées.

Jb 16,2
Job dit aux amis :

Vous (êtes) tous consolateurs *de mal* [‘amal].

Retenons la traduction de A. Chouraqui, « consolateurs de *misère* », qui rend bien compte du double sens — *consolateurs lamentables* et *vous qui prétendez consoler le mal.* Car ce verset témoigne d'un mal qui ne peut être « consolé », d'un verbe n'existant qu'à la voix passive (au sens d'être désolé, se repentir, se mettre à l'aise) et à la forme intensive au sens de consoler. Or sur les six mentions de ce verbe chez Job, cinq sont à la forme intensive, traduisant la volonté de consoler, et une seule à la voix passive pour dire que la consolation est effective. On peut déjà envisager que personne n'est en mesure de consoler de ce mal-là sinon Dieu lui-même, évoqué en hébreu par la voix passive.

Voici ces six mentions :

— 2,11 : « (Les amis) convinrent d'aller le plaindre et le *consoler.* » C'est un échec : la détresse de Job est si grande qu'ils renoncent et se taisent « sept jours et sept nuits » — une éternité !

— 7,13 (Job) : « Quand je dis : mon lit me *consolera*... tu me terrorises par des songes. » Dormir non plus ne peut consoler de ce mal-là : la vie inconsciente, qui porte toutes les séquelles du mal subi, se fait entendre par la voie royale des rêves !

— 21,34 (Job aux amis) : « Comment (osez-vous) me *consoler* en vain ? Et vos réponses ? il en reste-l'infidélité ! » Autrement dit, votre façon de me consoler est une façon de me lâcher, de m'être infidèles : car les amis disent que les méchants sont toujours punis, c'est-à-dire que le mal est toujours réparé (compensé par la punition). Mais il n'en est rien dans la réalité ; et surtout, en niant que Job subisse un mal dont il ne porte pas la plus petite responsabilité, ils le trahissent d'emblée et anéantissent toute possibilité de le consoler. Mais au-delà des amis, il faut voir pourquoi l'impossibilité d'une consolation humaine est radicale : aucun être humain ne peut prendre la mesure du mal totalement injustifié que subit l'autre, et y faire face ; peu ou prou il se protégera en évitant de prendre l'excès du mal pour ce qu'il est : un abîme insupportable.

— 29,25 : (Job décrit son bonheur passé en vingt-cinq versets dont voici le dernier) : « Je siégeais en chef, campé tel un roi parmi ses troupes comme il *console* des affligés. » Consoler ceux qui subissent le mal était une joie pour Job autrefois : voilà qui confirme l'ambivalence du verbe [na*h*am], « être désolé » mais aussi « *se* mettre à l'aise, *se* conforter » — la consolation profite à celui qui console ; le fait qu'on se fait du bien en s'imaginant consoler autrui montre bien qu'on échappe ainsi à cet abîme du mal subi par autrui auquel on ne peut ni ne veut croire vraiment. Ainsi s'achèvent vingt-cinq versets de bonheur, avec ce qui peut apparaître comme le bonheur suprême : échapper au mal sans paraître égoïste, en étant vraiment désolé pour les affligés. Mais tout ce bonheur semble aujourd'hui à Job une illusion, et cette consolation... le leurre suprême.

— 42,11, verset à mettre en parallèle avec Jb 2,11 où l'on avait déjà les deux verbes plaindre et consoler : « (Ils) le *consolèrent* de tout le malheur que lui avait envoyé le Seigneur. Et chacun lui fit cadeau d'une pièce d'argent et d'un anneau d'or. » *Consoler de* en hébreu se dit d'habitude *consoler sur*, ce qui donne l'impression de quelque chose qui vient se surajouter, mais qui n'annule ni ne remplace rien. Par ailleurs, la prétention à consoler de *tout* le malheur confirme le caractère totalement illusoire de cette volonté de consoler du mal subi.

Une pièce et un anneau : dérisoire compensation ! D'autres enfants remplaceront-ils pour Job ses enfants morts ? Mais en donnant chacun la même chose, l'entourage de Job concrétise la nature parfaitement interchangeable des consolations humaines : chacun se sent en règle à peu de frais, sans s'être impliqué personnellement, sans avoir donné de sa personne. Et fondamentalement, il ne peut en être autrement : Dieu seul peut consoler pour la simple raison que Dieu seul peut prendre la mesure exacte de l'excès du mal.

— 42,6 (Job répond à Dieu) : « Je me rétracte et *je suis consolé* sur la poussière et sur la cendre. » « Je suis consolé » et non « je me repens » comme on traduit parfois. Car à aucun moment Dieu n'a accusé Job de quoi que ce soit, au contraire il le félicite et désapprouve les amis ! Si c'est ici la seule mention de ce verbe, au passif, de tout le Livre de Job, n'est-ce pas parce que la voix passive vise à affirmer que Dieu seul console ? Nul humain ne peut consoler, on ne peut qu'*être consolé*, par Dieu seul, et seulement si l'on se trouve sur la poussière et la cendre — deux mots très voisins ['afar] et ['efer], une même réalité humaine désagrégée, « en morceaux », celle qui résulte de la plongée dans l'enfer du mal[7].

Il faut dire que dans l'optique de l'époque et des amis, consolation et repentance sont interchangeables — c'est le même verbe : quand on se repent du mal commis, on trouve consolation et apaisement. Mais traduire ce verbe par « je me repens » détruirait l'orientation du Livre de Job, qui est précisément de parler d'un mal dont *nous ne sommes pas responsables*, dont nous n'avons pas à nous repentir, et auquel Dieu seul peut apporter consolation... par sa seule présence.

Revenons à ['amal] : après la référence de 16,2, « vous tous consolateurs de mal », le mot ne réapparaîtra plus. C'est le dernier mot de Job : il y a un mal qu'aucun discours ne peut apaiser ; or ce mal vient d'être mentionné en 15,35 comme étant un mal qui se situe en amont du mal-méchanceté, à la manière dont la conception précède l'enfantement ;

c'est un mal toujours en excès par rapport à ce que nous pouvons en dire, même si nous l'expérimentons — « moi si je parle, ma douleur n'en est point calmée » (Jb 16,6) ; un mal toujours en excès par rapport à tout le mal qu'on fera par la suite, un mal qu'aucune consolation humaine ne peut effacer.

La conclusion ne peut être qu'une transition.

Au plus noir de l'abîme, l'auteur du Livre de Job utilise le mot « mal » à sept reprises — chiffre de la complétude — comme si alors tout était dit. Or les deux seules références qui traitent du mal-méchanceté (4,8 et 15,35) suggèrent l'existence d'un mal préalable. Quel est-il sinon ce mal que nous commençons par subir, un mal *originel* que nous supportons avant d'y réagir en développant alors notre propension à faire le mal ? C'est ainsi que se fait jour l'idée d'un *mal originel* plutôt que d'un *péché originel*, car comment accuser l'humain d'avoir la simple potentialité de faire le mal ? L'idée de faute originelle est d'ailleurs absente de la tradition juive, selon E. Wiesel : « Nous n'héritons pas les péchés de nos ancêtres, même si nous en subissons le châtiment. La culpabilité ne se communique pas » (*Célébration*..., p. 33). Tel est l'enseignement du Livre de Job : il y a une origine du mal plus originelle que la conception, et cette origine n'est pas à chercher en celui qui vient au monde — sinon il ne resterait plus qu'à maudire la vie.

L'origine est à chercher *hors* de nous : en naissant, Job a eu d'emblée le mal « sous les yeux ». On trouve la même formulation chez Jérémie (20,18) : « *Pourquoi* suis-je sorti du sein *pour voir* (le) *mal* ['amal] et (la) *douleur* ? » Ce sont les mêmes termes que chez Job : « Pourquoi... le mal à mes yeux ? » Certes Jérémie nomme des responsables, et de ce fait il ne sombre pas autant que Job dans l'autodestruction ; mais ces deux textes sont les expressions bibliques les plus représentatives de la même expérience. Au-delà du simple dégoût de la vie, Job partage avec Jérémie cette confrontation brutale avec l'excès du mal qui survient de l'extérieur, dès la naissance : on ne pourra donc plus faire taire la personne en proie au mal abyssal sous prétexte que son cas est totalement unique, par conséquent pathologique.

C'est précisément la mise à distance du mal comme quelque chose d'extérieur à lui, de déjà là à sa naissance, de l'autre côté des « portes du ventre », qui permet à Job de reprendre pied dans la réalité : il *est* réellement en vie. Mais au moment où il doute de tout ce qui le concerne, où il ne se sent plus exister, vivre, espérer, et où il renie son origine, la seule chose *réelle* à laquelle il semble désormais faire face, c'est une vie indissociable du mal, un mal coextensif à ce qui fait la vie : un mal qui lui colle aux yeux, à la peau, depuis qu'il n'en est plus protégé par le « ventre ». Un mal dont nous ne pouvons nous mettre à l'abri qu'en retournant dans le sein maternel, n'est-ce pas la meilleure image pour décrire une réalité qui existe indépendamment de nous, *en dehors* et *avant* notre entrée en scène ?

Lorsque Job parvient à prendre une certaine distance en visualisant le mal comme extérieur à lui, il peut dire « elle aurait caché *le mal à mes yeux* ». Comme s'il ne faisait plus corps avec ce mal dans l'abîme duquel il était englouti jusqu'ici. Les v. 12

et 13 amplifient cette capacité de se percevoir autre, différent de ce mal qu'auparavant il avait totalement intériorisé.

Par des verbes au mode accompli, le texte suggère que la mort envisagée par Job est *déjà là* telle une non-vie ; et comme elle est devenue la seule vie possible, elle prend les couleurs de la vie et se met à signifier satiété-paix-repos. C'est l'excès du mal imposé à Job qui lui fait désirer la mort ; il ne désire pas la mort pour la mort ; il désire que cesse cette vie qui n'est plus une vie. Par ces versets, Job dit qu'il se faisait une bien meilleure idée de la vie : pour décrire la mort, il utilise des images de vie (le repos, la détente, la paix). La puissante pulsion de vie, en lui, se trouve en butte à un mal qui lui paraît désormais indissociable de la vie. D'où la seule issue envisageable : la mort pour venir à bout d'un mal insupportable, et non pour venir à bout de la vie.

Le monologue de Job 3,11-26

Tout va désormais s'articuler autour de l'« agitation », du « tourment ». À partir du v. 10, le monologue de Job semble ne plus pouvoir aboutir à autre chose qu'à un tourment auquel il ne parviendrait à échapper que dans la mort (v. 17) : « Là les maux s'abstiennent d'agitation/de tourment » ; un tourment qui sera le tout dernier mot de son monologue : « et il vient, le tourment » (v. 26).

Quelle est la source du tourment ? Le contexte fait penser à des méchants. Mais [reša‘], « la méchanceté, la faute », et [raša‘], « le coupable, le méchant », ont le même pluriel [reša‘ym] — ce qui autorise à traduire au v. 17 : « là les maux s'abstiennent d'agitation » ; autrement dit, en parlant de ce tourment, qu'il évoquera exclusivement à la première personne au v. 26, Job n'en cherche pas les responsables, il ne vise qu'à en exprimer l'horreur : d'ailleurs ce mot [rogez] ne concerne jamais ceux qui, faisant le mal, tourmentent autrui.

« Là », dans la mort seulement, cesse le mal que l'on subit ; là seulement cesse ce qui écrase. L'enjeu n'est pas l'origine du mal, mais la paix, du début (v. 13) jusqu'à la fin (v. 26), une paix décidément hors de portée, mais que Job n'absolutise pas, dont il ne fait pas un but en soi ; car au fond de l'abîme du mal, la seule paix désirable est la cessation, ou même seulement l'accalmie de l'horreur. Voilà pourquoi Job se représente la mort comme le seul lieu où les maux *s'abstiennent* de tourmenter. Il n'envisage pas l'anéantissement du mal, il ne demande qu'un répit, que la torture prenne fin... mot qui n'est pas excessif, puisqu'il est sous-jacent à ce v. 17 : « là reposent les *fatigués* de pouvoir », d'un verbe signifiant à la forme intensive « fatiguer, troubler, torturer ». Comme à Job, il nous arrive de désirer la mort. Mais ce désir n'est *pas* issu d'une pulsion de mort. C'est le désir que prenne fin — enfin — la torture du mal. Pourquoi imaginerions-nous en l'être humain une pulsion de mort aussi originelle que la vie ? Pourquoi refuserions-nous de reconnaître que la vie peut réellement devenir invivable, sans que la mort soit recherchée pour elle-même ?

I. L'agitation ou le tourment de Job

Cinq mentions bibliques sur sept se trouvent dans le Livre de Job. Toutes font penser à *une puissance qui s'impose à nous de l'extérieur.* Deux retiendront notre attention[8].

Jb 3,26 reprend exactement les mêmes verbes qu'au v. 13 : « je suis/serai en paix — c'est/ce sera repos pour moi » mais cette fois cela se réalise, il n'y a aucun espoir ; « je ne *suis* pas en paix — je ne *suis* pas en repos » et « je ne suis pas à l'aise » — trois verbes presque synonymes pour dire la quête désespérée d'une paix qui ne vient pas : c'est le tourment qui vient. Qu'est-ce que le tourment, ici, sinon la manifestation du mal ? Il « survient », il se manifeste comme de l'extérieur, un mal trouvé à la naissance et qui reste étranger comme l'oppresseur au prisonnier. À aucun moment Job ne définit le mal qui l'accable ; il ne parle que de la manière dont il en est affecté : c'est une agitation, une exaspération, un tourment — quelque chose d'excessif, dépassant les limites du supportable. Après trois verbes en *je*, Job ne dit pas *je suis tourmenté*, mais « il vient, le tourment » ; comme s'il gardait une distance avec ce mal qui lui « arrive », comme s'il pressentait qu'il ne le produit pas lui-même.

Revenons sur les images utilisées par Job car elles vont dans le même sens : « Les prisonniers... n'entendent pas la voix de l'oppresseur », littéralement de celui qui extorque comme à un débiteur (v. 17). Job n'aurait donc pas intériorisé son mal au point de se sentir endetté, de croire qu'il paye une quelconque faute par sa souffrance. Il conçoit un lieu où celui qui souffre *n'entend plus la voix* qui fait de lui un débiteur. Il conçoit ce lieu comme le seul lieu où tous sont à égalité quant à la force. C'est donc que la mort lui apparaît comme la seule issue au *pouvoir* du mal ; « là reposent ceux qui sont fatigués de pouvoir » — qui n'ont plus aucun pouvoir face au mal ; « là petit et grand c'est tout un, et le serviteur ['eved] est délivré de son maître ['adonay] » (v. 9) : c'est le seul lieu où Job peut imaginer n'être plus le *petit* jouet d'une force, d'un *grand* qui le dépasse ; c'est le seul lieu où il pourrait échapper à ce maître absolu qu'est le mal sur sa vie, maître qui prétend au même titre que Dieu ['adonay].

Le deuxième passage biblique où intervient ce tourment fait penser à Job 3, avec trois termes communs : le repos (v. 13), le tourment (v. 17 et 26) et la servitude (v. 19).

Es 14,3 : « Le jour où le Seigneur t'aura donné *le repos* à partir de/après ta souffrance et à partir de ton *tourment*, et à partir de la dure *servitude* à laquelle tu as été assujetti, tu entonneras cette chanson. »

Le repos vient *à partir de*, il s'enracine dans la souffrance ['o*s*ev] qui signifie également idole. Or, par ailleurs, le verbe servir peut aussi signifier adorer un dieu. Le texte dans sa littéralité peut faire penser au mécanisme suivant : il y a dans le tourment, le mal dont nous souffrons, une propension à devenir *idole*, c'est-à-dire à devenir notre raison de vivre. Le mot à mot « la dure servitude qui *a été servie* en toi » n'évoque-t-il pas ce long chemin qu'il faut faire pour renoncer à être les esclaves de notre dépression ou de notre handicap ?

Au début du monologue, nous retrouvions dans l'expérience de Job cette manière que nous avons parfois de décupler notre souffrance en nous autodétruisant — pouvoir ultime et dérisoire pour faire face à une souffrance insupportable. L'autre ornière où il nous arrive parfois de nous enfoncer avec Job se trouve évoquée dans la suite du monologue : nous avons tellement adhéré au mal subi qu'il est devenu constitutif de notre identité. On ne dira plus de nous : c'est quelqu'un qui souffre d'agitation, de tourment ; mais *c'est* un angoissé, *c'est* une dépressive. Job avait endigué le déchaînement de son autodestruction entre deux rappels de la réalité (v. 3 et v. 10). Ici, à deux reprises, il reprend également pied dans la réalité, aux v. 17 et 26, en maintenant une distance entre le mal qui lui *arrive*, et lui qui le vit.

II. Le mal subi, devenu constitutif de l'identité

« Car maintenant je serais étendu... » : c'est là que Job commence à adhérer au mal qu'il subit. Il y a en lui un moi qui se sait étendu, couché, terrassé par la mort ; et il y a aussi un moi qui veut faire de cet état le summum du bonheur, qui se persuade qu'être étendu ou endormi comme un mort, c'est avoir « paix et repos », qu'être terrassé par le mal, y adhérer, l'intégrer, c'est ce qu'on peut souhaiter de mieux : « c'est/ce sera repos *pour moi* », c'est le repos rêvé... en tout cas à mes yeux.

Et Job précise avec qui il serait alors en compagnie : « avec-des rois », des personnes qui exercent un pouvoir ; « et des conseillers de la terre » : des personnes à qui l'on demande conseil, qui ont de l'influence ; « ceux qui *bâtissent des ruines/mausolées* pour eux » — contradiction totale illustrant remarquablement ce mécanisme qui est parfois le nôtre : bâtir des ruines, n'est-ce pas rendre positif ce qui est éminemment négatif ? Mais c'est le seul pouvoir qui reste à Job, à l'instar de celui d'un roi ou d'un conseiller : faire de son tourment, des *ruines* de sa vie, du *mausolée* dans lequel il est étendu comme mort, une *construction* spécialement conçue par lui et *pour lui*. C'est ainsi que nous transformons notre tourment en identité, en retournant la réalité : le mal ne nous détruit plus ; nous faisons comme si nous avions voulu bâtir nous-mêmes cette ruine qu'est devenue notre vie.

Avec qui Job serait-il encore en compagnie ? « Ou même-avec des princes » (v. 15) : avec moins de pouvoir, mais il s'en contenterait ! « (qui ont) de l'or à eux, ceux qui remplissent leurs maisons d'argent » : comme tout tourne autour de la mort, les maisons peuvent désigner les tombeaux où les souverains entassaient leurs richesses ; on a en effet relevé que l'auteur de Job semblait bien connaître l'Égypte de son temps. L'or et l'argent : y a-t-il image plus parlante pour *valoriser* un mal qui enveloppe de toutes parts, comme la mort enferme dans un tombeau ? Si notre maison est en réalité un tombeau rempli de richesses, n'est-ce pas que, prisonniers de notre tourment, nous le *valorisons* en comblant ainsi le vide de notre inexistence ? C'est alors notre seule façon d'exister.

« Ou même » (le pouvoir envisageable diminue encore), Job aimerait être « comme un être tombé, caché ; je n'existerais pas » (v. 16). En fait, Job *est* un être tombé : il n'existe plus pour la société, il n'a plus de famille, et aux yeux des amis, il *est* tombé bien bas ! De plus il *est* caché à l'écart sur un tas de fumier, à cause de sa maladie de peau. Sentiment d'inexistence et de honte, besoin de disparaître. C'est son expérience, mais il désire en faire son identité, devenir un *fœtus avorté*. Or ce mot n'est utilisé qu'en deux autres endroits dans la Bible (Ps 58,9 et Qo 6,3), pour décrire une *situation* pire que tout. Le contraste est d'autant plus frappant avec Job qui, lui, *valorise* cet état non comme une situation mais comme sa propre identité : il ne veut plus être « avec » mais « comme ». « Comme les petits enfants (qui) n'ont pas vu la lumière. » Le commentaire de Rashi éclaire encore ce mécanisme de *valorisation* du tourment dont on ne peut plus se détacher. Rashi parle ici des « enfants qui ne sont que méchanceté et saleté ». En butte au mépris de son entourage parce que sale et soupçonné d'être coupable, Job intègre cette identité : il désire être comme les petits enfants qu'en Israël on avait coutume de mépriser et de condamner.

Comment comprendre l'absence de verbes aux v. 14 et 15 ? Jusqu'à la crise, Job ne voyait dans le mal que la conséquence logique d'une transgression. Pourquoi donc laisse-t-il entendre maintenant qu'il a trouvé le mal à sa naissance, comme une fatalité extérieure à laquelle nul vivant n'échappe ? Parce que l'expérience du mal injustifié n'est pas relative ; elle ne peut que provoquer une réponse tout aussi radicale ; elle fait toucher à un absolu qui détruit toute chronologie. Il n'y a plus de verbes ni au mode accompli ni au mode inaccompli, et il en sera de même aux v. 21 et 22 ; il n'y a plus un avant le malheur et encore moins un après. Il y a un mal-tourment omniprésent et intemporel qui tient lieu d'identité et que la mort elle-même n'anéantit pas : là, dans la mort, le mal *s'abstient*, il ne se manifeste pas ; mais c'est un absolu, rien n'en vient à bout, ni la vie ni la mort.

Or c'est au v. 17 précisément, avec ce premier verbe au mode accompli (là les maux s'abstiennent d'agitation), que Job va reprendre pied dans la vie. Il parle comme si pour lui l'expérience de la paix pouvait se faire seulement au prix d'une *distanciation d'avec le mal* qu'il a subi, d'avec ceux qui le lui ont fait subir. Prisonniers, oppresseur, maître : premiers personnages du texte, premiers vis-à-vis d'un Job qui pour la première fois établit une distance avec les responsables de sa souffrance. Distanciation rendue possible, curieusement, par un aveu d'impuissance : « là reposent ceux qui n'en peuvent plus » (v. 17), littéralement « ceux qui sont fatigués de pouvoir ». Tant qu'il cherchait à conserver un minimum de pouvoir, à maîtriser la situation, Job ne faisait qu'adhérer davantage au mal qu'il subissait, et qui finissait par devenir son identité. Fatigué de pouvoir, Job abdique, il se reconnaît impuissant face au mal qui le tourmente : c'est la condition nécessaire pour commencer à le mettre à distance, à distinguer ce qu'il est par rapport à ce qu'il n'est pas.

III. Aux antipodes de la paix, le mal absolu (v. 20-26)

Il semble parfois qu'il faille adhérer au mal subi pour avoir la paix. Mais Job n'est pas dupe. Les quatre derniers versets décriront avec une authenticité parfaite ce qu'il vit réellement et s'achèveront sur l'antipode de la paix : le tourment. En reprenant pied dans la vie, Job oppose un *pourquoi* à une réalité insupportable. « Pourquoi donne-t-il la lumière à celui qui peine ? » L'imprécision du « il » montre que Job n'en est pas encore à affronter un responsable du mal. Pourtant cette réaction saine et lucide, par le risque qu'elle comporte de mettre Dieu en question, n'a pas toujours été tolérée ; les versions non hébraïques ont feint de lire un passif (pourquoi la lumière est-elle donnée ?), comme si l'on craignait d'envisager l'existence d'un mal purement subi, et donc d'un responsable de ce mal. Le v. 20a traduit le même aveu d'impuissance que les v. 17-19 : Job sait bien qu'il voit la lumière et qu'il est en vie comme *celui qui peine* ['amel], de cette racine ['amal], le mal subi, qu'on trouve à la naissance.

Mais le glissement s'opère dès le v. 20b : « Pourquoi donne-t-il la vie aux amers de l'âme ? » À nouveau le mal subi est intériorisé et devient la nature, l'identité de Job. Job *est* un amer de l'âme, comme on dit de quelqu'un « *c'est* un dépressif », comme s'il était né amer, comme si tout son mal venait de lui. L'adjectif [mar], « amer », vient soit du verbe [marar], « être dans le désespoir », soit du verbe [mara'], « être révolté, être sale ». Vocabulaire évocateur de la dépression, d'autant plus qu'à [nefeš], « l'âme », correspond [psuchè] qui a donné psychisme. Le piège est là : lorsqu'il n'est pas reconnu comme tel, le mal que nous subissons finit toujours par être intériorisé ; il « s'en va hurler au fond de l'âme », comme dit Ch. Bobin, et nous perdons alors jusqu'à la trace de son origine : nous ne savons même plus ce qu'ont été nos traumatismes. Et comme Job, nous ne voyons plus en nous que des amers de l'âme.

Dès lors resurgit le mécanisme que nous avons vu à l'œuvre aux v. 14, 15 et 16 : pourquoi donne-t-il la vie « à ceux qui attendent pour la mort... et pas (d'elle) pour eux, à ceux qui creusent pour elle plus que pour des trésors » (v. 21), mot qui renvoie à *l'or et l'argent*, cette valeur supérieure qu'a prise la mort et que Job cherche à s'approprier ? Mais *trésor*, qui vient d'un verbe « cacher », renvoie aussi à *l'être tombé caché*. On dirait que Job cherche un être mort caché tout au fond de lui, trésor effectivement inestimable car c'est là le négatif (la photo en négatif) de son identité. Le mal qu'il a subi est devenu son identité, profondément cachée à ses yeux : il ne sait même plus qu'il a besoin d'être tourmenté et amer pour exister, que cela *fait partie* désormais de lui comme la trace indéchiffrable du mal qu'il a subi.

Pourquoi donne-t-il la vie « à ceux qui se réjouissent en direction du *tertre* » (v. 22), mot employé en Es 25,2 au sens de ruines[9] ? Job semble avoir tellement intériorisé la violence dont il a été l'objet qu'il se réjouit d'être identifié à cette image détruite de lui-même. Il y prend un plaisir totalement inconscient. Preuve en est le fait que là, il ne parle pas à la première personne, *comme s'il ne savait pas qu'il parle de lui-même* : je me réjouis d'être ce tertre, cette ruine, de faire corps avec le tas de fumier que je suis devenu. De plus, la préposition ['el] ayant pour sens « en direction de » mais aussi « à cause de, en addition à », on voit bien comment Job apporte son adhésion — « en plus » — au mal qu'il a subi (symbolisé par le tertre), à travers une sorte de complaisance qui fait penser à la manière dont les esclaves *tiennent* à leur esclavage. La fin du verset va si loin dans ce sens (« ceux qui *exultent* quand ils trouvent-une tombe ») que E. Wiesel y voit un accès de démence et refuse à Job le droit de s'exprimer ainsi : « En somme ce que Job nous décrit ici c'est le plaisir de mourir ! Étrange programme, en effet... Exalter la mort est tellement contraire au judaïsme que de telles affirmations sont proprement inconcevables. Je ne crois pas que Job ait cru un seul instant à ce qu'il disait. Ses propos relèvent du délire poétique, expriment un état hallucinatoire, mais ne constituent en aucune sorte une doctrine philosophique ou morale qui, elle, serait totalement inacceptable. Il ne devrait pas parler de la mort dans des termes aussi attachants » (J. Eisenberg, *Job ou Dieu...*, p. 114 et 116). Mais n'est-ce pas précisément quand autrui refuse d'entendre ce qui nous tourmente que nous sommes menacés de démence, parce qu'il nous est alors interdit de mettre des mots sur l'excès de notre souffrance ?

Dans le texte lui-même, l'autopunition peut être

perçue comme la seule manière pour Job de ne pas disparaître dans l'abîme : Job parle d'*exulter*, d'étaler sa joie (de même qu'au début du monologue, il « en rajoutait »). Exulter « quand on rencontre-une tombe », avec un trait d'union dans le texte hébreu car on fait déjà corps avec la tombe, on se heurte aux contours du tombeau qu'on porte en soi. Un mal solidifié, un tourment pétrifié, comme si l'on tenait là la seule identité possible, la seule manière d'exister de façon satisfaisante. Réponse radicale à un mal radical [10] : prendre plaisir non pas à l'agitation, au tourment, mais à ce mal à l'excès que nous avons fini par intérioriser et qui est devenu tombeau, enfermement, tertre, ruines, un mal figé, désormais constitutif de notre personne.

Il n'est pas étonnant qu'après cette sorte de paroxysme, Job revienne à lui et à sa souffrance insupportable, sans la démultiplier — et cela jusqu'à la fin du texte, mais aussi sans pouvoir exprimer autre chose que ce sentiment précis d'*enfermement* : « à un *homme* dont le cheminement est caché et que Dieu a bloqué de toutes parts » (v. 23). On retrouve ici l'homme [gever] du v. 3 : Job parle encore de lui-même, dont il pressent la force de vie intacte. Alors qu'il se complaisait à ne pas sortir du tombeau, il avoue ne pas savoir comment en sortir. Pour la première fois il se dit enfermé dans et avec son mal, et il situe la vie *hors de lui* ; on voit bien comment le mal trouvé à la naissance (au v. 10) a été totalement intériorisé. Le mal radical pour Job consiste donc à être enfermé avec le mal : c'est là ce que nous avons appelé l'abîme du mal. Or si Job ne rend pas Dieu responsable du mal qu'il subit [‘amal], par contre il voit en lui le responsable de son enfermement. Là aussi l’expérience du mal est radicalisée : au v. 4, Dieu « ne se souciait pas » de Job. Maintenant, il le « bloque de toutes parts ». Qu’est-ce que cette force qui enferme Job dans l’horreur ?

À en juger par les six passages qui en font état, on ne peut qu’être frappé par son ambivalence. Deux racines interchangeables — [śakak], « couvrir pour mettre une clôture, tisser » et [sakak], « bloquer, garder fermé » — permettent de voir comment Dieu transforme sa protection en enfermement.

— En Jb 1,10 (Satan parlant de Job à Dieu) : « Ne l’as-tu pas *protégé d’un enclos*, lui, sa maison et tout ce qu’il possède ? » Avec trois fois le même « de tous côtés » qu’en 3,23 où Dieu « l’enferme, le *clôture* de tous côtés ». Jadis Dieu bloquait l’approche du mal ; aujourd’hui le mal est à l’intérieur, et l’enclos protégé est devenu fermeture-prison.

— En Jb 10,11, Job dit à Dieu : « de peau et de chair tu me vêtis, d’os et de nerfs tu m’as *tissé* » (couvert pour protéger)... protection ambivalente dès le sein maternel puisque le corps et les nerfs procurent aussi bien plaisir que douleur !

— En Jb 29,4, « quand Dieu *oignait* ou *gardait fermée* ma tente » (les deux traductions étant possibles). Cette protection était une onction, donc une élection qui ne pouvait pas aller sans épreuves.

— En Jb 38,8, Dieu parle de lui-même à Job : « il *bloque* par les portes la Mer quand elle jaillit du sein maternel » — la Mer, symbole du mal absolu. Et en Jb 40,22 où il s'agit de Béhémôt, l'incarnation des puissances maléfiques, Dieu dit : « les jujubiers le *protègent* de leur ombre ». Or Dieu vient de dire à Job : « (Béhémôt) je l'ai fait avec toi » (v. 15) et « c'est lui le premier des chemins du Seigneur, mais son Créateur, Celui qui l'a fait, approche son épée » (v. 19). Ces deux images (la Mer et Béhémôt) suggèrent que la puissance du mal est contemporaine de la création, en tout cas de la création de l'être humain ; et même qu'elle le précède... mais seulement à titre de *chemin* ; un chemin qui s'ouvre et qui prend fin, dans des limites, des *portes* assignées par Dieu et gardées par lui (par son *épée*). Cette puissance du mal bénéficie donc aussi d'un enclos [11].

À la lumière de tout cela, on pourrait paraphraser ainsi Jb 1,10 : n'as-tu pas rendu (Job) inapprochable, ne l'as-tu pas fermé au mal ? et de ce fait, sa vie à l'abri du mal n'était-elle pas devenue paralysie, absence de chemin ? Or ce que peut nous enseigner avant tout l'expérience du mal, c'est qu'il y a un chemin pour chacun (« son chemin a été caché ») ; pourtant, *le premier des chemins* (40,19) semble alors prendre nécessairement son départ en cet excès du mal clos sur lui-même qui transforme notre existence auparavant protégée en une prison insupportable. Il aura fallu que l'enclos devienne invivable et le retour au sein maternel impossible pour que nous vienne à l'esprit la possibilité d'un chemin passant inévitablement par la souffrance. Le parallélisme inversé des v. 10 et 23 ne manque pas d'intérêt :

> « elle n'a pas *fermé* [sagar] les portes du ventre : elle aurait *caché* [satar] le mal à mes yeux »
> « à un homme dont le chemin est *caché* [satar] et que Dieu a *enfermé* [sakak] de tous côtés ».

Au rêve d'une protection qui ferait l'économie du mal a succédé la réalité d'un enfermement dans la souffrance qui pourrait être le point de départ d'un chemin. Le fantasme d'un monde sans mal-pour nous fait place à l'évocation (pour le moment présentée comme impossible) d'un *chemin qui partirait du tourment* dans lequel nous sommes enfermés. En effet, le refus de *voir* le mal tel qu'il s'adresse à nous se situe au fondement de notre existence naturelle. Il faut rien de moins que l'intervention de Dieu pour que Job regarde en face sa détresse, à l'intérieur de son enclos ; pour qu'il s'aperçoive que le mal dont il voit les ravages aujourd'hui était là depuis le début ; pour qu'enfin il se mette en quête de *son* chemin, même s'il est encore totalement caché.

IV. La conclusion du monologue : un cercle sans fin (v. 24-26)

La sobriété des trois derniers versets met en lumière l'abîme du mal-tourment dans lequel Job n'en finit pas de tomber. Cette fois il n'y a plus d'échappatoire par l'autodestruction ni l'autopunition. Il y a l'horreur regardée en face, nommée au plus près de ce que Job ressent. Les deux *car*, qui n'expliquent rien du tout, rendent de façon poignante son enfermement : je souffre sans espoir d'en sortir car je souffre sans espoir d'en sortir. Enfermement à la puissance deux qui se traduit par le redoublement des mots : « j'ai craint une crainte... une terreur me terrifie » ; ce que je souffre me renvoie à ce qui me fait souffrir et vice versa. Peut-on demander plus grande lucidité, plus courageuse prise en considération de la *réalité* du mal ?

Si l'on traduit le v. 24 par « *en guise de* mon pain, mon gémissement vient », on perçoit que pain et gémissement sont sur le même plan, comme ce sur quoi nous n'avons pas de prise, *parce que le mal est ressenti comme coextensif à la vie*. Le gémissement vient et remplit comme une nourriture qui ne nourrit pas, et les rugissements s'écoulent en pure perte, comme une eau qui ne désaltère pas. La vie n'est plus possible, et pour la première fois Job exprime une angoisse qui semble très ancienne : *j'ai craint... j'ai redouté* et voilà que cela m'arrive. Ce que dit Job ici résonne en nous comme s'il découvrait que de tout temps, simplement parce qu'il est un humain, il avait porté en lui le soupçon que la vie ne va pas de soi : elle ne semble inscrite au fond de l'être qu'à titre de possibilité ; on dirait que le mal lui est toujours contemporain comme son envers, comme sa nécessaire toile de fond.

La fin du monologue amplifie l'intuition du v. 10 : le mal que nous commençons toujours par subir ne peut que *survenir* ; d'où la répétition lancinante du verbe : « mon gémissement *vient* [vô'] », « une crainte *survient* ['atah] », « ce que j'ai redouté me *vient* [vô'] », « il *vient* le tourment [vô'] ». [Vô'] signifie même entrer : il n'y a plus d'enclos, le mal entre, et il s'intègre si bien qu'il n'y a plus de dehors ni de dedans, de cause ni d'effet. Cela devient une seule réalité : ainsi une terreur s'éprouve, vient de soi-même ; mais comme elle terrifie, elle vient aussi de l'extérieur. Plus que jamais, l'enjeu est la quête de la paix ; Job la fait sienne avec le même entêtement que le mal met à survenir : « je ne suis pas à l'aise et je ne suis pas en paix et je ne suis pas en repos ». C'est l'insistance de ce « je » qui lui permet de mettre le mal à distance et d'en faire le mot de la fin : « il vient, il entre le tourment », comme une force extérieure dont Job n'est pas responsable[12] mais qu'il ne conceptualise jamais. Car on ne connaît le mal que par sa manifestation, par le tourment qu'endurent les êtres qu'il tourmente, à qui cela arrive.

Chapitre 2

L'empreinte d'un mal originel

L'abîme du mal : une approche nécessairement rétrospective

> « Seule la grande douleur, cette longue et lente douleur qui prend son temps, et dans laquelle pour ainsi dire nous sommes consumés comme avec du bois vert, nous contraint, nous autres philosophes, à descendre dans notre dernier abîme, à nous dépouiller de toute confiance, de toute bienveillance, de toute gaze adoucissante, de toute solution moyenne, où nous avions peut-être placé auparavant notre humanité... La confiance dans la vie n'est plus ; la vie même est devenue *problème*. »
>
> F. Nietzsche, *Le Gai Savoir*

I. Une vie tombée en abîme

L'abîme de la souffrance, un absolu

Parfois, le mal semble si bien épouser chaque contour de la vie que, pour en être délivré, il faudrait être délivré de la vie. C'est l'expérience de Job, d'une radicalité qui ne va pas nécessairement à l'encontre de la notion kantienne de mal radical. Certes, pour Kant, le mal est essentiellement tromperie, mensonge, et c'est seulement en ce sens qu'il atteint la racine même de la conduite. Mais il adhère à notre existence ordinaire ; il n'est jamais un abîme de méchanceté. Est-il alors ce mal souffert que *nous* découvrons à la racine de toute existence ? Non, mais il existe pourtant un abîme dans la pensée kantienne : « La nécessité inconditionnée dont nous avons si indispensablement besoin comme de l'ultime support de toutes choses est le véritable abîme de la raison humaine. » La raison a besoin de cette idée d'un être souverainement suffisant, mais dès qu'elle cherche à fonder cette idée, elle s'aventure « dans l'incompréhensible et dans l'insondable » (*Critique...*, p. 1225 et 1280).

On peut alors se demander si l'abîme que rencontre la raison, chez Kant, ne communique pas avec cet abîme que la souffrance ouvre en nous, dont aucune *connaissance* ne vient à bout, connaissance que la Genèse dit frappée d'interdit. Ainsi, le travail réflexif et le témoignage de l'existence se trouveraient tôt ou tard, par des voies différentes, confrontés au même abîme. Ce qui permet de penser qu'il s'agit en définitive du même abîme — abîme de l'origine de Dieu et de l'origine du mal — c'est que nous ne pouvons fournir d'explication ni à l'abîme du mal ni au Fondement de toutes choses. Nous découvrons à la « racine » de toute existence une souffrance que l'absence totale de sens transforme en mal absolu ; de la même manière, nous découvrons à la racine de toute démarche réflexive une absence totale de justification du Fondement de toutes choses. Il y a tout lieu de croire que ces deux injustifiables ont partie liée.

Le mal dont souffre Job a ceci de radical qu'il n'a aucune commune mesure avec un bien dont il serait simplement la négation. Il est d'un *tout autre ordre.* On ne peut pas le relativiser en faisant simplement de lui le pendant du bien. Mais étant vécu comme un absolu, il n'est pas un néant. On ne saurait en venir à bout en le réduisant à un manque, comme ont tenté de le faire de nombreuses philosophies rationalistes : si le bien *est* l'être, il devient difficile de voir dans le contraire de l'être autre chose qu'un néant, un manque, une absence !

Pour désigner le mal, Kant parle alors de « grandeur négative » ou de « bien négatif ». C'est, dit-il, un « mal beaucoup plus grand » qu'un mal par défaut (ou par privation). S'il s'exprime ainsi, c'est qu'il pense « profitable » de se référer à des « concepts déjà connus »[1]. Mais cela ne nous suffit pas. Il faut que la *réalité* du mal soit prise en compte : l'abîme du mal où est plongé Job n'a de commune mesure avec aucun concept de bien-bonheur dont il serait la grandeur opposée. Dès lors, la seule attestation de la réalité de cet abîme du mal réside dans *l'expérience que nous en faisons.* D'où le choix que nous avons fait de la catégorie du témoignage.

L'abîme ne se laisse dé-visager, il ne montre son vrai visage que si nous creusons jusqu'à la racine, non de l'existence en soi, mais de notre propre existence. Un tel travail requiert toutes nos ressources :

intellectuelles, psychiques et spirituelles. C'est à ce prix seul qu'on peut rendre compte de la réalité de ce mal. Une jeune femme juive disparue dans un camp de la mort, Etty Hillesum, a pu ainsi témoigner de cet abîme où s'abolit la pertinence de toute distinction entre subjectif et objectif : « Il me semble discerner avec une netteté croissante les abîmes béants où s'évanouissent les forces créatrices d'un être et sa joie de vivre. Ce sont des failles qui s'ouvrent dans notre psychisme et qui engloutissent tout » (*Une vie...*, p. 215). « Désormais ce camp, avec le véritable abîme de détresse qu'offre le spectacle des arrivées et des départs de convois, m'a de nouveau avalée toute crue » (*Lettres...*, p. 45).

C'est bien cette quête au fond de soi, engageant la vie tout entière, que requiert la confrontation à l'abîme du mal. Mais s'intéresser à la conscience de soi-en-proie-au-mal ne signifie en aucun cas congédier l'analyse réflexive. Il nous appartient de traduire au plan de la conscience et de l'universel ce qui vit d'abord dans la singularité et la contingence. C'est en ce sens que nous avons pu parler de Job comme d'un personnage *vrai*, sans nous attarder sur la question de sa réalité historique.

L'accès à l'existence la plus authentique

Rien d'autre n'est réel pour Job que l'abîme où il se trouve : concrètement, tout a disparu de son bonheur passé ; mais aucune réalité de sa vie présente n'a désormais le poids du réel, comme si la vie réelle avait cessé de l'environner, comme si elle avait reflué jusqu'au fond de lui, dans cet abîme qu'il porte désormais en lui. À une telle profondeur de lucidité, le mal que nous endurons apparaît comme le degré le plus authentique, le fondement même de l'existence, auquel nous nous serions bien passés d'accéder.

Les effets sont dévastateurs. Tout d'abord, le passé tout entier, considéré du sein de l'abîme, chute dans ce même abîme : le passé heureux a-t-il seulement existé un jour ? L'absolu de la souffrance frappe d'irréalité tout ce qui n'est pas lui ; preuve en sont les nombreux passages du Livre de Job où Job met un point d'interrogation sur tout ce qui a été son existence. L'abîme du mal est devenu la réalité ultime : c'est comme si la vie, telle une illusion inexplicable, s'y était totalement engloutie. C'est ce qu'exprime admirablement le psychanalyste D. Vasse :

> À quelque niveau que la déchirure se produise, qu'elle dilacère le tissu organique, fonctionnel ou relationnel, la souffrance nous apparaît comme l'effet ou la conséquence d'une altération de nous-même. La lame de la souffrance ouvre une faille en nous. Elle creuse un fossé entre nous et les autres, comme en nous, entre nous et nous-même. Nous nous sentons dédoublé, nous éprouvons le vertige d'un gouffre intime, nous nous heurtons à un mur... L'énigme de la souffrance réside dans notre incapacité à être dessaisi de la fascination par la mort dans laquelle disparaît l'objet. Elle fait apparaître la mort comme la vérité du sujet, ce vers quoi serait inexorablement tendu le désir. La promesse de vie du désir prend alors l'apparence du *mensonge* et le langage de l'espoir celle de la dérision (p. 26 ss).

L'effet peut-être le plus dévastateur est la « saignée » des valeurs, et notamment de la foi. C'est le cri lancinant de Job tout au long du Livre : il ne reconnaît plus son Dieu, la vie s'est retirée des valeurs les plus vivantes qui donnaient sens à son existence ; sa foi ressemble à un fantôme sans vie, et Dieu à une fatalité sans visage. On peut dès lors envisager que l'abîme du mal, dans certaines vies, devienne le point de non-retour. C'est par exemple ce que laisse entendre F. Mauriac dans sa préface au récit autobiographique de E. Wiesel, rescapé de la Shoa :

> L'enfant qui nous raconte ici son histoire était un élu de Dieu... voué à l'Éternel. Avions-nous jamais pensé à cette conséquence d'une horreur moins visible, moins frappante que d'autres abominations — la pire de toutes, pourtant, pour nous qui possédons la foi : la mort de Dieu dans cette âme d'enfant qui découvre d'un seul coup le mal absolu ? (Préface à *La Nuit*, p. 10)

La souffrance sans fond frappe notre passé entier d'irréalité, comme si nous n'avions rien vécu auparavant. De manière similaire, elle frappe d'interdit tout avenir autre qu'elle-même : elle est un absolu qui revendique toute la place. Nous ne pouvons même plus penser l'avenir — l'imprévisible et inépuisable source de la vie. Cet enfermement dans un présent d'horreur clos sur lui-même est exactement l'expérience de Job : il vit comme-mort sans pouvoir mourir.

> La souffrance livre donc à l'être. Elle accule à un enfermement en soi et au définitif de sa solitude qui semblent ne jamais pouvoir ni devoir cesser. Nulle

> issue hors de l'être n'étant pensable ou perceptible pour qui, dans la douleur, éprouve le tragique d'une condamnation à soi... Et s'il convient d'évoquer l'horreur à propos d'une telle situation, c'est qu'elle conjugue l'absurdité d'être là, sans justification et sans raison, et la nécessité de persévérer, quand même, dans cet être (C. Chalier, p. 32 et 36).

L'abîme du mal peut, dans le même temps, être vécu à l'échelon d'un peuple ou d'une communauté. Cela ne change rien au fait que nous y sombrons au cœur le plus intime de notre existence individuelle. L'horreur n'est pas relative : elle est un absolu pour chaque individu qu'elle broie, quelles que soient les circonstances. Notre pensée n'est pas certaine d'y survivre. Quand elle y survit, elle ne peut plus faire comme si le mal souffert n'était pas au fondement de l'existence. Commentant l'attitude de E. Lévinas devant l'horreur nazie, C. Chalier écrit :

> Il s'agit de philosopher avec cette douleur infinie et cette « tumeur dans la mémoire », c'est-à-dire ce « gouffre béant » comme poumon même de la réflexion. Comme référence incontournable de la vie intérieure et philosophique, comme vertige qui saisit encore et toujours lorsque incompréhensiblement, mais fidèlement à l'antique précepte du choix de vie (Dt 30,19), l'on s'essaie à continuer une existence entamée par l'horreur (p. 13).

Alors mûrit en nous la certitude que toute quête authentique de la vérité doit tôt ou tard descendre jusqu'à cette profondeur abyssale de la souffrance : là, vérité intime et vérité philosophique coïncident parfaitement.

On ne peut réfléchir à l'abîme du mal que de manière rétrospective. Mais le besoin de comprendre accompagne Job dans son abîme, à la fois comme un fil ténu qui le relie à la vie et comme une torture sans fin, puisque pour ne plus souffrir il lui faudrait ne plus penser, donc ne plus vivre. Voilà à nouveau la souffrance sans fond : aucune échappatoire pour la pensée enfermée à double tour dans une individualité qui ne se connaît plus.

II. L'existence d'autrui, pulvérisée

Un univers ne com-prenant que lui-même

Com-prendre, en son sens étymologique de *prendre-avec.* Autre manière d'évoquer l'absolu de l'expérience du mal. Car cet univers, clos sur lui-même, interdit toute relation avec autrui : entrer en relation, c'est devenir relatif, se comparer à autrui, dans un processus d'identification ou de différenciation, c'est relativiser l'absolu de l'horreur. Il serait donc impensable que Jb 3 ne soit pas un monologue. L'abîme du mal se ferme sur lui-même : rien d'autre et personne d'autre. Inversement, personne de l'extérieur ne peut pénétrer dans cet abîme. C'est la raison pour laquelle nous sommes si souvent tentés de nier son existence — « il ou elle exagère ! » Le degré extrême de cet enfermement provoque la fuite dans une paralysie intérieure, comme celle qui se devine derrière le mutisme de Job.

« Pendant sept jours et sept nuits »... l'abîme du mal inscrit dans l'humain — à titre de possible toujours en voie de devenir du définitif — la mort du langage et la mort de la communication. C'est ainsi qu'E. Wiesel a pu être témoin, dans les camps de la mort, des comportements de plus en plus déshumanisés de certains prisonniers envers leurs semblables et même leurs plus proches parents. Dans cet abîme refermé sur lui-même que suggère Jb 3,26, il n'y a place que pour soi-même ; on dirait qu'aucun *autre-Autre* n'est assez réel aux yeux de Job pour qu'il puisse s'y référer.

Le langage semble désormais incapable d'exprimer ce que nous vivons, et par voie de conséquence incapable d'assurer la communication. Toute communication s'inscrivant déjà dans le relatif, l'absolu de notre expérience frappe alors de caducité le fait même de parler, creusant un abîme entre nous et nous-mêmes, entre nous et autrui. Que Job cependant reprenne sans cesse la parole n'enlève rien au fait que l'horreur ne sera jamais vraiment communicable, ni pendant ni après coup. Qu'il ne doive plus y être plongé par la suite ne permet pas de mettre en doute la *réalité* de l'abîme. Là encore, seul le témoignage peut rappeler que tout langage est une conquête sur le fond abyssal de l'existence.

Pris dans cette impossibilité de communiquer, que nous vivons comme l'irrémédiable enfermement en nous-mêmes, notre désir de vivants se mue rapidement en autodestruction, ou « autoconsomption » selon Kierkegaard. C'est dans *La Maladie à la Mort* que le philosophe danois se livre à une analyse très fine du désespoir, en consonance profonde avec l'expérience de Job. Nous retrouvons là tout d'abord l'enfermement dans une vie sans communication, qui est une mort sans délivrance : « Le tourment du désespoir est justement de ne pouvoir mourir... la désespérance, c'est que le dernier espoir, la mort, fait défaut » (p. 176 s). Puis, le mécanisme d'autodestruction qui nous permettait de dire que Job « en rajoutait », Kierkegaard l'exprime en parlant d'« élévation en puissance » :

> Ce que veut le désespoir, c'est se consumer lui-même, ce qu'il ne peut, et cette impuissance est une nouvelle forme d'autoconsomption où de nouveau le désespoir est incapable de ce qu'il veut, se consumer lui-même ; on a ici une élévation en puissance... Ce dont il... désespère, c'est de ne pouvoir se consumer, se défaire de lui, s'anéantir.

Enfin, nous retrouvons ici cette complaisance tragique, cette adhésion au tourment subi qui avait fini par constituer l'identité de Job : Job tenait à son mal comme à son identité profonde, les deux étaient devenus indissociables, ce que Kierkegaard décrit remarquablement bien :

> Un homme en proie au désespoir veut désespérément être lui-même. Mais du moment que, étant désespéré, il veut être lui-même, il ne veut évidemment pas se défaire de lui-même... Un moi qui, dans son désespoir, veut être lui-même, souffre de tel ou tel état douloureux qu'il est désormais impossible d'éliminer ou de dissocier de son moi concret... Il préfère... se poser en victime de la vie et du monde entier, et en victime à qui il importe d'avoir en main son infortune afin que nul ne la lui ravisse (p. 227 s).

Un jour viendra où nous verrons avec d'autres yeux notre incapacité à entrer en communication pour chercher secours. Après coup — et nous seuls serons habilités à le reconnaître — nous comprendrons que plongés dans l'horreur sans fond, nous nous y étions identifiés au point de ne laisser personne s'en approcher. C'est la tentation qui traverse le monologue de Jb 3. À ce stade on peut encore citer Kierkegaard : « Quant à chercher secours auprès d'autrui, non, pour rien au monde il n'y consent ; il préfère alors, s'il le faut, être lui-même en endurant tous les tourments de l'enfer plutôt que de chercher un secours. »

Vers une autre définition du mal

Il faut pourtant qu'un jour la parole d'un autre-Autre fasse exister (*ex-sistere*) Job hors de son abîme. Le salut nous arrive quand l'autre fait effraction dans notre enfermement sans parole. C'est alors que notre souffrance se traduit en mots qui, bâtissant le pont fragile de la communication, surplomberont l'abîme intact. Comme si, pour devenir fiable, notre parole devait renoncer à dire le fond abyssal sur lequel elle se détache. Job sortira de l'horreur en accédant à la souffrance entendue par l'Autre, et c'est reconnaître que la parole ne pouvait avoir cours auparavant. « Quand la souffrance est reconnue par un autre comme la trace du surgissement du sujet, la parole devient ou redevient fiable et les ténèbres de l'horreur se déchirent » (D. Vasse, p. 142).

Or nous ne saurions rien de l'abîme du mal si, ne l'ayant découvert en nous, nous n'étions pas alertés par la souffrance d'autrui. Au moment où elle se dit, cette souffrance dit *beaucoup moins* que l'horreur sans nom de son origine. Pourtant, notre seul accès à l'expérience absolue du mal est cette pointe visible de l'iceberg qu'est la souffrance, qui se dit *toujours inadéquatement*.

Nous ne pouvons en faire qu'une approche rétrospective. Dès lors, grande est notre tentation de le conceptualiser. Car le concept permet de maîtriser, en réduisant l'horreur à ce qu'on peut en dire. Or une fois conceptualisé, le mal absolu tel qu'on le subit s'évanouit au profit du péché et du mal commis. Il ne peut en être autrement : le concept finit par nier ce qui lui échappe, ici la dimension abyssale du mal subi. Le philosophe V. Jankélévitch peut dès lors affirmer sans sourciller : « Le mal *n'existe* pas... il n'est ni quelque chose ni quelque part. Il n'y a pas de mal mais il y a des méchants et des dispositions perverses de la volonté » (*Le Mal*, p. 112).

Dès lors, ne faut-il pas résolument aborder le mal absolu par la pointe visible de l'iceberg — par la souffrance *telle qu'elle s'exprime* ? L'aborder non à partir de lui-même — avec le risque de le nier ou de le minimiser — mais à partir de celui ou de celle qui en souffre ? Une autre définition du mal s'impose alors : le mal sera défini non comme ce qui est mal mais comme *ce qui fait mal.* Plusieurs raisons commandent ce choix.

Tout d'abord, nous ne disposons d'aucun critère pour définir le mal en soi ; il n'est pas rare que mal et bien deviennent des étiquettes interchangeables au gré des époques, des milieux, des modes de pensée, des systèmes de croyance. Il serait alors absurde de sacrifier le témoignage de la personne qui souffre à la vérité arbitraire d'un mal-en-soi aux contours bien définis : pour les humains, *est en tout cas mal ce qui fait mal*. Nul ne saurait s'ériger en juge du mal de l'autre sans usurper la place de Dieu. Comme le dit C. Chalier, « n'y a-t-il pas scandale à décréter *pour autrui* que ce qu'il éprouve comme un mal n'en est pas un et par là à s'alléger, soi, du poids de sa souffrance puisqu'elle se voit déclarée vaine ? » (p. 185).

Par ailleurs, l'expansion des philosophies de l'existence d'une part, et les progrès médicaux dans l'observation de la douleur d'autre part, militent aujourd'hui en faveur d'une compréhension plus modeste et plus réaliste du mal tel que nous le vivons. Ainsi, le philosophe L. Lavelle observe qu'« il y a une intuition immédiate et primitive de la conscience qui identifie le mal avec la douleur » (p. 36). Dans le domaine médical, il faut citer l'ouvrage révolutionnaire de deux femmes, A. Gauvain-Piquard et E. Pichard-Léandri, respectivement pédiatre-psychiatre et anesthésiologiste dans le service de cancérologie de l'enfant de l'institut Gustave-Roussy de Villejuif.

> La douleur est un pur éprouvé, dont la subjectivité radicale ne peut être objectivée. La douleur n'est qu'à celui qui souffre, elle ne se voit pas, ne s'entend pas, ne se palpe pas. De ce fait, il n'existe pas d'accès direct à la douleur d'autrui. Toute approche de la douleur passe par la *communication* avec lui. Établir une communication avec le sujet qui a mal est le premier acte du clinicien qui veut tenter de le soulager... Tout ce qui est décrit comme douleur est une douleur. En l'absence d'un accès direct à la douleur de l'autre, est

> considéré comme douleur tout ce que le sujet décrit comme telle. Le diagnostic positif de douleur repose non sur la mise en évidence d'une lésion, mais sur ce que le sujet dit[2].

Définir le mal par ce qui fait mal nous paraît présenter au minimum trois avantages. Tout d'abord c'est là le seul moyen de laisser place à la dimension abyssale du mal à l'arrière-plan du peu qu'on peut en dire ; et c'est aussi le seul moyen de communiquer ce peu qu'on peut en dire. Ce peu, intégralement pris au sérieux comme *ce qui fait mal,* suffit à faire de l'abîme du mal une réalité spécifiquement humaine. En outre, une telle définition permet de mettre en œuvre cette catégorie privilégiée de pensée qu'est le témoignage — la seule, apparemment, à pouvoir instaurer une communication du plus subjectif au plus subjectif. Définition modeste et pourtant grosse d'universalité, le « ce qui fait mal » est ce peu de l'abîme que nous parvenons à dire. Le « ce qui fait mal » se fraye la voie vers autrui, pour autant qu'autrui pressente, au travers de ce peu que nous disons, notre implication totale, notre vérité irréductible de témoins. Enfin, le troisième avantage est d'ordre théologique. Tout péché, dans la Bible, est rupture de la relation avec Dieu. Décider si cette rupture est volontaire ou non revient à usurper la place de Dieu. La question ne se pose plus dès lors que nous définissons l'état de péché ou le mal comme ce qui fait mal. Est mal ce qui fait mal au point de faire sombrer dans un abîme qui pousse à rompre avec Dieu et à se refermer sur soi. C'est de là qu'il faut partir, de ce qui fait mal. C'est renoncer à partir du mal tel qu'il est, et opter pour le seul mal dont le témoin témoigne.

La création bonne : une construction a posteriori

I. La non-coïncidence de la vie et du Sens

Si le mal souffert est bien au fondement de l'existence, c'est-à-dire aux confins de la vie, comment s'étonner que nous soyons si réticents à le confronter ? Car ce qui fait de cette confrontation un abîme, c'est la chute infinie de notre vie dans un non-sens qui semble du même coup l'avoir toujours précédée. C'est le non-sens du mal qu'il subit qui démultiplie la souffrance de Job.

Et si le contraire du mal n'était pas le bien mais le Sens ?

Spontanément, nous posons sans cesse le bien comme la norme et le mal comme provisoire, exceptionnel, contingent. Nous évitons ainsi de nous interroger sur l'origine de cette idée du bien. Or le bien ne se conquiert-il pas sur le mal qui ne cesse de le contrecarrer ? Si nous faisons du mal une exception à mettre entre parenthèses, nous nous condamnons à le voir resurgir sans arrêt sous couvert de bien ; force nous est alors de reconnaître qu'il y a là une simple question de plus ou de moins. Du coup, nous évacuons tout témoignage de l'abîme du mal comme étant hors normes humaines.

Mais précisément, voici ce que révèle l'abîme du mal, ce qui nous était caché tant que nous adhérions à la vie : la vie est bonne, elle est un bien dans la seule mesure où elle est habitée de Sens. Si ce Sens tout à coup échappe lorsque l'existence se noie dans un mal absolu, et si c'est là le tourment suprême, comme nous l'enseigne Job, c'est bien que le contraire du mal n'est pas le bien. Il est frappant que Job, à la fin du Livre, se trouve « consolé » *avant même* de retrouver biens matériels, santé et bonheur familial. Consolé par la seule présence de Dieu, irruption inespérée du Sens qui déchire l'abîme du mal. Le Sens est d'un autre ordre que la finalité d'une vie (mission, engagement politique, réussite professionnelle, postérité). Toute vie porte en elle-même un poids de Sens que fait chuter l'expérience du mal absolu. Comme si alors, la vie se désincarnait, perdant son épaisseur.

Le Sens est le cœur qui palpite au centre de toute vie. Comme un cœur est traversé de joies et de peines sans cesser de battre, le Sens semble ne jamais devoir faire fondamentalement défaut à la vie. Le Sens, croit-on, va de soi. Il faut la radicalité de l'expérience du mal pour que naisse le soupçon : l'être et la valeur, la vie et le Sens ne se confondent pas. Si nous avions cru que le Sens allait de soi, c'est que nous le confondions avec le bien. Aux yeux de Job par exemple, le Sens de la vie s'épuisait tout entier dans la somme de bien qu'il faisait et dont il était gratifié.

Or précisément, le Sens n'est en aucun cas le

bien, même à la puissance n. Le Sens se déploie bien en deçà du bien et du mal qui parsèment toute existence. Il faut la plongée dans la souffrance sans fond pour se mettre à sa recherche. Il faut avoir fait face à la vie radicalement privée de Sens pour s'apercevoir que ce n'est pas le bien — assorti de quelque mal provisoire, contingent — qui est au cœur ou au fondement de l'existence. C'est la quête désespérée du Sens, et non l'aspiration au bien-bonheur, qui maintient Job en vie. Si le contraire du mal est non le bien mais le Sens, on comprendra aisément qu'une fois la trace du Sens (re)trouvée, le mal n'apparaisse plus comme une parenthèse accidentelle, un accroc fâcheux dans le tissu de la vie, que l'on pourrait toujours, somme toute, éviter.

Quand nous confondons totalement le Sens avec le bien, le mal nous apparaît comme une exception dont nous ne parvenons pas vraiment à mesurer l'ampleur ; nous nous refusons alors à le prendre au sérieux jusque dans sa dimension abyssale. En revanche, il nous arrive de voir le Sens disparaître de notre vie tombée en abîme, puis un jour de le voir (ré)apparaître intact au sortir de l'horreur ; nous n'éprouvons plus alors le besoin de survaloriser le bien, car notre salut — notre possibilité d'être sauvés, libérés — a dépendu du Sens (re)trouvé à notre existence et non du bien restauré.

Du même coup, notre expérience du mal absolu ne met pas avant tout en péril le bien. Il exacerbe la question du Sens. Il fait apparaître dans une lumière crue qu'il n'y a de vie que sur fond de mort, qu'il n'y a de Sens que sur fond d'absurde. Toute l'énergie que nous avions investie dans le refus du mal peut alors s'orienter vers le patient et quotidien déchiffrage du Sens. Nous n'avons plus une confiance aveugle en un bien normatif, coextensif à l'être, mais un *parti pris* dicté en quelque sorte par notre vie tombée en abîme : c'est par le Sens que je sortirai de l'horreur, et c'est du mal absolu que doit émerger le Sens absolu d'une vie que j'avais cru aller de soi. Ces réflexions nous renvoient, au cœur de l'enfer nazi, au témoignage de E. Hillesum :

> La vie et la mort, la souffrance et la joie, les ampoules des pieds meurtris, le jasmin derrière la maison, les persécutions, les atrocités sans nombre, tout, tout est en moi et forme un ensemble puissant, je l'accepte comme une totalité indivisible et je commence à comprendre de mieux en mieux — pour mon propre usage, sans pouvoir encore l'expliquer à d'autres — la logique de cette totalité... La vie est belle et pleine de sens dans son absurdité, pour peu que l'on sache y ménager une place pour tout et la porter tout entière en soi dans son unité ; alors la vie, d'une manière ou d'une autre, forme un ensemble parfait. Dès qu'on refuse ou veut éliminer certains éléments, dès que l'on suit son bon plaisir et son caprice pour admettre tel aspect de la vie et en rejeter tel autre, alors la vie devient en effet absurde : dès lors que l'ensemble est perdu, tout devient arbitraire » (*Une vie...*, p. 138 et 142).

Et si la Bonne origine n'était qu'un fantasme ?

Le darwinisme n'est certainement pas près de battre en brèche les mythes largement répandus concernant le paradis primordial. Si tant de philosophies, de religions et de mythes s'accordent à inventer un passé où tout allait bien, n'est-ce pas que le fantasme de la Bonne origine s'enracine dans la nostalgie éminemment individuelle d'une enfance prétendument idéale ? C'est là le point de départ de la psychanalyste Alice Miller :

> L'idéalisation de l'amour maternel est un des tabous qui ont survécu à toutes les tendances de démystification de notre époque. [Ses patients, dit-elle,] viennent en analyse avec l'image d'une enfance heureuse et protégée, image avec laquelle ils ont grandi, [avec le fantasme d'une] mère pleine d'empathie et large d'esprit, compréhensive, disponible et utilisable, transparente, claire, sans contradictions surtout et sans chambre d'accessoires angoissante. Or cette mère n'a jamais existé et elle n'existera jamais, car n'importe quelle femme porte en soi une part de « passé insurmonté » qu'elle transmet inconsciemment à son enfant (*Le Drame...*, p. 15, 17, 39).

Se distancier de ce fantasme, en en faisant une *description* adéquate, ne signifie pas pour autant qu'on en soit libéré : il se niche à une profondeur toujours plus inconsciente, inaccessible à chaque nouvelle prise de conscience. Comme s'il n'y avait rien de plus secrètement ancré dans la représentation que l'humanité a d'elle-même.

Alors, quelle est la *fonction* de ce fantasme, qui persiste malgré tous les démentis, et même au-delà de la mort de parents qu'il n'est plus nécessaire d'épargner ? Le fantasme de l'enfance idéale nous protège contre notre propre angoisse : le mal n'a pas toujours été là, au moins dans notre propre vie ; il n'est donc qu'un accident. Le mythe du paradis primordial a exactement pour fonction ce refoulement du mal hors de notre existence individuelle, au moins à ses débuts.

L'*origine* du fantasme de l'enfance idéale est à chercher dans cette réalité même qu'il a pour fonction de nier : un mal dont nous avons fait les frais dès l'aurore de notre vie, dans l'impossibilité radicale de lui trouver Sens. À une époque où vie et Sens étaient totalement confondus, le mal subi ne pouvait que mettre notre vie en péril, dans la mesure où aucun Sens n'était encore susceptible d'en émerger. Notre seule issue était alors de mettre le Bien[3] — ce qui fait du bien — à la place du Sens qui faisait si cruellement défaut. Ainsi, la Bonne origine permet d'évacuer ce qui *a fait tellement mal* que le Sens en a été pulvérisé, et que la réalité n'a jamais pu en être intégrée à la vie. D'où peut venir le refus si généralisé de renoncer au passé paradisiaque, sinon de l'impossibilité d'intégrer un mal subi sous le mode de l'impuissance totale, à un âge qui ne permettait aucune irruption du Sens ?

Nous véhiculons tous des fantasmes d'absolu qui nous poussent à éprouver nos propres limites comme pénibles, voire anormales. Mais expliquer notre refus de grandir par notre refus de renoncer à l'absolu revient à expliquer notre refus de renoncer à l'absolu par notre refus de grandir ! Encore faut-il voir d'où naît notre fantasme d'absolu : n'est-il pas l'anticorps que nous fabriquons dès notre conception pour nous défendre face à un mal que nous n'avons pas les moyens de supporter, c'est-à-dire d'intégrer comme une réalité toujours déjà là, une réalité qui dès le départ fait partie de notre identité ?

Mieux vaut un paradis perdu qui aurait existé

avant même que d'être connu, plutôt qu'une réalité de tout temps inconciliable avec l'idée même de paradis : si nous déployons et renforçons notre fantasme de la Bonne origine, n'est-ce pas pour nous protéger de l'expérience abyssale du mal, qui sans cesse menace de nous rattraper ? En projetant ce fantasme de la Bonne origine ou de la Bonne fin dans un en deçà ou un au-delà du temps, nous éludons efficacement la question du mal qui dès l'origine interrompt le continuum de notre vie : le paradis est à jamais inaccessible, mais croire tout de même à son existence permet, en contrepartie, de se fermer les yeux sur la réalité de l'abîme du mal. L'interdiction d'accès à l'un fonctionne en même temps comme barrière protectrice face à l'autre. Ne sommes-nous pas d'autant plus fascinés par notre Bonne origine que de tout temps nous employons nos défenses à refuser un mal dont nous pressentons qu'il ne nous était pas destiné ?

II. Le paradis d'avant la chute : une manière de court-circuiter la réflexion sur le mal subi

« Lorsque Dieu commença la création du ciel et de la terre, la terre était déserte et vide, et la ténèbre à la surface de l'abîme » (Gn 1,1-2, trad. TOB). Impossible de fuir, commente C. Chalier, « l'interrogation fondamentale et fondatrice d'une création qui s'inaugure dans le silence et les ténèbres *avant* que de s'ouvrir à la parole et la lumière. Pourquoi en effet cette priorité ontologique de la nuit sur le jour, du silence sur la parole ?... Et pourquoi, après la création de la lumière, le soir et l'obscurité gardent-ils encore une priorité dans l'économie de la geste créatrice — "il fut soir, il fut matin, un jour" (Gen 1/5) — et dans son énonciation ?... Pourquoi en effet fallait-il, fût-ce le temps d'un insaisissable instant, que la terre soit *tohu et bohu*, désolée et envahie par les ténèbres ? Pourquoi cette préexistence de l'obscurité et du silence ? » (p. 26 s)[4].

L'intuition biblique : le mal a toujours été là

Qu'est-ce qui autorise à assimiler l'abîme de la Genèse à l'abîme du mal ? C'est la Bible elle-même, qui, dès les premiers mots, oppose au vide sans fond et au silence sans relation une Lumière qui est d'un tout autre ordre que la lumière du soleil, de la lune et des étoiles — laquelle ne sera créée qu'au v. 16. Pour commencer, avant toutes choses, Dieu oppose à l'abîme la Lumière qui advient par une parole : « Que la Lumière soit ! » (v. 3). Autrement dit, que le Sens, faisant corps avec la parole, vienne déchirer la nuit de l'abîme ! Cela confirme que le contraire du mal n'est pas le bien mais le Sens, la Lumière... ce qui n'empêche pas Dieu, *après coup*, de « voir que la lumière est *bonne* » (v. 3).

La Lumière ne peut surgir que du fond de l'abîme, le Sens ne peut naître que du non-sens, la parole que du silence, mais il n'y a là aucune chronologie : l'abîme est inconcevable sans la Lumière puisqu'il se clôt sur lui-même et ne com-prend rien d'autre que lui — nul ne pourrait donc y pénétrer par la pensée. Il faut que la Lumière ou le Sens lui devienne contemporain pour le vider de sa prétention à l'éternité. Le mal a toujours été là. C'est pourquoi il faut, par la parole créatrice, que le Sens ait toujours aussi été là. On trouve dans le Talmud une affirmation qui va dans le même sens. Sept choses auraient été créées avant la création du monde : la Torah, la Techouvah (= le repentir), le jardin d'Éden, la Géhenne, le trône de Gloire, le Temple et le nom du Messie (*Talmud* Babli, traité *Pessa'him*, 54a). Côté abîme : *la Techouvah*, le « repentir » qui est retour vers Dieu lorsqu'on est égaré dans le mal ; *le jardin d'Éden* où l'humain meurt de se couper de Dieu ; *la Géhenne*, lieu maudit où l'on sacrifiait des humains. Côté Lumière : *la Torah*, parole de Dieu qui donne Sens à la vie ; *le trône de Gloire* ; *le Temple* ; et *le nom du Messie* — par qui le salut arrive — qui est donc aussi premier que le mal lui-même !

Un texte du Midrash va encore plus loin : Dieu ne serait pas vraiment le Créateur s'il n'avait *tout* créé, y compris le mal et l'abîme.

> Un philosophe interpella Rabban Gamliel. Certes, lui dit-il, votre dieu est un grand artiste, mais il a trouvé de si bons matériaux pour l'assister : la désolation, la confusion, les ténèbres, le souffle, l'eau et les abîmes ! Que cet homme rende l'âme, s'écria Rabban Gamliel, car pour tous ces matériaux le texte parle de création ! De la désolation et la confusion, il est dit : *Il fait la paix et crée le mal* (Es 45,7). Des ténèbres : « Il forme la lumière et crée les ténèbres » (*ibid.*). De l'eau : « Louez-le, cieux des cieux et vous, les eaux » (Ps 148,4), et pourquoi ? « Car Il commanda et ils furent créés » (*ibid.* v. 5). Du souffle : « Car voici, Il forme les monts et crée le souffle » (Am 4,13). Et des

abîmes : « Je suis née (la Sagesse) *quand l'abîme n'existait pas* » (Pro 8,24) » (Midrash Rabba, p. 41, note 33s).

Au plan philosophique, un courant de pensée considéré plutôt comme hétérodoxe développe des vues très proches de cette intuition biblique. Partant de l'idée que « rien n'est avant Dieu ni hors de Lui », et qu'« il doit donc porter en lui-même le fond de son existence », F. Schelling se représente la création de la manière suivante :

> Après l'acte éternel de l'autorévélation, tout est règle, ordre et forme dans le monde, tel que nous le voyons maintenant ; mais, dans le fond, réside toujours ce qui ne suit aucune règle, comme prêt à jaillir une fois encore ; jamais il ne semble que l'ordre et la forme aient été le commencement ; une anarchie première semble avoir été amenée à l'ordre. Voilà, dans les choses, la base incompréhensible de la réalité, le résidu à jamais indissoluble, ce que les efforts les plus grands ne permettent pas de dissoudre en entendement, mais qui demeure dans le fond de toute éternité... *Sans cette obscurité préalable, la créature n'a aucune réalité ; il faut qu'elle hérite des ténèbres.* Dieu seul, Lui-même l'existant, demeure dans la lumière pure, car Lui seul est par lui-même. *La présomption humaine se rebelle contre cette origine à partir du fond et va jusqu'à chercher des objections morales.* Pourtant nous ne connaissons rien qui puisse mieux inciter l'être humain à tendre vers la lumière de toutes ses forces que la conscience de la nuit profonde à partir de laquelle il a été élevé à l'existence... Naître, c'est toujours naître de l'obscurité à la lumière... L'être humain se forme dans le corps maternel ; et c'est à partir des ténèbres privées d'entendement... que croissent les pensées lumineuses

> [ce que nous appelons le Sens]. Le processus de création ne tend qu'à transmuer ou transfigurer en lumière, de l'intérieur, le principe qui était obscur à l'origine... Il existe donc un mal *général*, sinon originel, du moins suscité par la réaction du fond à partir de la révélation initiale de Dieu... Reconnaître ce mal universel, telle est la condition préalable pour pouvoir comprendre le bien et le mal en l'être humain lui-même[5].

Nous retrouvons ici l'intuition biblique d'un abîme des origines. Envisager que le mal soit contemporain de Dieu lui-même, c'est renoncer à imaginer un temps et un lieu d'où il aurait été absent ; c'est reconnaître que nous nous y trouvons plongés avant même d'avoir la possibilité de le perpétuer. Mais c'est du même coup avouer notre impuissance face à un donné dont l'origine *et* la fin nous échappent : le monde résulte de cinq ingrédients (désolation — confusion — ténèbres — eau, symbole de mort pour les Juifs — abîmes) sur lesquels nous n'avons aucune prise, et d'un sixième, le souffle [rua*h*], condition même de toute vie, mais qui nous échappe tout aussi radicalement. Admettre que l'origine du mal relève de Dieu lui-même, c'est admettre notre impuissance à maîtriser la valeur de la vie et renoncer à évaluer la vie selon le critère d'un monde Bon.

L'intuition intime : il n'y a jamais eu de paradis

La croyance au paradis perdu se paye cher : elle implique immanquablement que nous nous rendions responsables d'un mal que nous aurions fabriqué de toutes pièces, dont l'origine ne pourrait être qu'en nous. C'est ainsi que perdure le mythe de l'enfant méchant qui, selon A. Miller, sous-tend toute la psychanalyse freudienne : pour elle, l'éducation traditionnelle est basée sur l'impératif « l'enfant ne doit s'apercevoir de rien », et surtout pas que le mal qu'il subit dès la naissance n'a pas sa source en lui ; l'enfant doit s'imprégner de l'idée que les éducateurs veulent son bien et que l'origine des humiliations, des mauvais traitements, des blessures narcissiques qu'il subit est en lui-même — d'où la transposition mythique d'un paradis où l'on aurait pu rester soi-même et lucide, sans avoir à assumer un mal qui arrive de l'extérieur.

> Comment s'étonner que nous préférions prendre sur nous l'enfer de l'aveuglement, de l'aliénation, de l'abus, de la tromperie, de la soumission et de la perte de soi plutôt que de perdre ce lieu qui s'appelle le paradis et dont la sécurité doit se payer si cher ?... L'histoire du paradis perdu symbolise la nostalgie de l'homme qui voudrait se retrouver à son origine dans un état exempt de souffrance, sur la base de l'expérience, restée inconsciente mais pourtant enregistrée, que *cet état n'a jamais pu être parfait si le prix à payer pour cela était la perte de soi* (*L'Enfant...*, p. 115).

Des siècles de christianisme hantés par la doctrine du péché originel ne nous empêchent pas de constater que la Genèse parle d'un monde d'où le mal n'est pas absent. Contrairement à l'interprétation traditionnelle, rien dans le texte n'autorise à dire que tout se gâterait au ch. 3 après un ch. 2 idyllique. « YHWH Dieu plante un jardin en Éden, à l'orient. Il place là le glébeux qu'il a formé » (Gn 2,8). Dieu tente une expérience pour que les relations humaines deviennent harmonieuses : ce que Dieu donne en premier c'est la *sécurité*, symbolisée par le jardin, puisque le jardin [gan] vient du verbe [ganan], protéger. Une protection contre quoi, sinon contre ce qui fait mal ? Éden signifie « délices » : au cœur du bonheur il n'y a pas l'absence de mal (un paradis où le mal serait nié) mais *la protection contre le mal.* Dieu « place là » l'humain : c'est ainsi situé, mis en sécurité par Dieu, qu'il va recevoir eau et nourriture.

Le passage concernant les fleuves (v. 10 à 14) indique alors que cette sécurité s'inscrit dans le cadre bien plus vaste d'un monde ordonné au mal : un monde délimité par quatre fleuves (quatre points cardinaux ?) que les rabbins ont identifiés comme les quatre royaumes oppresseurs d'Israël. Il est à noter que certains de ces noms propres renvoient à des ancêtres de constructeurs *et* de destructeurs du Temple[6]. Ce monde, où bien et mal sont intimement mêlés, est bien celui *par rapport auquel* est posée la sécurité du jardin ; ce monde appartient tout entier à Dieu : il l'arrose de la même eau que celle du jardin !

Or c'est Dieu lui-même qui « fait germer à partir de la glèbe... l'arbre de Vie au milieu du jardin et l'arbre à connaître Bien et Mal » (Gn 2,9). L'arbre de vie peut symboliser Dieu ; et s'il n'y a qu'un centre au jardin, il faudrait conclure que les deux arbres se confondent. Mais par la suite, il sera question exclusivement de l'arbre à connaître Bien et Mal — l'autre ne réapparaîtra qu'en 3,24. Pour avoir accès à l'arbre de Vie, c'est-à-dire à Dieu, nous ne pouvons éviter d'en passer par la question du bien et du mal, de nous situer par rapport au mal qui déjà, de par l'acte créateur de Dieu lui-même, se trouve au cœur du jardin protégé... Si la question de connaître le Bien et le Mal habite le cœur même du jardin protégé, n'est-ce pas que, selon les auteurs bibliques, *la réalité du mal ne surgit pas après coup ?* Si le mal se situe symboliquement au même endroit que Dieu (au centre du jardin) comme un mystère dont la connaissance nous est interdite, n'est-ce pas que la réalité du mal comme donnée première de l'existence nous empêche définitivement de mettre la main sur Dieu ?

Enfin qu'est-ce qu'un paradis où la menace de la mort — le mal suprême — aurait un sens ? Or Adam sait très bien de quoi il s'agit lorsqu'il entend : « De l'arbre à connaître Bien et Mal, point n'en mangeras ! Car au jour où tu en mangeras, tu mourras, tu mourras » (Gn 2,17). Si le mal et la mort ont toujours existé, cette mort dont parle Dieu n'est-elle pas le redoublement du mal, la clôture de l'abîme du mal sur lui-même, qui est une mort au deuxième degré ? Et effectivement, Dieu semblera se contredire puisque Adam et Ève ne mourront pas. Mais pire est la mort du Sens. Et cette mort-là commence dès que nous prétendons connaître le Bien et le Mal, donc maîtriser le mal, le minimiser ou le nier pour nous forger un paradis fantasmatiquement Bon.

Une constante biblique : la quête du Sens oriente le mal vers son à-venir et non vers son origine

Croire au paradis détourne notre attention du mal tel qu'il est, pour privilégier un imaginaire dont il est absent. Ainsi se trouve désamorcée toute réflexion sérieuse et réellement féconde sur le mal purement subi. Car le soupçon n'est jamais dissipé : même si elle échappe encore à notre pensée, il doit bien exister, croyons-nous, une raison ultime à l'irruption du mal dans le monde. Une raison qui nous permettrait de *déduire* le mal de ses prémisses et par conséquent d'en faire le tour. Or c'est précisément ce que l'expérience de la souffrance sans fond contredit radicalement. Le mal fait mal, infiniment, sans rien dévoiler de son origine lointaine : pourquoi faut-il que cela *m*'arrive ? Nous ne pouvons qu'en témoigner, et ce témoignage demeure partiel. Aucune approche prétendument scientifique du mal — au sens d'explication de l'effet par la cause — n'a de chance d'aboutir. Paradoxalement, la croyance au paradis s'inscrit bien dans le cadre de cette visée explicative du mal : le paradis est la norme, le mal est un accident évitable, donc, *au moins potentiellement*, explicable. Pourtant dès lors que nous opposons au mal non pas le bien — associé à une origine paradisiaque — mais le Sens dans lequel il est appelé à se fondre, nous nous tournons résolument vers l'à-venir du mal.

Le mal n'est plus minimisé — comme ce qui ne devrait pas être —, mais pris à la lettre comme *la réalité dans laquelle le Sens est à déchiffrer*. Il faudra la voix puissante de Job, il faudra la dure réalité de l'Exil et des malheurs de l'histoire pour qu'Israël renonce à l'équation mal subi = mal commis. Alors que l'expérience de l'absolu du mal envahit davantage le réel, les auteurs bibliques ne se tournent pas avec nostalgie vers les délices d'Éden. Au contraire, ils laissent entrevoir un mal où s'enracine peut-être un Sens à venir. Origine concrète de leur peuple dont ils témoignent et, en même temps, origine qui remonte mystérieusement à la Création. On lit par exemple en Es 51,9b et 10 : « N'est-ce pas toi qui as taillé en pièces le Tempétueux, transpercé le Dragon ? N'est-ce pas toi qui as dévasté la Mer, les eaux de l'abîme gigantesque, qui as fait du fond de la mer un chemin, *pour que passent les rachetés* ? »

Premier indice de la fidélité du Christ aux plus profondes intuitions de la Bible hébraïque : il prendra assez au sérieux le mal pour l'exorciser et l'abîme pour lui opposer le Sens, la lumière ; il n'abordera le mal qu'orienté vers le Sens à venir, « pour que... la lumière soit ». « En passant, Jésus vit un homme aveugle de naissance. Ses disciples lui posèrent cette question : "Rabbi, qui a péché pour qu'il soit né aveugle, lui ou ses parents ?" Jésus répondit : "Ni lui ni ses parents. Mais (c'est) *pour que les œuvres de Dieu soient lumineuses en lui*" [7]. »

Le mal originel, antérieur au péché originel

I. Un mal déjà là dans l'ordre de l'expérience

« On ne se lassera pas de répéter, écrit P. Ricœur, que seul celui qui confesse être l'auteur du mal découvre l'envers de cette confession, à savoir le *non-posé* dans la position du mal, le toujours *déjà* là du mal, *l'autre* de la tentation, enfin l'incompréhensibilité même de Dieu qui éprouve et qui peut m'apparaître comme mon ennemi » (*Finitude*..., t. 2,

p. 301). Osons tirer les conséquences théologiques et philosophiques de ce « toujours déjà là ».

La doctrine du péché originel passe sous silence l'antériorité du mal subi

Le péché originel ne figure ni dans les évangiles ni dans le symbole de Nicée. Alors que dans les évangiles le mystère restait entier, c'est la volonté de maîtriser l'origine du mal, qui, apparemment, sous-tend la doctrine du *peccatum originale* initiée par saint Augustin, enseignée au concile de Carthage en 418 et traitée en détail au concile de Trente.

« Le concile de Trente a défini (avec les Réformateurs) un réel péché originel intérieur en tous (excepté Marie), qui est causé par le péché d'Adam, qui est réellement effacé par la justification et qui (contre les Réformateurs) ne consiste *pas* dans la concupiscence... La tache de culpabilité du péché originel n'est pas identique à la concupiscence puisque celle-ci subsiste chez ceux qui sont justifiés[8]. » Autant dire que la tentative de ramener le mal au seul péché originel échoue : on ne vient pas à bout de la concupiscence — du latin *concupiscere*, désirer ardemment. Une fois la première faute humaine effacée, le mystère reste entier car c'est pour avoir *désiré ardemment* qu'Adam et Ève se seraient fourvoyés.

On peut comprendre le texte autrement : si nous nous fourvoyons, c'est que nous désirons ardemment connaître le Bien et le Mal, donc maîtriser le Mal, donc *ne plus souffrir*. Car on ne peut désirer ardemment qu'à partir de ce qu'on connaît, au moins en partie. Si le mal et la mort sont déjà là, comme le laisse clairement entendre Gn 2, on comprend qu'Adam et Ève désirent ardemment ne plus être impuissants devant le mal. D'ailleurs [*t*ôv] et [ra‘] ont le double sens de bien-bonheur et mal-malheur : le malheur n'est-il pas le mal subi, que tout humain, de tout temps, désire ardemment élucider, expliquer, connaître donc maîtriser ?

Saint Augustin avait bien pressenti la puissance démoniaque d'un mal déjà là, précédant tout acte délibérément mauvais. Pourquoi n'est-il pas allé jusqu'au bout de son intuition ? Parce qu'à ses yeux, l'humain seul devait répondre de l'existence du mal — ce qui est une manière plus subtile de le maîtriser : j'en suis responsable, il reste à ma mesure, donc je lui interdis de m'entraîner dans son abîme. Mais si nous constatons, avec lucidité et sur la base exclusive du témoignage de l'expérience, que tout être humain commence toujours par subir le mal, nous comprenons que tôt ou tard il le reproduira à partir du « désir ardent » de ne pas souffrir, de ne pas rester impuissant devant lui.

Par la suite l'interprétation médiévale fera du péché originel une prédisposition de la nature humaine à la faiblesse et au mal, une potentialité encore destinée à se réaliser. Mais qu'est-ce qui peut davantage prédisposer au mal que le mal auparavant subi ? À la lumière de Jb 3, n'est-il pas clair que le mal subi, devenu espace abyssal au plus enfoui de notre identité, est *en attente de réactualisation*, qu'il est désormais déposé en nous comme un germe étranger gros de potentialités ? Notre sensibilité nous prédispose à souffrir, dès le sein maternel, et c'est cette prédisposition à subir le mal qui inscrit en nous, avant toute faute, la potentialité de reproduire le mal qui nous a été fait.

On retrouvera chez Luther l'idée augustinienne que l'âme aurait délaissé Dieu pour se complaire en elle-même : le péché serait cette révolte contre Dieu qui nous empêche de l'aimer parce que nous nous recherchons nous-mêmes. Rien ne permet de comprendre, dans l'hypothèse d'une origine paradisiaque, le pourquoi d'une telle révolte. On objectera que la doctrine du péché originel, du moins à l'époque de sa formulation, se présentait comme un mystère — ainsi dira-t-on du péché qu'il doit être cru — et non comme une explication. Nous pensons que c'est ne pas mettre le mystère au bon endroit. Le mystère est en amont du péché originel : qu'est-ce qui précède la révolte ? Car qui dit révolte dit quelque chose contre quoi se révolter, quelque chose qu'on subit. Supposons que nous nous révoltions contre notre impuissance face au mal que nous subissons. Il devient compréhensible que nous nous fermions sur nous-mêmes, nous recherchant nous-mêmes, en quête de cette part blessée enfouie au fond de nous et qui recèle le secret de notre identité ; il devient compréhensible que nous cédions à la tentation de nous en sortir tout seuls, d'assumer tout seuls le mal, sans Dieu.

Il y a un noyau de sens qui se cache au cœur de l'arbre à connaître le Bien et le Mal : le serpent, le mensonge, la honte, la vie maudite... que nous apprennent-ils que nous ne sachions déjà ? Mais le texte biblique met bel et bien sur la voie du *pourquoi* l'on devient pécheur[9]. Le texte peut difficilement prendre davantage au sérieux le « toujours déjà là » du mal : il est en plein centre du jardin, l'arbre à connaître le Bien et le Mal. Impossible de mettre mieux en évidence ce qui fait problème : le Bien *et le Mal*, comme objets d'expérience et éventuellement de connaissance, sont plantés et croissent *avec l'arbre de Vie*. C'est pour avoir *déjà* fait les frais du mal qu'Adam et Ève sont tentés de le « connaître », d'en faire le tour, d'avoir prise sur lui. Sinon, quel intérêt cet arbre présenterait-il à leurs yeux ?

On objectera que nulle part le texte ne le dit explicitement. Il peut paraître étonnant que la question universelle soit et demeure « qui le premier a introduit le mal dans le monde ? » et jamais « qui le premier a subi le mal ? ». Si Adam et Ève figurent l'humanité en son éternel recommencement, pourquoi ne pas envisager ce que le texte laisse entendre — que, comme eux, chaque humain réactualise un mal qu'il a trouvé à sa naissance, au milieu du jardin de *sa* vie ? Qu'aucun humain n'a introduit le mal dans le monde, mais qu'il le reproduit chaque fois qu'il cède à la tentation de s'en rendre maître ? Certes le texte ne raconte pas quel mal Adam et Ève ont subi. Mais seul le fantasme de la Bonne origine peut nous empêcher de reconnaître que les mots bien et mal n'étaient pas pour eux des mots vides.

Partons du principe qu'un texte biblique doit alerter aussi, et peut-être davantage, par *ce qu'il ne dit pas* : l'auteur n'a sans doute pas par hasard passé sous silence le traumatisme de la naissance. Adam est sorti sans effort de l'atelier de poterie, Ève est née sous anesthésie. Nous reviendrons sur ce mal originel : selon certains auteurs, nous ne nous en remettons jamais totalement et nous le portons en nous comme une blessure en excès sur tout bonheur ultérieur. Mais déjà dans la Bible, et précisément dans la bouche de Job, se devine la trace inconsciente d'une naissance vécue comme blessure : tes mains m'ont *façonné*, dit Job à Dieu (Jb 10,8), d'un verbe au mode intensif, qui *partout ailleurs dans la Bible* signifie blesser. Dans le contexte de ce passage — la conception et la naissance de Job — et dans le contexte des accusations qu'il porte contre Dieu, cette phrase peut facilement résonner ainsi à des oreilles hébraïques : tes mains m'ont blessé. Pourquoi fallait-il soustraire Adam et Ève au traumatisme de la naissance, alors que le mythe vise par ailleurs à rendre compte de toutes les dures conditions de l'existence ? N'est-ce pas là le mal le plus enfoui, le plus oublié dans toute existence, parce que précisément le plus proche du mal originel, le plus *toujours déjà là*, avant toute pensée et tout acte conscients ?

Est-ce un hasard si Jésus n'évoque même pas la possibilité d'un péché originel ? C'est qu'il n'a d'autre priorité que de faire face au mal originel, de s'attaquer aux *racines* du mal radical qui nous fait tomber en abîme. C'est de là qu'il faut partir. Sinon, nous nous exposons comme Kierkegaard à devoir recourir à un « saut qualitatif » — ce passage inexplicable de notre bonheur à notre faute-malheur — qui n'enrichit pas notre pensée et ne correspond pas davantage au témoignage de notre expérience. Immanquablement, la réflexion sur le péché originel pousse tout penseur sérieux dans une impasse... et finit par le placer devant l'hypothèse du mal originel[10].

La doctrine du péché originel fait peser un interdit sur la pensée

« Il faut que l'homme soit toujours coupable par lui-même », selon Kant qui place le problème de la liberté au centre de sa philosophie mais qui pourtant, dans sa réflexion sur le mal, semble poser lui-même une limite à sa liberté de penser : le *il faut* n'emprunte-t-il pas sa radicalité au mal abyssal que Kant se refuse à envisager ? Si le mal dans ses racines les plus profondes est un absolu où notre raison risque de sombrer, il ne faut pas s'étonner que le philosophe de la Raison s'interdise d'y descendre. Mais la tentation est assez forte pour qu'il ne songe même pas à justifier ce *il faut*, comme s'il appelait à la rescousse une évidence d'ordre naturel pour mettre un terme à l'analyse critique. C'est toujours ce *il faut*, posé en *a priori* à la réflexion approfondie sur le mal, qui nous empêche d'être en accord avec ce que nous dit notre expérience de l'abîme du mal.

De la même manière, la croyance au péché originel a conduit Kierkegaard à interdire au chrétien de témoigner d'un mal qui *excède* la somme de ses fautes. Dans l'un de ses *Discours édifiants*, l'*Évangile des souffrances*, Kierkegaard développe l'idée que le seul antidote au désespoir, c'est la tâche : avoir quelque chose à faire pour remédier aux choses. D'où la bénédiction de se savoir toujours coupable : « Puisque... l'homme souffre toujours comme coupable devant Dieu, le sujet de joie est celui-ci : la faute revenant à l'homme, il en résulte qu'il doit toujours y avoir quelque chose à faire, des tâches, et des tâches humaines. » Toutefois, Kierkegaard envisage la possibilité du désespoir devant le mal injustifié : « Quand il n'y a pas de tâche et que l'on est *devant Dieu* sans faute dans la souffrance, alors, et alors seulement, on est dans la désespérance. Si donc on pouvait dans la souffrance avoir raison contre Dieu et lui imputer la faute, la désespérance et son effroi seraient réels, et il n'y aurait pas de tâche. »

Seule la culpabilité nous sauve du désespoir, et c'est bien là le levier de la doctrine du péché originel. Elle court-circuite la prise de conscience et l'aveu du désespoir lié à la découverte du mal absolu :

> Dans le for intérieur de beaucoup habite peut-être en secret l'obscure pensée qu'il se pourrait, qu'il est peut-être arrivé que Dieu porte la faute de la perdition où l'on est... Même le païen le plus sage qui ait vécu... a cependant au fond de lui-même une région crépusculaire car, en dernière analyse, il ne peut parvenir à l'éternelle et claire certitude sur le point de savoir si la faute est en lui ou si, par extraordinaire, elle ne serait pas en Dieu, si la désespérance ne serait pas en fin de compte un état dont la faute incomberait, non à lui, mais à Dieu qui le laisserait sans tâche.

Cette « région crépusculaire » n'a pas droit de cité chez les chrétiens, selon Kierkegaard (p. 271-280).

Seule la souffrance du Christ est « surhumaine » car « *devant Dieu*, il n'a rien, absolument rien à se reprocher » et n'a donc pas de tâche. Sa souffrance « confirme l'abîme vertigineux qui la sépare de celle de l'homme », y compris de celle de Job, qui pourtant souffre « à nos yeux comme innocent ». Mais comme Kierkegaard a posé dès le départ et ne cesse de répéter que « devant Dieu, l'homme souffre toujours comme coupable [11] », la seule culpabilité (qui doit sauver Job du désespoir) c'est que « Job a toujours tort envers Dieu dont les pensées sont toujours au-dessus des nôtres » ; Job a le tort de ne pas être Dieu !

À la lumière de ces textes, il est difficile de ne pas repérer le pouvoir que le postulat du péché originel permet de sauvegarder sur un mal dont Kierkegaard lui-même a pressenti la dimension abyssale. C'est précisément parce qu'il avait touché du doigt ce désespoir, lié à une impuissance totale devant un mal dont il ne portait pas la moindre responsabilité, qu'il a décidé de réserver au Christ le droit de parler de l'abîme du mal. Seul le Christ, à ses yeux, pouvait affronter le mal absolu. Quant à nous, pour survivre, nous pouvions toujours recourir à la culpabilité devant Dieu, donc à *quelque chose à faire* comme rempart face au désespoir. Mais faut-il nier l'existence de l'abîme du mal sous prétexte qu'on a trouvé le moyen de s'en protéger — moyen d'ailleurs peu efficace si l'on considère le témoignage que Kierkegaard a laissé de son existence ?

Sous-jacente à la pensée de J. Nabert, se devine la même prise en charge du mal, totale et inconditionnelle. L'aboutissement de son analyse est d'autant plus étonnant qu'il avait pris pour point de départ « le sentiment primitif de l'injustifiable », progressivement « refoulé, évincé par les diverses disciplines de l'esprit », y compris par la religion, soucieuse de ne pas « demeurer purement émotionnelle » — ce sentiment primitif qui, à nos yeux, donne au témoignage droit de cité en philosophie. Poursuivant son analyse au plus près du témoignage de la conscience, J. Nabert se trouve confronté à un mal intérieur qu'on ne peut rapporter à aucune transgression.

Or cet injustifiable que l'auteur appelle « le négatif absolu » n'est pas encore le mal : « *Il y faut* la complicité du vouloir » (*Essai...*, p. 40). À nouveau survient le point d'arrêt dans le développement de la pensée, qui renvoie au *il faut* kantien et au *il doit* kierkegaardien. Certes la complicité de notre vouloir est incontestable — elle est manifeste chez Job ; mais cette complicité est engendrée par le mal subi et s'en nourrit, *elle n'en est pas la cause.* Ce n'est pas la complicité de Job qui crée le mal : il a commencé par le subir dans une totale impuissance !

Il semble que nous ayons ici, en langage philosophique, l'écho des diverses composantes de la doctrine du péché originel. Elle commence par poser *a priori* une parfaite adhésion de nous à nous-mêmes comme étant la norme de l'existence — ce qui correspond au fantasme de la Bonne origine : demandons-nous alors « comment il se peut qu'*ayant pleinement et totalement accès à soi,* le moi doit reconnaître dans le même temps l'inégalité qui demeure entre ce qu'il est et ce qu'il fait » (*ibid.*, p. 37).

Mais si nous posons au départ que ce qui est premier n'est pas le mal subi, provoquant notre inadéquation à nous-mêmes, nous nous interdisons l'accès à une Autre instance qui à la fois assumerait l'existence du mal et en resterait seul juge. Il n'y a pas d'autre alternative : ou bien le mal originel nous échappe, ou bien le péché originel nie l'existence du mal originel car alors, prétendant l'assumer dans sa totalité, nous le créons de toutes pièces... et par conséquent nous le maîtrisons.

Il y a plusieurs manières de dire le mal originel. Parlant de la nuit de sa naissance, Job regrettait amèrement qu'elle n'ait pas « fermé les portes du ventre où j'étais : elle aurait (ainsi) caché le mal à mes yeux » (Jb 3,10). Trouver le mal à sa naissance, c'est pour Job commencer par le subir. Trouver le mal en excès par rapport à tout bien compensatoire, en excès par rapport à toute innocence qui l'aurait précédé, c'est également parler d'un mal originel. Et la Loi, que le péché originel est censé avoir transgressée, ne peut être que *seconde* par rapport au mal originel. « Qu'est-ce que la Loi sinon la représentation par laquelle l'homme essaie de corriger ce qu'il y a d'imprévisible, de fou, d'excessif dans le mal ? » (P. Nemo, *Job...*, p. 133).

Si l'on a pu élaborer une doctrine du péché originel, une doctrine du mal originel demeure inconcevable : le mal originel ne peut que relever de la catégorie du témoignage et nous imposer un renoncement définitif à tout pouvoir, à toute *tâche*. Face à l'abîme du mal, Job n'a rien à faire. Il ne peut que témoigner de ce qu'il vit. « Il n'est rien que l'on domine, écrit P. Nemo, rien que l'on comprenne devant le mal qui révèle ici sa vraie nature d'être toujours *en excès* . » Un mal qui « fait décrocher et tomber en abîme tout savoir-faire humain, et fait donc paraître, en une véritable *apparition*, l'abîme dans lequel tombe le monde » (*ibid.*, p. 128).

Enfin, à sa manière, le passage suivant du Midrash ne dit-il pas également un mal originel dans la mesure où Dieu en assume totalement l'existence dans le monde ? « Le Midrash ne dit-il pas qu'il y a quatre choses que Dieu regrette d'avoir créées : l'exil, les Chaldéens, les Édomites et l'instinct du Mal[12] ? » Il est frappant que l'instinct du mal vienne en dernier, *après* le rappel de tout le mal qu'Israël a dû subir dans son passé, comme si, même aux yeux de Dieu, l'instinct du mal n'était pas l'origine dernière du mal !

II. Un mal déjà là dans l'ordre de l'être

« Ontologiquement, écrit P. Nemo, c'est le débat entre moi et le mal qui est premier ; c'est la lutte avec l'Ange qui est la vérité de l'être » : il y a là une « Intention » qui nous « cherche » en insistant jusqu'à nous faire mal ; « quelque chose de l'Autre du monde » se révèle alors. D'où notre confrontation, inévitable, avec « l'Intention qui (nous) veut manifestement quelque chose » (*Job*..., p. 165 ss). Cela revient à dire que subir le mal dès sa naissance, c'est être d'emblée requis pour s'attaquer à la question de l'être : que peut bien signifier être-humain si être-humain, c'est trouver le mal au fondement de l'existence ?

Le mal originel, source du plus fécond questionnement sur l'être-humain

La souffrance de Job n'est pas simplement le produit des calamités qui lui échoient. Les faits objectifs sont si peu déterminants que la douleur peut parfois nous paraître disproportionnée. C'est comme si le mal réellement survenu importait moins que l'interrogation déchirante qu'il suscite en nous. Il suffit que le malheur frappe — même une seule fois, même modérément — et l'être-humain ne va plus de soi ; le questionnement dont il devient l'objet creuse profond en dessous des coups subis. Ainsi s'explique l'arrière-plan jamais élucidé que laisse nécessairement dans l'ombre toute psychanalyse réussie : le mal à la racine de l'être est en nous cette résistance muette, à jamais irréductible au discours le plus lucide.

Questionner l'être-humain, c'est admettre que la réponse échappe : le mal dont il est contemporain reste toujours en excès par rapport à toute réponse. Là encore le témoignage est à prendre à la lettre si l'on veut *entendre* ce qui se révèle de l'être à travers la blessure. C'est ne pas se hâter d'expliquer le mal dont souffre autrui par les causes qui l'ont engendré, que l'on soit thérapeute, juge ou éducateur.

Notre questionnement sur l'être-humain est d'autant plus fécond qu'il reste fidèle au témoignage né de l'abîme du mal. Dès lors, la problématique philosophique de l'être et du néant semble appartenir à une sphère intellectuelle réductrice par rapport à la richesse de l'existence en proie au mal. En effet, s'il est vrai que Job rencontre le mal et non le néant, il devient clair que son questionnement portera sur l'être-humain en quête de Sens — en quête de l'Intention qui le cherche, dirait P. Nemo — et non sur l'être en général. La dure réalité première du mal ne nous interdit-elle pas de poser la question de l'être en général, dans la mesure où l'être-humain n'est jamais à l'abri du mal ? L'être-humain n'ayant pas d'autre lieu d'émergence que ce monde déjà en proie au mal, qui pourrait avoir accès à l'être en général ?

Or cela ne signifie en aucun cas un amoindrissement de notre tâche réflexive. Au contraire, parce que l'être-humain ne peut sérieusement s'envisager qu'immergé dans le mal dès le départ, le champ infini de la quête du Sens s'ouvre à notre réflexion. Nietzsche a bien senti combien la négativité du mal est porteuse de Sens, combien le questionnement sur l'être-humain en proie au mal, par le fait qu'il est affrontement avec l'Être, est notre plus grande chance d'accéder à la transcendance inscrite en nous.

On dit souvent que jusqu'à Job, jamais la question du Sens ne s'était posée avec une telle acuité. Parce que jusque-là, le mal n'était jamais apparu que comme une conséquence. Notre malheur, c'est de devoir prendre pour point de départ ce qui à jamais nous échappe — un mal déjà là dans l'ordre de l'être. Mais c'est en même temps notre chance : cela signifie que le Sens de l'être-humain n'est pas à découvrir déjà installé dans l'être comme un bien constamment menacé ; le Sens de l'être-humain est à faire naître d'une confrontation encore inimaginable avec l'Autre de l'être-humain en proie au mal. C'est pourquoi le malheur de Job doit être le point de départ de toute théologie chrétienne.

> Quelle qu'ait été l'écharde de Kierkegaard, quel qu'ait été son « secret », psychique ou physique, honteux ou non, et quelle que soit la manière dont le malheur s'est emparé de lui pour le crucifier à l'existence, ce qui

ressort du drame kierkegaardien, c'est le droit absolu de l'individu de mettre « son drame » au centre du problème philosophique, dût-il faire éclater celui-ci en morceaux... Si la philosophie n'a d'autre mission que de jeter un voile, de plus en plus épais, sur l'impuissance humaine, il nous faudra crier plus fort, plus haut, que toute philosophie (B. Fondane, p. 225).

Le mal originel, source de la plus riche approche d'autrui

Dans l'abîme de Job, les autres n'existent plus. Mais existaient-ils du temps de son bonheur, du temps où, au lieu de parler avec ses enfants, Job offrait des holocaustes à Dieu en leur faveur pour le cas où ils auraient péché (Jb 1,5) ? Du temps où, faisant le bien qu'il confondait avec le Sens, il prétendait « consoler les affligés » alors que seul Dieu peut consoler[13] ? Quel poids pouvait avoir le témoignage des autres en proie au mal (qu'ils subissaient ou commettaient) si Job se les assimilait, s'il intégrait d'emblée leur malheur, prétendant le réparer avant même qu'il ait pu s'exprimer ? L'illusion est de croire que seul l'abîme du mal pulvérise l'existence d'autrui en tant qu'autre : la bonne conscience le fait aussi. Elle est incompatible avec le sentiment d'impuissance devant le mal. Elle ne peut qu'évacuer le témoignage de l'abîme du mal, ou encore l'ignorer et ne pas prendre parti — et c'est ce qu'ont imaginé les rabbins concernant Job. D'après les rabbins,

lorsque Moïse s'est présenté devant le Pharaon et lui a adressé sa requête : « Laisse partir mon peuple », le

> souverain s'est tourné vers ses trois conseillers pour les interroger. Chacun d'eux, bien entendu, a répondu selon sa nature. « Laisse-les partir », a proposé Jéthro. « Non, ne les laisse pas », a rétorqué Billam qui est, on s'en souvient, le méchant de l'histoire. Mais Job, lui, qu'a-t-il dit ? qu'a-t-il fait ? Quand est venu son tour, Job s'est tu. Eh bien, expliquent nos sages, c'est parce qu'il s'est tu qu'il a été puni (cité par J. Eisenberg, *Job*..., p. 22).

Soit, donc, la bonne conscience reste neutre face à la souffrance d'autrui (lorsqu'il s'agit d'un mal qui ne sollicite aucun savoir-faire), soit la bonne conscience se sent assez puissante pour effacer, compenser la souffrance d'autrui — manière radicale de nier l'excès d'un mal qui échappe. Mais dans les deux cas, c'est *l'altérité de l'autre*, liée-enchaînée à ce mal en excès, qui se trouve ainsi fondamentalement méconnue. En effet, notre mode relationnel originel est toujours nécessairement la fusion : c'est donc bien à partir de la réalité du mal originel, à commencer par la brutale coupure de notre naissance, que naît l'altérité de l'autre. Si la bonne conscience entretient en nous l'illusion que la communication va de soi, en revanche notre chute dans l'abîme du mal détruit radicalement, parfois à tout jamais, la possibilité même d'un dénominateur commun avec autrui. Certes l'abîme du mal échappe aux amis de Job. Mais il y a pire : c'est l'altérité de Job qui leur échappe ; si Dieu leur donne tort à la fin du Livre, c'est qu'en refusant de voir la réalité du mal dans lequel Job était pris, ils ont méconnu en Job la part abyssale qui faisait de lui un tout-autre-qu'eux.

Il n'est pas d'altérité sans blessure. La blessure commence par mettre fin à la bonne conscience, irréversiblement. L'autre apparaît vraiment autre lorsque, témoignant de l'abîme du mal, il est entendu sans être assimilé, sans être consolé au sens où nous l'avons vu, c'est-à-dire nié dans la radicale altérité de l'horreur qui l'isole. Par la même blessure, Job à la fois naît à sa propre altérité, et accède à celle des amis dont il n'attend plus une compréhension de l'intérieur : si Dieu lui demande d'intercéder pour eux (Jb 42,8), c'est qu'ils ignorent l'abîme qu'ils portent en eux et qui recèle cette part tout-autre dont Dieu seul peut prendre la défense. Car intercéder n'est pas consoler, mais supplier Dieu de défendre la personne qui se trouve plongée dans l'abîme du mal.

Dans le malheur de la conscience isolée s'enracine donc la chance d'une approche d'autrui dans son altérité la plus radicale : quand nous témoignons de l'abîme du mal, nous pressentons en chaque humain la part abyssale qui fonde son altérité, et nous comprenons que cette part abyssale requiert notre intercession. Il a fallu la blessure *et* il a fallu la rupture du mutisme pour que Job ait la révélation à la fois, et non en même temps, de son propre abîme et de celui des autres.

Sans cette blessure, reconnue au fondement de l'existence, nous garderions tous notre *intégrité* et nous resterions incapables d'accéder à l'ordre de la parole. En effet, Dieu disait de Job (en 1,8 et 2,3) ce que lui-même reprenait à son compte en 9,21 : avant son malheur il était [tam] « entier, bien portant, innocent, accompli, intègre » — adjectif où s'inscrivent l'autosuffisance et la bonne conscience, au moins à titre de possibilités ! La blessure vient mettre en jeu l'être auquel nous nous identifiions en toute bonne conscience ; alors l'altérité de l'autre, pourtant vouée à l'expérience du même non-Sens, nous apparaît à la fois irréductible et nécessaire à la communication la plus riche.

Le mal originel, source de la plus radicale intuition d'un Dieu Autre

Si l'on parle souvent de Jb 3 comme d'un récit de dé-création, n'est-ce pas que Job, témoin de la mort de son univers, prend part à la mort de Dieu en lui ? Il ne reste qu'un monde déserté par Dieu, sans repères. Puisque le mal est à la racine de ce monde, Dieu ne peut plus, aux yeux de Job, être le créateur de *ce* monde. Le Dieu du Même n'est plus : le mal a creusé un abîme qui fait de Job un tout-autre inconsolable, inassimilable au monde des amis. Et le mal a creusé un abîme où chutent toutes les images de Dieu sauf une : un « Eloah qui bloque de tous côtés ». Or Job vient d'évoquer la mort : c'est dire, indirectement, que Dieu veut sa mort. Si au lieu de la mort, c'est le tourment qui ne cesse de venir, c'est que l'enjeu est peut-être bien la mort de *toutes* les images de Dieu en Job.

Le mal absolu ne peut plus être soutenu par une quelconque représentation de Dieu. Alors il se vit à la fois comme la mort de Dieu et le lieu d'apparition de son in-représentable altérité. Être abandonné de Dieu dans l'abîme du mal, c'est pour Job vivre la mort de Dieu mais sans en prendre son parti ; c'est espérer contre tout espoir sa manifestation tout-autre. Une altérité issue de la mort de toute image, mais qui, pour atteindre Job, ne peut se manifester qu'au vif de sa blessure : « Et Dieu répond à Job *du sein* de la tempête » (38,1 et 40,6). Il faut être livré à la tempête du mal pour pressentir un Dieu Autre-que le monde-régi par le Bien normatif : un tel monde, par définition, se passe de Dieu dans la mesure où il prétend être détenteur du Sens qu'il confond avec le bien. P. Nemo semble bien rejoindre, par exemple, le témoignage des survivants de la Shoa lorsqu'il écrit :

> Mais le mal, en tant qu'il vainc la volonté et lui est un Maître, signale l'Autre du monde, sur le fond duquel le monde vacille et apparaît comme fracturé. Dès lors l'horizon n'est plus le monde plein, mais l'Autre du monde. Ce monde même se remplît-il, la fracture fût-elle ressoudée, l'Autre du monde est pourtant apparu, et la mémoire en reste à l'âme. Elle n'aura dorénavant de cesse de voir toutes choses, dont le monde, à la hauteur de l'Autre du monde, c'est-à-dire sous le regard de l'âme de Dieu (*Job*..., p. 230).

La chute dans l'abîme du mal est d'autant plus vertigineuse que nous tombons de plus haut : avant son malheur, Job « s'écartait du mal » (1,1), d'un verbe qui signifie « se détourner, abandonner », et s'utilise ailleurs dans le sens d'abandonner Dieu. Ce passage pourrait résonner ainsi : en ne voulant rien savoir du mal — dont il ne niait pas l'existence mais qu'il se refusait à envisager — Job coupait Dieu du monde réel ; il vivait dans l'illusion d'une communion avec un Dieu créé à son image idéalisée : un

Dieu totalement étranger au mal. Sa chute dans le malheur sans fond va révéler à Job que le mal s'enracine dans le mystère de Dieu ; que le mal, Dieu, et le monde sont radicalement indissociables ; et que l'altérité de Dieu se tapit précisément derrière cette impossibilité humaine de les dissocier.

La réflexion de P. Nemo s'inscrit dans le droit-fil du témoignage de Job. En voici l'essentiel, qui peut justifier notre refus — ancré dans l'attitude du Christ — de chercher *comment* le mal advient dans le monde :

> Le mal, Dieu et l'homme sont les données d'une même révélation, les retombées d'un même événement originel... Un des arguments les plus puissants de l'athéisme est ceci : si Dieu existait, il ne permettrait pas tout ce mal. Nous disons au contraire, d'après Job : sans tout ce mal, jamais Dieu n'existerait. C'est le mal qui nous met sur le chemin de quelque chose comme « Dieu », en nous ouvrant à une Autre scène. Le mal « prouve » Dieu... On sait qu'en posant Dieu au début, dès le début, les doctrines religieuses sont fort embarrassées pour expliquer comment *ensuite* le mal vient au monde. C'est l'homme qui l'y accueille ? Mais c'est donc que le mal existe d'abord en soi pour venir ensuite en l'homme, et que Dieu, qui a tout créé, l'a créé. Ou encore, il a créé l'homme assez mauvais pour faire bon accueil au mal ou pour l'inventer de lui-même ? La puissance créatrice de Dieu enveloppe alors de toute manière un défaut : comment peut-il se créer un Adversaire ? Mais les trois instances incompatibles : Dieu, le mal, l'homme, ne rentrent en contradiction que lorsqu'on les pose à part, comme des étants séparés. Or l'erreur est de les poser à part, dans un espace, comme si elles étaient un monde. Quand elles

> nous sont *révélées* en effet, en leur vérité, elles le sont d'une manière telle qu'elles existent *l'une par l'autre et l'une en même temps que l'autre,* dans la déchirure questionnante de l'attente... Il est acquis, dans la vérité dévoilante de la révélation, qu'elles n'autorisent pas à décrire la création comme l'apparition successive, *après* Dieu existant éternellement, de l'homme dans le monde, puis du mal (ou l'inverse) (*ibid.*, p. 205 ss).

Il faut conclure que désormais la question de Dieu se pose tout autrement, *à partir* d'un mal originel. À partir d'une blessure ou à partir d'une cassure. La question de Dieu et la question de l'humain ont pour origine la même blessure. Elles ont partie liée. Depuis Kant déjà, le mal était au point de départ de toute interrogation sérieuse sur Dieu. On a pu dire que Kant n'aurait pas dépassé la religion rationnelle s'il n'avait pas rencontré une réalité étrange, qui est la voie d'accès à toute théologie chrétienne : le mal radical.

Mais l'abîme du mal exige d'aller jusqu'au bout de ce que recèle le témoignage, quitte à recourir à un *langage mystique* : un tel langage n'est-il pas infiniment plus apte à se mouler sur les contenus du témoignage que le langage de la pensée logique ? Le témoignage des mystiques juifs retient l'attention parce qu'ils découvrent la racine du mal en Dieu, et parce qu'ils n'attendent pas l'éradication du mal hors du monde et de l'existence humaine : ils attendent au contraire la fin de son existence séparée, sa réintégration dans la lumière initiale de Dieu. Le mal originel était contenu en Dieu, c'est donc à lui de le maîtriser pour le réintégrer. Par là s'ouvre la perspective d'un questionnement sur le mal orienté vers le *en vue de quoi* : si le mal est contenu en Dieu dès l'origine, c'est en vue de quelque chose qui concerne le fondement de notre existence dans son rapport avec Dieu.

Il nous faudra rigoureusement maintenir deux limites. En premier lieu, nous interdire de vouloir maîtriser l'abîme du mal : de l'assimiler, de le minimiser, donc de le nier. En second lieu, avec la ténacité de Job, refuser à la fois de renoncer à Dieu *et* de renoncer à l'humain, de quelque manière que ce soit.

II

LES IMPASSES DE LA CULPABILITÉ

« La confusion de la souffrance et de la punition est une des plus anciennes idées humaines. »

J. Lacroix, *L'Échec*

« Ils disent, les Sages courageux, cette parole franche et droite : jamais ne naquit à une mère un enfant sans faute. »

Fragment de poème sumérien, env. 2000 avant J.-C.

« "Je souffre : quelqu'un doit en être coupable", ainsi pense toute brebis maladive. Mais son berger, le prêtre ascétique, lui dit : "Tu as raison, ma brebis ! Quelqu'un doit en être coupable : mais c'est toi qui es ce quelqu'un, c'est toi-même et toi seulement qui en es coupable ; c'est toi-même et toi seulement qui es coupable de toi !" »

F. Nietzsche, *Généalogie de la Morale*

Chapitre 3

Job 10

1 *Elle est dégoûtée mon âme, dans ma vie.*
Je laisserai aller sur moi/sur lui mon sujet de plainte.
Je parlerai dans l'amertume de mon âme.
2 *Je dirai à Eloah (= Dieu) :* NE ME DÉCLARE PAS COUPABLE !
Fais-moi connaître sur quoi tu me fais procès.
3 *Est-ce bon pour toi que tu opprimes,*
que tu rejettes la peine de tes mains
et que tu brilles au conseil des méchants ?
4 *As-tu des yeux de chair ?*
Est-ce comme le voir d'un humain que tu vois ?
5 *Tes jours (sont-ils) comme les jours d'un humain ?*
et tes années comme les jours d'un homme fort ?
6 *... puisque tu es à la recherche de mon tort*
et que de mon péché tu t'enquiers !
7 *À ta connaissance pourtant* JE NE SUIS PAS COUPABLE
et nul n'arrache de ta main.
8 *Tes mains m'ont façonné et ont fait de moi*
un tout unifié (litt. me font ensemble tout autour) et tu m'engloutis !

9 *Rappelle-toi donc que tu m'as fait comme de l'argile et que vers la poussière tu me fais retourner.*
10 *Ne me verses-tu pas comme du lait,*
et ne me cailles-tu pas comme du fromage ?
11 *De peau et de chair tu m'habilles*
et par les os et les nerfs tu me tisses.
12 *Vie et solidarité tu as fait pour moi*
et ta sollicitude a surveillé mon souffle.
13 *Mais (c'est) ceci (que) tu cachais dans ton cœur,*
je savais que ceci (était) avec toi :
14 *Si j'ai manqué la cible, tu m'as surveillé*
et de mon tort tu ne m'absous pas.
15 SI JE SUIS COUPABLE, *malheur à moi !*
Je suis juste ? Je ne lève pas la tête,
rassasié de honte et voyant ma misère.
16 *(Ma tête) se relève ? Comme un lionceau tu me prends en chasse*
et tu reviens à la charge, tu fais merveille-par moi.
17 *Tu renouvelles tes attaques à l'encontre de moi,*
tu multiplies ton hostilité envers moi :
troupes après troupes avec moi !
18 *Pourquoi m'as-tu fait sortir du sein ?*
j'aurais expiré : pas un œil ne m'aurait vu.
19 *Je serais comme n'ayant pas été,*
Du ventre à la tombe j'aurais été apporté.
20 *Le peu de mes jours n'est-il pas en train de cesser ?*
Qu'il mette (...) loin de moi, que je me déride un peu !
21 *Avant que je ne m'en aille — et ne revienne pas —*
vers-la terre d'obscurité et d'ombremort
22 *terre de ténèbre comme nuit noire,*
d'ombremort et d'absence d'ordre,
(terre) qui brille comme nuit noire !

Dans un ultime moment de lucidité, il me sembla que nous étions des âmes maudites errant dans le monde-du-néant, des âmes condamnées à errer à travers les espaces jusqu'à la fin des générations, à la recherche de leur rédemption, en quête de l'oubli — sans espoir de le trouver... Pourquoi, mais pourquoi Le bénirais-je ? Toutes mes fibres se révoltaient. Parce qu'Il avait fait brûler des milliers d'enfants dans ses fosses ? Parce qu'Il faisait fonctionner six crématoires jour et nuit, les jours de Sabbat et les jours de fête ? Parce que dans Sa grande puissance Il avait créé Auschwitz, Birkenau, Buna et tant d'usines de la mort ? Comment Lui dirais-je : « Béni sois-Tu, l'Éternel, Maître de l'Univers, qui nous as élus parmi les peuples pour être torturés jour et nuit, pour voir nos pères, nos mères, nos frères finir au crématoire ? Loué soit Ton Saint Nom, Toi qui nous as choisis pour être égorgés sur Ton autel » ? (E. Wiesel, *La Nuit*, p. 45 et 76[1]).

Elie Wiesel et Job : les circonstances sont autres, mais la teneur du témoignage est la même. Tout se passe comme s'il fallait à tout prix que quelqu'un prenne en charge le mal absolu : ou bien un Autre, et cette prise en charge est exigée notamment de Dieu, sur le mode de l'accusation ; ou bien la personne qui en est victime, et cette prise en charge a pour nom la culpabilité ou la malédiction. Tout se passe comme si les paroles qui disent le mal subi étaient en quête de rédemption : de quelqu'un qui les assume. C'est pourquoi le même E. Wiesel écrivait au sujet des victimes du stalinisme : « Je pense à Slansky, à *L'Aveu* d'Arthur London, à tous ces hommes dont les paroles se retournaient contre eux et qui finissaient par se demander, comme Job, s'ils n'étaient pas coupables » (J. Eisenberg, *Job...*,

p. 225). Le drame de Job se concentre dans cet entre-deux sans issue entre culpabilité et accusation.

Job ou la doctrine de la rétribution en faillite

C'est bien la rétribution que met d'emblée en cause le Livre de Job ; si Dieu ne fait que garantir l'équation bien = bonheur, mal = malheur, nous sommes en droit de nous demander avec l'Adversaire : « Est-ce pour rien que Job craint Dieu ? » (Jb 1,9). Croit-il en Dieu de manière désintéressée ? Dans le monde où il vit, le mal originel n'existe pas. Le mal se trouve domestiqué dans une vision du monde où il a sa place attitrée et il se confond tout à fait avec la punition. Effectivement, ce n'est pas le mal en tant que tel qui posera problème à Job : c'est avant tout *sa relation à Dieu*, radicalement mise en question par le mal. Cela explique pourquoi Job ne songera jamais à se révolter contre nomades et pillards, les auteurs réels de la moitié de ses malheurs. Il sait d'emblée qu'il subit un mal assez radical pour pulvériser toute causalité humaine.

Les ingrédients de la doctrine de la rétribution sont intemporels, c'est aussi en cela que Job est *vrai* : il n'a pas grand-chose à se reprocher (le ch. 29 est un modèle du genre) ; le mal qu'il subit lui a été imposé en partie par des humains, en partie par des circonstances extérieures ; ce mal se traduit par une maladie physique où l'on verrait volontiers aujourd'hui une somatisation ; ce mal suscite un *pourquoi moi* qui ouvre la porte à une Intention punitive ; sa pente naturelle et son entourage l'enferment dans une quête sans fin de sa culpabilité ; il y aurait toujours « quelque part » une responsabilité dans le mal qu'on subit, l'ultime explication étant : c'est par nature un « amer de l'âme » (Jb 3,20) — manière plus subtile de suggérer qu'il ne faut s'en prendre qu'à soi-même.

Or la constante, tout au long du Livre, c'est précisément que Job n'est *pas* responsable du mal qu'il subit : la catégorie de culpabilité ne lui est d'aucun secours face à ce mal. Mais cela n'est pas de l'ordre de l'évidence naturelle ; c'est le fruit d'un combat, constamment recommencé, dont le ch. 9 se fait déjà l'écho :

> Si j'ai raison, Sa bouche me rend coupable
> et (si) je suis parfait [tam], elle me déclare pervers
> Je suis irréprochable [tam] ? que m'importe mon âme ?
> Je rejette ma vie (9,20 s, trad. Lévêque).

Peu importe à Job d'être [tam], il rejette sa vie. En d'autres termes, cette innocence, par elle-même, ne donne aucun sens à sa vie. [Tam], « irréprochable » mais aussi « entier, complet », évoque à merveille l'autosuffisance qui caractérise la doctrine de la rétribution. Tout y est prévisible et explicable : faute et malheur, bien et bonheur ont un strict rapport de cause à effet. Dieu n'est plus que la caution d'un système qui fonctionne tout seul. Job se trouve prisonnier de son innocence, exactement comme ses amis voudraient le faire prisonnier de sa culpabilité : cela même qui prétend libérer enferme au point d'ôter le goût de la vie.

On peut considérer Jb 10,15 comme l'explicitation de 9,20 s :

> Si je suis coupable, malheur à moi !
> Je suis juste ? Je ne lève pas la tête,
> rassasié de honte et voyant ma misère.

Ce verset semble constituer le centre de gravité du chapitre : il ôte radicalement à la culpabilité toute fonction d'explication du mal ; mais il ne faut pas l'isoler de son contexte : comme pour illustrer l'extrême dureté du combat intérieur dont cet aveu d'impuissance est le fruit, l'auteur a encadré ce verset, d'une part au v. 14 par la tentation de croire à une culpabilité qui expliquerait tout — « de mon tort tu ne m'absous pas » —, d'autre part au v. 16 s par la tentation d'accuser Dieu rendu implicitement coupable, ce qui expliquerait tout, également — « (Ma tête) se relève ? Comme un lionceau tu me prends en chasse. »

La doctrine de la rétribution repose sur cette double tentation à laquelle Job cède par moments, en particulier au ch. 10, de se rendre maître du lien entre mal et malheur : c'est pour maîtriser le mal que Job accuse Dieu et l'en rend responsable, prétendant du même coup connaître le bien et se donnant droit à l'autojustification ; c'est encore pour maîtriser le mal que Job s'accuse, ou plutôt prête à Dieu de bonnes raisons (encore inconnues de lui) de l'accuser, en une scène d'auto-accusation par Dieu interposé. Le v. 15 est peut-être pour Job le point de départ de la prise de conscience que la maîtrise du mal par l'autojustification ou par l'auto-accusation est l'illusion la plus trompeuse.

I. La tentation d'autojustification

Dieu n'a aucune place dans ce système qui nous permet de décider par nous-mêmes du bien et du mal ; c'est une connaissance qui est en même temps une maîtrise, exactement ce que le serpent avait fait miroiter à Ève : « Vous serez comme des dieux possédant la connaissance [yada‘] du bien et du mal » (Gn 3,5). Illusion décelable dans le chiasme de Jb 10,2 et 7 :

> v. 2 : Ne me déclare pas *coupable* [raša‘] fais-moi *connaître* [yada'] sur quoi tu me fais procès !
> v. 7 : À ta *connaissance* [yada‘], je ne suis pas *coupable* [raša‘].

Les demandes de Job sont totalement formelles : inutile de chercher à me rendre coupable, je sais que je ne suis pas coupable. Je le sais *comme toi-même tu le sais* : « à *ta* connaissance » ! Fais-moi donc connaître... ce que je sais déjà. Job connaît son innocence comme Dieu la connaît, comme Adam et Ève s'imaginaient pouvoir connaître le Bien et le Mal. Même ironie à l'adresse de Dieu en Jb 13,23, dans un contexte où Dieu seul est mis en cause : « Combien pour moi de fautes et de manquements ? Ma révolte et mon manquement, fais-les-moi connaître ! ». À noter encore au v. 7 le verbe au mode inaccompli : « je ne suis pas ou ne serai pas coupable », c'est une réalité qui dure et non une hypothèse ! En tout cela, Job se met à la place de Dieu.

Or toute autojustification se nourrit du soupçon qu'autrui a besoin d'un coupable. Lorsque nous nions notre propre sentiment de culpabilité, ce soupçon se transforme en accusation : *tu* as besoin d'un coupable, *tu* es coupable de me culpabiliser ! Ainsi, en disant *ne me déclare pas coupable*, Job ne voit pas que le soupçon vient de lui-même, qu'il est le premier fruit de son propre besoin de se justifier : Dieu n'a jamais parlé de culpabilité ni *fait procès* à Job sur quoi que ce soit ; nulle part le Livre ne contient la moindre accusation de Dieu à l'égard de Job. Dieu apparaît coupable d'avoir rendu Job coupable.

Ainsi, tout au long du Livre, la balle de la culpabilité sera renvoyée de Job à Dieu ou des amis à Job mais *jamais de Dieu à Job*. En effet le verbe [raša'], à la forme causative « rendre coupable », est employé ici et sept autres fois dans le Livre également à la même forme, sans que jamais Dieu rende coupable quiconque :

— en 9,20 Job parle de Dieu : « sa bouche me rend coupable » ;

— en 15,6 Elifaz parle à Job : « c'est ta bouche qui te rend coupable » ;

— en 32,3 Elihu « se mit en colère contre ses trois amis parce qu'ils n'avaient plus trouvé de réponse et avaient rendu Job (ou Dieu selon les manuscrits) coupable » ;

— en 34,12 Elihu parle à Job : « non, en vérité Dieu ne rend pas coupable » ;

— en 34,17 : « oses-tu rendre coupable le Juste, le Très Noble ? » ;

— en 34,29 : « s'il reste impassible, qui le rendra coupable ? » ;

— en 40,8 Dieu parle à Job : « vraiment, cassestu mon jugement ? Me rends-tu coupable pour te justifier ? »

C'est là la dernière mention du verbe dans le Livre, donc le dernier mot de Dieu sur la question. Le premier à parler de sa culpabilité avait été Job en 9,20, et il reprenait le thème en 10,2 : « Ne me déclare pas coupable ! » La réponse de Dieu, unique et définitive, est précisément la mise en question de cette autojustification qui, en nous, prétend maîtriser la source du mal. Dieu ne dit qu'une chose : tu peux m'accuser, me reprocher le mal que je t'ai fait, m'affronter violemment... *mais pas pour te justifier.*

Il nous est indispensable de rejeter toute responsabilité dans le mal purement subi, mais il nous est tout autant indispensable de ne pas prétendre en sortir indemnes : l'autojustification nous enferme dans une image idéale de nous-mêmes non altérée par le mal. Il n'est pas vrai que le mal subi reste cet ennemi purement extérieur qu'il nous suffirait de dénoncer pour en être débarrassés. C'est cette maîtrise que tente l'autojustification. Mais Job n'est pas dupe : il a bien dû se laisser envahir, façonner, distordre par le mal qu'il a subi — « Elle est dégoûtée mon âme, je parlerai dans l'amertume de mon âme » (v. 1), « rassasié de honte » (v. 15) ; désormais, qu'il le veuille ou non, le mal est en lui.

Job n'en parle-t-il pas alors comme s'il y avait toujours été, dès la naissance inscrit en lui comme la réponse à un mal indissociable de la vie (v. 8), comme la reproduction involontaire d'une souffrance dont il n'avait pas conscience ? En effet, c'est au moment où il envisage de renoncer à l'autojustification (« si je suis coupable », v. 15) qu'il découvre à quel point il a *intériorisé* le malheur survenu dans sa vie : il est *rassasié de honte.* C'est cette sorte de complaisance, d'adhésion profondément inconsciente au mal subi, déjà rencontrée en Jb 3, qui fait de l'autojustification une impasse. En effet, quand nous nous autojustifions, nous renvoyons le mal intégralement à son auteur, comme s'il n'avait laissé aucune séquelle en nous. Dès lors, comment guérir d'une maladie dont nous nions l'existence ?

On peut rapprocher les protestations d'innocence de Job, en particulier le ch. 31 (1-34), des Confessions négatives du Livre des morts égyptien (1580-1085) : le défunt énumère longuement tous les péchés qu'il n'a pas commis, puis tous les bienfaits dont il a été l'auteur, et cela débouche sur la pesée de son âme ; pour Job aussi, le résultat est connu d'avance : « qu'il me pèse dans la balance de justice et que Dieu connaisse ma perfection ! » (Jb 31,6)... comme je la connais moi-même ! Dans tous ces textes d'autojustification, deux fois seulement apparaît le souhait de rencontrer Dieu[2]. Car *se* justifier pour Job, c'est enfermer Dieu dans la responsabilité du mal et rompre la relation avec lui. C'est devenir lui-même la norme du Bien, réduire le Bien à ce qu'il en voit lui-même, abstraction faite de toute relation à un Autre. Et dans le Livre des morts, c'est *le défunt* qui confesse son innocence : l'autojustification suppose la mort de la relation réelle.

« Je suis *juste* ? Je ne lève pas la tête » (Jb 10,15). Le verbe [*s*adaq] apparaît dix-sept fois en Jb, sur ses quarante et un emplois dans la Bible. Sa forme active, typiquement jobienne (quatorze fois chez Jb contre huit dans le reste de la Bible), a trois sens principaux qui présentent une gradation remarquable : « avoir raison, soutenir une juste cause » devant ou contre quelqu'un — « obtenir gain de cause, être justifié » — « être juste ». Parvenu à la conviction qu'il *est juste*, Job n'a plus besoin de Dieu, il « ne lève pas la tête », il a fait une croix sur le face-à-face qu'implique le premier sens de [*s*adaq] : soutenir une juste cause *devant* ou *contre* quelqu'un. C'est cette suppression de l'autre qui fait de l'autojustification une impasse, et de la justice [*s*edaqah] une caricature.

En effet, la Bible ne fait pas de la justice un concept abstrait mais un concept de relation. Être juste tout seul, en soi, est une contradiction dans les termes. Nous versons dans l'autojustification dès que nous éliminons l'Autre pour lui faire endosser le mal en refusant d'en faire nous-mêmes les frais.

Ainsi commence à se faire jour une justice qui est essentiellement fidélité à une relation : « À ma justice je me suis attaché et je ne la lâcherai point » (Jb 27,6). Job ne serait plus fidèle à lui-même s'il se rendait responsable du mal qu'il subit ; mais aussi il ne serait plus fidèle à Dieu si, assimilant le mal à Dieu, il s'enfermait dans l'illusion de pouvoir vivre sans se commettre avec le mal, sans y être englué. Son désir de fidélité à la relation dicte à Job son *attachement* à sa propre vérité, en même temps que sa recherche exigeante de la vérité de Dieu. Il apprendra qu'il n'y a pas lieu de choisir entre les deux.

C'est au v. 13 que l'autojustification atteint son paroxysme : « Mais (c'est) ceci (que) tu cachais dans ton cœur, je savais que ceci (était) avec toi. »

À nouveau [yada‘] : je connaissais le Bien et le Mal qui sont dans le *cœur* de Dieu comme l'arbre au centre du jardin. Illogique car si Job savait que Dieu lui voulait du mal, pourquoi s'est-il laissé prendre à la bienveillance qu'expriment les versets précédents ? — tu m'as « façonné, habillé, tissé », tu m'as donné « vie, solidarité, sollicitude », tu as « veillé-sur mon souffle ». Job *savait* d'un savoir *rétrospectif* ; c'est sa manière, au contraire, de récupérer un pouvoir sur le mal qui l'a totalement désarçonné et désemparé. Là encore Job fait de la surenchère, il savait même que Dieu était pervers :

— au v. 3, « Est-ce bon pour toi »... de me faire du mal ?

— au v. 8, si l'on suit la LXX et la version syriaque, « Tes mains m'ont façonné et fabriqué et ensuite, te ravisant, tu me détruiras ! » (trad. J. Lévêque)[3] ;

— au v. 12, « ta sollicitude a *surveillé* mon souffle »... mais « je savais » : « Si j'ai manqué la cible, tu m'as *surveillé* ! » (v. 14). Voilà comment une réalité éminemment positive est retournée en son contraire, comment une « sur-veillance » qui est une bien-veillance se retourne en surveillance policière, comment une bonne relation est per-vertie, retournée en son contraire.

Job *savait* que Dieu était un obsédé de la faute : « à la recherche de mon tort, de mon péché tu t'enquiers » (v. 6) ; « nul n'arrache/ne délivre de ta main » (v. 7) — tout y passe ; « tu m'as surveillé et de mon tort tu ne m'absous pas » (v. 14). On a dit parfois que Job était dénué de tout sens de la culpabilité. Mais c'est oublier la force de persuasion que représentait la doctrine ambiante de la rétribution : on peut se demander si Job ne projette pas sur Dieu son propre sentiment de culpabilité. Ce serait là une tentative désespérée de se libérer de *son* sentiment de culpabilité.

Une telle projection se devinerait déjà au v. 4 : « Est-ce comme le voir d'un humain que tu vois ? » Et l'emploi de [gever] au v. 5 irait dans le même sens : « tes années (sont-elles) comme les jours d'un homme fort ? » [Gever] c'est l'homme viril, mot qu'utilise Job au ch. 3 pour parler de lui-même. Il faudrait alors interpréter ainsi le *je savais* du v. 13 : je projette sur toi ce que je sais de moi ; si j'étais à ta place (et je m'y mets — rappelons-le *à ta connaissance* du v. 7), voici ce que je ferais : je dépisterais la faute, je traquerais la personne qui est en proie au mal jusqu'à ce qu'elle reconnaisse où est sa faute.

Mais l'autojustification enferme (« Je ne lève pas la tête », v. 15), et l'auto-accusation échouera tout autant à rendre compte du mal subi et à offrir la moindre chance de libération. *C'est la faute de l'autre* et *c'est ma faute* se renvoient dos à dos, renforçant l'enfermement de l'individu en proie au mal dans l'abîme du non-Sens : on ne vient en aucun cas à bout du mal par la culpabilité.

II. La tentation d'auto-accusation

Des siècles de christianisme ont pu nous donner à croire que Dieu aimait l'auto-accusation. Jb 10 ressemble pourtant à un douloureux réquisitoire contre

Dieu. Le v. 15 est apparu, au cœur du texte, comme l'éclair de lucidité révélant à Job combien la culpabilité est une impasse quand il s'agit de faire face à l'expérience de la souffrance sans fond. Mais cet éclair se produit entre une première partie où Job s'est employé à *lever la tête* (à se justifier), et une deuxième partie, notamment les v. 16-17-18, où va se faire jour une auto-accusation non avouée comme telle : Job se dit tellement accusé par Dieu — alors que nulle part dans le Livre il ne l'est réellement — qu'il semble en proie à un violent sentiment de culpabilité. De toutes ses forces intellectuelles et spirituelles, il *sait* qu'il n'est pas coupable du mal qu'il subit. Mais si son sentiment d'être accusé est à ce point irrépressible, n'est-ce pas parce que l'excès du mal stimule immédiatement un moyen de défense potentiellement présent en chacun-e de nous : la culpabilité qui sauve parce qu'elle procure un minimum de Sens ?

Le v. 18, « Pourquoi m'as-tu fait sortir du sein ? J'aurais expiré : pas un œil ne m'aurait vu », est une reprise presque identique de 3,11, « Pourquoi ne suis-je pas mort dès le sein ? Sitôt du ventre sorti, j'aurais expiré » ; mais cette fois, Job met Dieu directement en cause. Dieu lui en voudrait dès sa naissance, ce qui va de pair avec cette prise de conscience, en 3,10, d'un mal indissociable de sa vie, depuis sa naissance. C'est bien le mal absurde qui le pousse à se condamner ; mais ce non-Sens est tellement invivable que Job met en scène la seule relation encore possible : un Dieu qui l'accuserait. Or la simple observation psychologique interdit de tracer une frontière précise entre l'auto-accusation et l'accusation réelle par autrui. Quand je me sens coupable, comment puis-je déterminer de manière certaine si *je* m'accuse ou si c'est autrui qui m'accuse ? Qui culpabilise qui ? La frontière devient totalement impossible à tracer lorsque l'accusation est dite émaner du Tout-Autre, dont la voix se confond si souvent avec notre voix intérieure.

C'est le mal extrême dont il souffre, et non l'hostilité de Dieu, qui terrasse Job et lui fait baisser la tête comme une bête traquée : « (Ma tête) se relève ? Comme un lionceau tu me prends en chasse » (v. 16). L'ambiguïté de cette expression *comme un lionceau* atteste clairement qu'à la fois Job se croit accusé par Dieu *et* qu'il s'accuse lui-même : ou bien les commentateurs voient en Dieu le lion qui pourchasse, ou bien ils voient en Job le lionceau pourchassé. Mais alors que le lion ['aryeh] est mentionné quarante fois dans la Bible, le jeune lion [ša*h*al] ne l'est que six fois en dehors de Jb 10,16, quatre fois pour désigner l'animal, et deux pour symboliser la rage destructrice de Dieu (Os 5,14 et 13,7). Ce jeune lion, également déchaîné contre Job, n'est-il pas précisément *à son image* ? Job ne projette-t-il pas en Dieu-*lion de Juda* l'accusation que Job-*jeune lion* porte contre lui-même ? Le v. 16a serait à comprendre ainsi : comme un lionceau que je suis et que tu es à mon image, je me pourchasse... et je projette que *tu* me pourchasses — puisque Job savait ce qui était en Dieu !

De quel savoir, sinon de celui qu'il porte en lui comme une lancinante auto-accusation ? Il y a là, dans la mention de ce jeune lion, l'évocation d'une force animale quasi instinctive, la réaction violente, indomptable, irrépressible à un mal qui, autrement, laisserait Job totalement démuni, sans tâche dirait Kierkegaard. La tâche — se *prendre en chasse* — rappelle combien le plus impitoyable des bourreaux est celui que nous portons en nous. Mais mieux vaut cette tâche torturante que la souffrance sans fond !

Ici la façon d'en « rajouter », c'est de peindre les traits les plus caractéristiques de Dieu aux couleurs uniformes de l'accusation : tout ce que dit ou fait l'autre-Autre se retourne contre lui ; il se voit réduit à n'*être* plus que l'Accusation en personne. Manière subtile de prendre la place de Dieu en tentant désespérément de se décharger sur lui d'une culpabilité omniprésente, apparemment aussi inépuisable que Dieu lui-même. Car l'auto-accusation projetée en Dieu semble lui emprunter désormais sa puissance éternelle :

— « tu reviens » (v. 16b), [šuv], terme éminemment positif dans la théologie d'Israël, qui évoque la conversion, le retour d'exil, la restauration de la relation entre Dieu et son peuple. Mais pour Job cela devient : sans cesse tu reviens pour me torturer ;

— « tu fais merveille-par moi » (v. 16b), [pl'], terme éminemment positif également puisque Israël n'a cessé de chanter les [nifleot], « miracles du Seigneur » ; forme réfléchie du verbe, unique dans la Bible : « tu *te* montres merveilleux », ou « tu continues à *te miraculer* par moi » (trad. S. Terrien). Comme si Dieu voyait seulement en l'humain-type qu'est Job le moyen d'en venir à ses propres fins : se couvrir de gloire. Si tout cela est bien la projection de Job, comment ne pas voir cette espèce d'auto-satisfaction qui accompagne toute crise d'accusation de soi ? Derrière l'ironie du « tu fais merveille-par moi », on pourrait, grâce au trait d'union qui tend davantage encore à confondre le toi et le moi, deviner un *tu te fais plaisir* dont Job ignorerait qu'il l'adresse en fait à lui-même !

— « troupes après troupes avec moi » (v. 17b), [*s*ava'], terme qui désigne combattants de Dieu, soldats et armées, et qu'on retrouve dans l'un des titres traditionnels de Dieu : l'Éternel des armées (Éternel *S*eva'ot). Mais au lieu de combattre *pour* Job, Dieu s'acharne... non pas contre lui mais « avec lui » : n'est-ce pas là à nouveau l'adhésion de Job à cette accusation dont il se croit l'objet, et qu'il amplifie (troupes après troupes) de la même manière qu'il amplifiait le malheur au ch. 3 ?

Derrière les paroles que Job adresse à Dieu, n'y a-t-il pas tout un débat entre Job et lui-même ? On pourrait en relever l'indice dans les quatre *moi* qui concluent les quatre stiques des v. 16b et 17 :

> tu fais merveille-par moi [vy],
> tu renouvelles tes attaques à l'encontre de moi [negeddy],
> tu multiplies ton hostilité envers moi ['immady],
> troupes après troupes avec moi ['immy].

Le substantif [neged], c'est la contrepartie, le vis-à-vis, et ['immady] signifie littéralement *en ma compagnie*. Comme si quelque chose se jouait entre « moi » et moi-même ; comme si Job, en commençant ses phrases en *tu*, n'en restait pas moins lui-même le critère et l'aboutissement de tout ce qu'il disait. On comprendrait alors que ce renvoi constant à son univers de culpabilité et cet enfermement *avec* l'accusateur qu'il porte en lui-même le plongent à nouveau dans la dépression des v. 18-22.

Si Job projette vraiment sur Dieu l'accusation qu'il porte en lui-même, nous pouvons redire en *je* ses paroles et nous y reconnaître ; nos mécanismes involontaires d'autojustification et d'auto-accusation apparaissent alors plus clairement :

— Inutile de me rendre coupable : je *sais* que je ne le suis pas... c'est toi qui l'es ! Nul ne m'arrache de ta main : je suis resté dans ta main exactement dans l'état où tu m'avais créé... je peux décrire cette création, je me connais comme si je m'étais fait moi-même. On m'a appris que le péché c'est d'être séparé de toi. Mais le mal que j'ai subi ne m'a pas séparé de toi : je suis intact face à toi, je suis juste. Tout au plus ai-je pu me tromper deux ou trois fois. Mais si j'ai « manqué la cible » (ou « péché » au v. 14), c'est en fait toi qui es à blâmer : tu m'avais en quelque sorte programmé ainsi. Je *savais* tout dès le début ; moi je ne *cache* rien, la culpabilité fait partie de ma nature, c'est toi qui m'as créé ! Je suis *complet*, fermé sur moi-même, je refuse toute fissure dans mon système de défense.

— « Je suis juste ? » Je ne lève pas la tête car immédiatement je suis à l'affût ; je n'arrête pas de me faire la guerre. Je m'ingénie (*fais merveille*) à chercher *en moi* tout ce qui n'a pas droit à exister. Je cherche toutes les raisons possibles de m'accuser ; on dirait que cela me soulage, que j'en ai besoin. Je me fustige. Je *multiplie* ma blessure, mon tourment par mon autohostilité : je me rends responsable du mal qui m'est arrivé. « Troupes après troupes avec moi », combat sur combat, je ne m'en sors pas : en plus du mal à moi imposé, un autre combat *prend la relève...* et il se passe entre moi et moi-même. Je m'accuse de ce qui m'arrive !

Impasse totale. Faillite de tout savoir sur le mal : caducité irrévocable des notions de faute et de valeur. Attente désespérée d'un « arbitre », d'un juge impartial qui déciderait où est le bien, où est le mal. Mais Job est livré au mal ; cet arbitre (9,33) n'existe pas... et au fond de cet abîme, Job est livré à lui-même, « moi en compagnie de moi » (9,35) : c'était sa dernière parole avant le ch. 10. Dès lors il n'a plus de critère : ni l'autojustification ni l'auto-accusation ne peuvent le tirer de son abîme. Son nom même est porteur de cette double illusion. Car Job ['yyôv] est apparemment dérivé du verbe ['ayav], « être hostile, traiter en ennemi ». Job est celui qui attaque pour se justifier. Mais son nom peut aussi signifier « objet de persécution et d'inimitié » et être rapproché de la racine arabe ['wb], « se repentir ». Job est donc aussi celui qui s'accuse, qui se traite en ennemi. C'est qu'il n'existe nulle part d'arbitre du bien et du mal : l'arbre interdit est celui du *savoir* de la faute et de la valeur. Par la suite, Job n'attendra plus un arbitre mais un témoin du mal qu'il endure. Ce témoin-Défenseur qu'il appellera son [go'el], il le verra prendre son parti, c'est-à-dire se mettre de son côté : ainsi se brisera son enfermement, ainsi pourra-t-il faire face à l'abîme sans se fourvoyer dans l'accusation.

Avec le v. 15, nous sommes au cœur du texte. En effet, les sept premiers versets aboutissent à la conclusion que Job n'est pas coupable ; les sept versets suivants aboutissent à la conclusion que Dieu maintient la culpabilité de Job. Le v. 15 nous semble alors exprimer une perception fulgurante de la réalité : Job crie quelque chose de profondément vrai, avant de sombrer dans le monde imaginaire de son auto-accusation pour les sept derniers versets. La symbolique du chiffre sept évoque remarquablement cette complétude, cette fermeture sur soi d'un univers d'accusation qui se pose en absolu de Sens. Comment « voir sa misère » avec lucidité, tant qu'on n'a pas renoncé aux vaines promesses de l'autojustification et de l'auto-accusation ?

— « *Si* je suis coupable, malheur à moi. » Ce n'est même pas sûr car je ne sais jamais, fondamentalement, le mal que je fais. « Malheur à moi », qu'on ne trouve ailleurs qu'en Mi 7,1 au sujet du mal que commet le peuple, est en fait une interjection pouvant suggérer que Job *ne sait pas que dire* : il répond à son sentiment de culpabilité par un cri d'angoisse ;

— mais si je suis juste, je ne sais pas non plus que dire : « Je suis juste ? Je ne lève pas la tête (pour autant) ». Car le problème n'est pas là : rejeter la faute, la responsabilité du mal sur autrui, ne suffit pas pour en être libéré. Il y faut une acceptation profonde de ce mal subi de façon totalement injuste, *avec le sentiment d'impuissance radicale qui y est lié*. C'est apparemment l'attitude de Job dans ce v. 15 : « rassasié de honte et voyant ma misère ». L'autojustification n'enlève rien à la « honte » [qalôn] qui « rassasie » ; en effet, c'est la honte qui nous envahit, parfois pour toujours, quand nous subissons un mal contre lequel nous sommes incapables de nous défendre. [Qalôn] étant un *hapax* chez

Job, il faut lui donner toute sa force — il ne s'agit sans doute pas d'un mot employé à la légère. Une fois coupée de son origine (du mal qui l'a engendrée), la honte ou l'humiliation semble émaner de nous-mêmes ; elle nous pousse à nous cacher, comme Job sur son tas de fumier à l'extérieur du village. Du mal subi, il ne reste que la honte, comme il arrive que nous ayons honte de faire une dépression.

« Voyant ma misère » pourrait être considéré comme le sommet du texte. Enfin Job parviendrait à regarder son mal en face ; en effet, il voit *son* malheur, le mal précis qu'il a subi, lui et non un autre ; il voit le dénuement total où il se trouve. Il ne se le cache plus par une stratégie d'autojustification ou d'auto-accusation. La traduction « voyant ma misère », même si elle reste conjecturale, permet d'entendre la vérité de l'expérience de Job : il est de la première importance que je voie le mal qu'on m'a fait, que j'en prenne conscience, que je le regarde en face.

Il faut se féliciter de la faillite de *tous* nos systèmes de réparation du mal. Car la doctrine de la rétribution n'est pas seule en cause : de l'élimination du bouc émissaire à l'expiation par une vie de devoir, en passant par la croyance à l'enfer et au purgatoire, nous avons bien des façons d'expliquer le mal par la faute et de nous donner ainsi le moyen de le maîtriser. Or ce que R. Girard appelle le « mécanisme victimaire » (la recherche du coupable) doit être enrayé, car « le mal ne révèle son caractère intraitable en ce monde qu'à partir du moment où le mécanisme victimaire est contesté, ébranlé » (*La Route antique..., op. cit.*, p. 179 s).

L'hypothèse du Dieu méchant

Job ne sort de son monologue de *moi avec moi* que pour se trouver confronté à un Dieu à l'abord étrangement semblable au mal mal-veillant qui le frappe. Ce Dieu hante tout le Livre, mais c'est au ch. 16 que l'épouvante de Job devant la rage divine de destruction atteint son paroxysme : Dieu ressemble à un fauve qui déchire (v. 9), à un briseur de crânes (v. 12), à un archer qui le prend pour cible (v. 12 s), à un guerrier démolisseur (v. 14). À partir du moment où Job renonce à sa culpabilité (qu'il la projette sur Dieu ou non), il ne peut manquer de s'interroger sur Dieu :

> Pour Job, le mal physique et le malheur, s'ils ne sont pas le châtiment d'une faute, ne peuvent provenir que d'une méchanceté divine. Puisque lui, Job, n'a pas conscience de la moindre transgression (13,23), et que pourtant Dieu est en train de le « terrasser » et de le « défigurer », c'est que Shadday (= Dieu), arbitrairement, a décidé de le traiter en ennemi (13,24) (J. Lévêque, p. 437).

Invoquer ici la paranoïa de Job stériliserait la recherche qu'initie la chute dans la souffrance sans fond : ce serait nous barrer la route à une sortie progressive de l'abîme. En revanche, prendre au sérieux l'hypothèse d'un Dieu qui aurait partie liée avec le mal, c'est peut-être pour la première fois prendre au sérieux le mal lui-même : s'il n'est plus à dissocier de Dieu, c'est qu'il est une réalité aussi brûlante que Dieu lui-même. Parce qu'il est une question de vie ou de mort, le mal est peut-être la seule réalité qui nous impose un dénuement total dans la confrontation avec le Dieu de la vie et de la mort.

Jb 10 porte également les traces de ce Dieu méchant. On peut en déceler au moins quatre :

— Au v. 3, « Est-ce bon *pour toi* que tu opprimes ? », n'est-ce pas pour te faire du bien que tu opprimes ? « Opprimer » est *le seul emploi biblique concernant Dieu*, et pour cause : c'est le terme consacré pour parler de l'injustice sociale ! Il signifie « faire violence, exploiter, extorquer ». Or il est employé ici sans complément : non seulement tu *m'*opprimes, mais tu opprimes *en général*, c'est dans ta nature ; peu importe qui tu opprimes, pourvu que tu sois toi-même : un Dieu mal-veillant.

« Oui tu opprimes, oui tu rejettes la *peine* de tes mains » ; [yegya'], « le labeur, la fatigue », vient du verbe [yaga'] « se fatiguer, peiner », à la forme intensive « torturer ». Or Jb 10,3 est le seul passage biblique où ce verbe soit employé à propos de Dieu. Ailleurs, quand il s'agit de désigner l'être humain, « l'œuvre de tes mains », c'est un autre mot qui est utilisé ; que désigne donc cette peine de ses mains, ce quelque chose qu'il a créé lui-même mais qui lui cause fatigue, souffrance et même torture ? Il semble que pour Job, Dieu *rejette* cet humain qu'il a pourtant créé mais qui le fait souffrir et le torture. En effet, Job n'est-il pas devenu le symbole de cette peine de Dieu *parce qu'il est en proie au mal ?* Job serait désormais le symbole d'un mal dont Dieu refuse *aux yeux de Job* la responsabilité. La preuve, pour Job, que Dieu rejette cette responsabilité ? Dieu, selon lui, « brille au *conseil* des méchants ». C'est le roi des méchants ; pour ce qui est de planifier le mal, il est roi ! Comme si désormais le doute s'était insinué en Job, au plus enfoui de sa tendance à l'auto-accusation : Dieu doit avoir partie liée avec le mal.

— Au v. 8, « Tes mains m'ont *façonné* », d'un verbe qui se rencontre ici seulement à la forme intensive mais qui partout ailleurs signifie « blesser ». On voit bien la continuité entre les deux sens : comme le sculpteur ou le potier, il faut frapper, éliminer pour façonner ou modeler ; ainsi en est-il peut-être pour nous : Dieu n'aurait pas pu nous créer, nous *façonner*, sans nous *blesser*. Effectivement, Job parle de sa naissance comme d'une mort (Jb 3,11-16). Dieu peut apparaître comme un Créateur qui blesse dès l'origine, mais qui à nouveau semble pris au piège de sa propre créativité, puisque la souffrance de l'humain ne saurait aller sans sa propre souffrance : *façonner* c'est aussi « souffrir en esprit, être en grande détresse ». Comme au v. 3, Dieu semble rejeter, ici « engloutir », ce qui lui fait mal : un Job broyé par le mal.

— Au v. 13, « (c'est) *ceci* (que) tu cachais dans ton cœur, je savais que *ceci* (était) avec toi » ; Dieu cachait ceci : quand Job péchait, il le surveillait, comme s'il « veillait » lui-même à ce que Job manquât la cible, avec la même sollicitude qu'il mettait à « veiller sur » son souffle (au v. 12). Bien plus, *ceci*, cette culpabilité, était *avec* Dieu ; elle faisait partie de lui. C'est donc en Dieu lui-même qu'il lui faut chercher l'origine dernière de sa culpabilité. Or cette vérité, Dieu la *cache* ou l'*abrite* ; il la *recèle* comme on cache un trésor. Dieu laisse croire à Job qu'il est responsable de tout. Il le laisse aux prises avec son sentiment omnipotent de culpabilité, il ne le libère pas, il ne l'« acquitte » pas (v. 14).

Là encore, Job dit peut-être davantage : si Dieu a partie liée avec le mal, il ne faut pas s'étonner que la Faute soit *avec* lui, qu'elle ne soit pas détachable de lui ; si elle l'était, ce serait le règne de l'Accusation déifiée. Le secret à découvrir, c'est peut-être que la Faute est dans ses mains, fruit immédiat du mal dont lui seul connaît l'origine ; et si le secret à découvrir c'est précisément que nous ne sommes pas responsables *de tout*, on comprend que Dieu ne puisse acquitter ni libérer un humain qui tient tant à sa culpabilité ! Si Dieu a partie liée avec la Faute, raison de plus pour s'intéresser à Dieu, et donc pour regarder en face le malheur qui toujours précède la Faute.

— Les allusions à la méchanceté de Dieu ponctuent le texte à intervalles réguliers : au v. 3, au v. 8, aux v. 13-14, et au v. 20b, comme si le drame de Job finissait toujours par le ramener au doute qui est né en lui et le fascine — Dieu aurait partie liée avec le mal. C'est, semble-t-il, au v. 20b que pour la première fois Job envisage d'échapper au Dieu méchant, *c'est-à-dire à la fois à Dieu et au mal.* Il le fait à demi-mot comme s'il avait peur d'énoncer, donc de penser une chose pareille : « Qu'il *mette* (?) loin de moi, que je me déride un peu ! » La plupart des commentateurs sous-entendent le complément d'objet direct qui fait défaut : « Qu'il mette loin de moi (*sa main, son attention*) ! », « éloigne de moi *ta main* ! ».

C'est précisément cette absence de complément qui doit alerter. Qu'il mette loin de moi... quoi ? qui ? Qu'il *se* mette loin de moi ? ou qu'il mette *mon malheur* loin de moi ? Ce n'est en tout cas pas : qu'il mette loin de moi ma faute ! Car Job ne croit plus à la solution de la culpabilité. Apparemment, Job ose difficilement s'avouer qu'il suffirait à Dieu de s'éloigner, de se placer loin de lui pour lui permettre de se *dérider*. « Qu'il mette loin de moi » pourrait signifier à la fois : qu'il *se* mette loin de moi et qu'il mette *le mal* loin de moi, peut-être parce que les deux sont indissociables, parce que le mystère du mal que subit Job est en Dieu. C'est pourquoi il suffirait que Dieu s'éloigne *un peu* pour que Job revive *un peu*.

Mais un Dieu qui a partie liée avec le mal est-il nécessairement un Dieu méchant ? Un Dieu qui blesse pour créer, qui ne supporte pas le mal issu de sa création, qui fait de l'origine de toute faute humaine un mystère *caché* en lui — au même titre que le mystère du *souffle* de la vie qu'il surveille, un Dieu qui ne peut se rendre présent aux humains sans en même temps les faire souffrir, ce Dieu-là est-il nécessairement méchant ? Il semble bien que pour Job, le pire ne soit pas de subir le mal mais d'en être déclaré responsable. Or, répétons-le, nulle part dans le Livre Dieu ne rend Job responsable du mal qu'il subit. Nulle part il n'est dit que Dieu n'assume pas la face sombre de sa création. La méchanceté de Dieu consisterait en premier lieu à nous accuser d'être à l'origine du mal que nous subissons. Il n'en est rien.

Si Jb 10 porte les traces d'un Dieu *méchant*, c'est que Job ne parvient pas à sortir du mal commis, de l'univers de la Faute. En outre, qu'est-ce qu'un Dieu méchant sinon un Dieu qui veut le mal et le réalise, bref un Coupable ? Un Dieu qui initie le mal de son plein gré, en toute liberté ? Voilà qui ressemble étrangement à la doctrine du péché originel, projetée sur Dieu ! Dieu, le premier pécheur : par Dieu le mal serait entré dans le monde ; tout était Bon jusqu'à ce que Dieu trouve bon d'opter pour le mal, de manière incompréhensible puisque c'était, du même coup, se plonger lui-même dans la *souffrance* et même la *torture*.

C'est encore demeurer dans l'univers de la Faute. C'est encore éluder la réalité du mal injustement subi *sans que personne ait voulu le faire subir*. C'est continuer à réduire le mal à quelque chose de commis, fût-ce par Dieu lui-même, un mal repérable, réparable, donc dépassable. Des textes traversés, il ressort que Dieu n'est pas plus coupable du mal qu'il n'accuse Job de l'être, puisque lui-même en est aussi affecté. À la fin de Jb 10, tout se passe comme si Job découvrait un mal dont aucune culpabilité ne peut venir à bout : ni la sienne ni même celle de Dieu puisqu'il finit par renoncer à l'accuser.

Les versets 28 s du ch. 9 laissent entrevoir que le sentiment de culpabilité de Job empêche Dieu de le libérer du mal : « Je sais [yada‘] que tu ne m'acquittes/m'acquitteras pas. Moi je suis/serai coupable. Pourquoi-ainsi souffrir/être torturé [yaga‘] en vain ? » Autrement dit, tu ne me libères pas du mal, alors *moi* j'en prends la responsabilité... et mon tourment continue, je souffre sans arriver à expier.

Or le couple problématique, acquitter-être coupable, se trouve encadré de deux verbes qui pourraient tout aussi bien concerner Dieu : [yada‘] connaître, qui renvoie à l'arbre de la connaissance, et [yaga‘] qui peut s'appliquer à Dieu (10,3). On a déjà vu Job prendre la place de Dieu en 10,13 s : « je savais... de mon tort [‘awôn] tu ne m'acquittes/m'acquitteras pas ». Alors si Job *sait*, d'un savoir divin, que Dieu ne le libérera jamais de son mal — parce que Job tient tellement à sa culpabilité (*moi je suis et serai coupable*, c'est moi qui décide, c'est mon identité une fois pour toutes) — quelle issue a-t-il, et Dieu avec lui, sinon « de souffrir, d'être torturé en vain »[4] ?

« Je sais que tu ne m'acquitteras pas » — verbe qui signifie « être propre, libre », puis « être dégagé de la culpabilité/responsabilité », enfin « être exempt de punition et innocent ». Le premier sens, *être propre*, évoque donc un état qui contrasterait totalement avec la noirceur des v. 21-22 ; ainsi prendrait fin un enchaînement, une immobilisation : *être libre*, devenir capable de quitter... quitter la culpabilité qui enchaîne Job à ce mal dont il se rend responsable. Aussi longtemps que Job prétend savoir que Dieu ne le libérera pas d'une culpabilité à laquelle lui, Job, est seul à adhérer, il restera effectivement enchaîné à son mal.

Alors revient la dépression du ch. 3, ce qui n'a rien d'étonnant. Le recours aux mêmes expressions (10,18 ; 3,11) illustre bien la stérilité du détour par la culpabilité. L'évidence de l'impasse est encore accentuée par le fait qu'après le v. 18, le *tu* disparaît complètement : ce *tu*, auquel Job s'adressait en pleine crise d'auto-accusation ou d'autojustification, était un *tu* mortifère qui tenait lieu d'interlocuteur dans l'univers de la Faute. C'est bien la question du vis-à-vis qui est déterminante. Il faudrait à Job un *tu* vivant, capable de voir vraiment le mal qu'il subit, et capable de l'aider à le voir en face. Faute de quoi, c'est la fuite dans l'accusation, ou l'abîme de la dépression.

Or trois emplois de ce *voir* jalonnent le texte :

— au v. 4, « Est-ce comme le *voir* d'un humain que tu vois ? » Le v. 6 suggère que Dieu voit sale et petit, comme les humains. Il ne voit pas que Job souffre le martyre : il y a là cette quête désespérée d'un témoin du mal subi qui parcourt tout le Livre. Job, dans sa solitude radicale, projette un *tu* qui cherche ses fautes à la loupe, un *tu* à son image, un *tu* qui, exactement comme lui, est à l'affût de sa culpabilité et non du mal dont il n'est pas responsable ;

— au v. 15, Job « *voyant* sa misère » ; il faudrait être aveugle pour ne pas *voir*, au moins une fois, que le mal souffert déborde largement toutes les fautes qui auraient pu le provoquer, et qu'aucune déclaration d'innocence ne compensera jamais l'irréversible de la chute en abîme : les nouveaux enfants qui naîtront à Job à la fin du Livre ne remplaceront pas ceux qui sont morts. Le texte laisse entendre que *voir le mal* dans toute son ampleur est impossible tout seul, sans l'appui d'un *tu* qui le voit aussi ; en effet, Job est alors pris de panique et il fuit, aux versets suivants, dans l'auto-accusation : il faut un Sens, à tout prix ;

— au v. 18, « j'aurais expiré : pas un œil ne m'aurait *vu* » : Job n'adressera plus la parole à Dieu, enfermé dans un désespoir sans recherche de vis-à-vis. Car mieux vaut ne pas être vu de Dieu, de *son* œil puisqu'il venait de s'adresser à lui, plutôt que d'être vu d'un Dieu qui voit comme au spectacle, c'est-à-dire *qui ne voit pas* ce que Job endure. Autant sombrer dans l'indifférenciation où personne ne voit et personne n'est vu.

La dépression se traduit par un monologue répétitif qui suggère l'enfermement dans l'absurde du mal. Six mots, dont deux reviennent deux fois, scellent la nuit de Job (v. 21 s) : obscurité, ombremort, ténèbre, nuit noire, ombremort, nuit noire. Manière de dire : si je suis seul à *voir* le mal dans son absolu arbitraire, si Dieu ne le *voit* pas, s'il n'en est pas témoin, s'il ne mesure pas ce que je souffre, je préfère devenir aveugle, ne plus « voir ma misère » comme un événement qui m'est arrivé de l'extérieur ; je préfère sombrer dedans, m'y noyer, m'enfermer au pays de *non-ordre*, en hébreu un mot au pluriel qui est un *hapax* dans la Bible : car l'univers de confusion totale, où nous renonçons à voir à distance et à nommer ce dont nous souffrons, est un absolu, comparable à rien ; c'est effectivement, pour chacun-e de nous, un *hapax*.

Quand avec Job nous aspirons à l'indifférenciation, refusant tout vis-à-vis parce que nous n'avons précisément pas trouvé de vrai vis-à-vis, il nous arrive, comme Job aux v. 18 s, de souhaiter aussi bien la mort que le retour au sein maternel. Mais c'est, comme au ch. 3, désirer ce qui existe déjà, en l'amplifiant : Job vit précisément cette indifférenciation. Il erre déjà sur une terre de ténèbres sans issue, sans repères, « sans ordre », où la confusion des valeurs est totale. Car ce qui « brille », [yafa‘], c'est la « nuit noire », et cela clôt le chapitre sur lui-même puisque Job avait commencé en accusant Dieu de « briller [yafa‘] au conseil des méchants » (v. 3), de briller par sa méchanceté noire ! L'indifférenciation est un enfer circulaire — une « terre de ténèbre comme nuit noire » — un noir comparable au noir, un abîme comparable à lui seul. Cette vie sans vis-à-vis n'en est plus une : « Le peu de mes jours n'est-il pas en train de cesser ? » (v. 20).

Chapitre 4

Les résonances de Job 10

> « Il semble que par-delà le remords ou le repentir d'un acte précis, il y ait un véritable sentiment général de culpabilité, congénital à l'humanité tout entière. »
>
> J. Lacroix, *Les Sentiments et la Vie morale*

> « Le sentiment de culpabilité, par son universalité, par sa persistance rebelle, laisse entendre que la vie la plus profonde et la plus centrale y est intéressée. »
>
> E. Mounier, *Traité du caractère*

Depuis les découvertes de la psychanalyse, il n'est guère possible de nier le caractère universel du sentiment de culpabilité, à condition d'y inclure l'accusation d'autrui qui en est la simple inversion. On voit mal comment soutenir que certaines sociétés ne connaissent pas la culpabilité : tout rite de purification, tout système d'élimination de la personne coupable par la sorcellerie, toute ordalie, toute recherche de bouc émissaire qu'elle soit laïque ou religieuse ne sont-ils pas à considérer comme des tentatives d'éliminer une culpabilité inhérente aux individus qui forment la société en question ? Mais nous ne nous attarderons pas pour autant sur la *nature* de ce sentiment. C'est la *fonction* qu'il occupe par rapport au mal subi qui retiendra notre attention. La complexité de sa nature nous autorise à faire ce choix : le sentiment de culpabilité étant ambivalent, comme tout sentiment, il peut paralyser comme il peut conduire à une vie plus libre ; nous ne ferons donc ici que *mettre en perspective* une réalité infiniment complexe, en l'abordant seulement dans l'optique d'une expérience de souffrance sans fond.

Pour baliser notre réflexion, nous ne parlerons pas de « saine » culpabilité ni de responsabilité. Qu'il nous suffise de reconnaître l'existence de ce « sentiment valable », de cette réalité qui « peut être maladive, mais c'est la maladie d'une réalité en elle-même saine. Non seulement saine mais morale et profonde, expression de ce Je qui est en nous un véritable pouvoir d'examen, de jugement, de décision [1] ». Mais nous ne distinguerons pas pour autant une culpabilité normale et une culpabilité pathologique. En effet, il n'y a là, semble-t-il, qu'une question de degré (à un moment donné, notre sentiment de culpabilité devient pathologique). Quel que soit ce degré, c'est *la fonction* de la culpabilité dans le mal subi qui nous intéresse.

Quant à l'attitude extrême qui consiste à nier la culpabilité comme étant un phénomène purement pathologique, elle nous paraît suspecte. Aussi suspecte que celle qui consiste à nier l'existence de l'excès du mal. Au contraire, quand nous repérons la culpabilité, quel qu'en soit le degré, nous sommes sur la voie d'une analyse de la fonction qu'elle occupe face au mal.

La forme excessive que peut prendre l'auto-accusation chez Job ou l'aveu de la faute poussée à l'extrême dans le christianisme ne se réduisent pas à des phénomènes pathologiques, donc contingents : ils apparaissent comme l'occasion rêvée de prendre sur le vif notre volonté de nous débarrasser d'un mal insupportable — comme si l'aveu de notre culpabilité tendait à prendre toute la place et l'intensité d'un mal devenu fantomatique. Ce n'est donc pas la dérive pathologique de cet aveu qui nous intéresse, mais la fonction qu'elle remplit.

Dans la perspective du mal subi, il ne paraît pas très opérant non plus de distinguer entre culpabilité consciente et culpabilité inconsciente. Il n'est certes pas question de passer sous silence l'iceberg de la culpabilité inconsciente ; sa pointe visible dans le conscient est parfois minuscule : « On peut dire, écrit Freud dans *L'Avenir d'une illusion*, que celui qui souffre de compulsion et d'interdictions se comporte comme s'il était sous l'empire d'un *sentiment de culpabilité,* dont il ne sait rien d'ailleurs, d'un sentiment inconscient de culpabilité, ainsi qu'il convient de dire en ne tenant pas compte du heurt des mots ici associés » (p. 90). De plus, dans son livre *Malaise dans la civilisation,* Freud décèle un mécontentement général qui ne serait autre que le sentiment de culpabilité resté en grande partie inconscient ; ce sentiment serait « le problème capital du développement de la civilisation ». Car à ses yeux, « le progrès de celle-ci *doit* être payé par une perte de bonheur due au renforcement de ce sentiment » (p. 93).

Ne serait-ce pas là la retombée logique du *il faut* kantien et du *il doit* kierkegaardien ? N'est-ce pas pour avoir occulté le mal originel que nous nous emprisonnons dans la culpabilité (nous et nos sociétés), en nous coupant les ailes ? Il faudrait alors admettre que c'est notre occultation du mal subi qui renforce le sentiment de culpabilité et provoque en nous une perte de bonheur. Mais une fois mise au jour la fonction de cette stratégie à la fois consciente et inconsciente, le *il doit en être ainsi* disparaîtrait.

Nous sommes confrontés à l'absurdité d'une culpabilité qui se redouble et prolifère à l'infini, du conscient jusqu'à l'inconscient de l'inconscient : le comment importe moins que le pour-quoi.

> Une quantité d'individus, écrit A. Hesnard, n'ont jamais le « sentiment » d'être coupables, alors qu'ils se comportent constamment dans la vie comme s'ils l'étaient gravement. La culpabilité se présente donc comme un comportement fondamental, parfaitement immotivé, se déroulant en sourdine et *en dehors de toute connaissance de sa véritable signification*... D'où l'absurdité du « sentiment inconscient » de culpabilité (*L'Univers*..., p. 394).

À quoi sert ce redoublement de l'auto-accusation dans la perspective d'un mal d'abord subi qui, lui, reste tu ? La dimension inconsciente de notre sentiment de culpabilité se vit comme le redoublement d'une faute à jamais insaisissable : si notre conscient et notre inconscient ne cessent d'alimenter une culpabilité inépuisable mobilisant toute notre attention, c'est qu'elle nous sert d'écran ; une punition prétendument juste doit nous protéger d'un mal totalement injuste. Mais elle n'y parvient pas : ne reconnaissant pas l'injustice de notre malheur, nous souffrons de l'injustice d'un sentiment de culpabilité torturant.

De son côté, l'autojustification relève également de la vie inconsciente. En effet, notre conscience satisfaite de sa propre justice se redouble et se conforte dans une anticulpabilité inconsciente : cette anticulpabilité nous masque encore davantage le mal originel que nos efforts de justification cherchent à effacer. Ici, notre inconscient cautionne notre renoncement conscient à reconnaître l'excès du mal pour ce qu'il est ; de plus, il conforte notre « décision » de prendre sur nous ce mal, de le réparer par notre propre justice. C'est ainsi que peut disparaître le sentiment de culpabilité. Dans la Bible, il faudra alors l'accusation prophétique pour débusquer jusque dans notre Surmoi le rejet de la faute — donc aussi, en dernière analyse, notre occultation du mal subi.

Nous renoncerons également à rechercher la *genèse* du sentiment de culpabilité. En effet, comment l'étudier en soi, indépendamment de sa fonction au sein d'une existence soumise au mal dès son origine ? Il ne nous est d'aucune utilité de chercher dans notre idéalisme inconscient l'origine du sentiment de culpabilité. Car cet idéalisme inconscient devient à son tour incompréhensible.

En revanche, quand nous nous intéressons à la *fonction* de la culpabilité, nous sommes sur la voie d'une issue à notre enfermement dans un univers que nous étions supposés créer de toutes pièces : à quoi nous sert la culpabilité ? Alors nous commençons à envisager notre malheur comme le corollaire inévitable de notre sentiment de culpabilité. La recherche de la genèse de ce sentiment s'inscrit dans le cadre d'un monde intérieur déjà scellé ; la recherche de sa fonction ouvre sur l'Autre-de la faute : un mal toujours déjà là auquel notre culpabilité tente de parer.

Dans le cas d'une névrose de culpabilité — simple grossissement du phénomène normal de scrupulisme — le sujet a toujours le sentiment de ne pas tout avouer : « Le névrosé, explique A. Vergote, a transporté sur les interdits l'énergie pulsionnelle qui *ne pouvait pas s'exprimer autrement*... Le sujet sait inconsciemment qu'il *garde par-devers lui sa haine, sa révolte et ses désirs de transgresser la loi.* Constamment en alerte, il voudrait *avouer ce sur quoi il n'a pas de prise* » (*Dette*..., p. 81 et 84). Il y a un grand absent derrière cette description : qu'est-ce que cette haine et cette révolte traduisent ? Ne serait-ce pas l'impossibilité d'avouer ce mal initial sur lequel il n'avait aucune prise ? On peut bien décrire la genèse de la culpabilité comme étant l'Interdit posé sur notre vie pulsionnelle. Mais c'est perdre de vue la fonction que, victimes du mal, nous donnons à cet Interdit : effacer la mémoire de l'insupportable, en détourner l'attention, de façon à déplacer toute notre énergie vitale ailleurs — sur la Faute. La faute Autre, la faute d'autrui, se trouvant ainsi interdite d'accès à notre vie consciente, nous la prenons en charge à notre insu, et nous ne pouvons plus nous en libérer.

C'est du *sentiment de culpabilité* que nous parlerons, non de culpabilité réelle. Car, comme le rappelle Nietzsche,

> *se sentir* « coupable », se *sentir* « pécheur » ne prouve nullement qu'on ait raison de se sentir tel... Il suffit de se rappeler les fameux procès de sorcières : à l'époque, les juges les plus perspicaces et les plus philanthropes ne doutaient pas qu'il y eût là de la culpabilité ; les « sorcières » *elles-mêmes n'en doutaient pas* — et pourtant il n'y avait pas de culpabilité (*La Généalogie...*, p. 318).

Ce sont bien deux choses différentes. Mais là encore, cette distinction n'est guère utile pour notre cheminement. Car la culpabilité réelle, la faute effective, n'est qu'une variante plus visible du sentiment contraignant de culpabilité. À l'origine, la fonction est la même : se débarrasser du poids d'un mal totalement injuste en le transformant en punition. Quand nous devenons réellement coupables, nous pouvons avoir l'illusion (rétrospective) que la punition était de tout temps méritée : le crime est souvent la tentative de se libérer d'un sentiment de culpabilité *bien antérieur,* indissociable d'un mal insupportable. Soulagé, le criminel dira : au moins maintenant je sais pourquoi je suis coupable. Mais se rend-il compte qu'il se sentait déjà coupable *avant son crime* ?

Pour accéder à une profonde libération, nous avons d'abord à remonter en amont de notre faute réelle, jusqu'au sentiment de culpabilité ; et en amont de celui-ci, jusqu'au malheur de notre vie. La négation de notre culpabilité réelle (ou responsabilité de l'acte commis) est donc aussi stérile que la négation de notre sentiment de culpabilité. L'unique chance de venir à bout de ce dernier est d'en chercher la fonction. Nier ou minimiser le mal commis (notre culpabilité réelle), c'est d'emblée refuser de voir ce qu'il cache ; c'est, tout aussi sûrement que lorsque nous nions notre sentiment de culpabilité, nous interdire l'accès à ce qui l'a provoqué.

Le mal commis n'est-il pas la tentative de se décharger d'un sentiment de culpabilité profondément lié à un mal si insupportable que le souvenir en a été refoulé ? C'est encore l'impasse de la culpabilité : si sa fonction est bien d'effacer le mal subi, tous les moyens sont bons ; y compris déclarer autrui coupable et lui faire subir à son tour le mal dont nous cherchons en fait à éliminer toute trace *en nous-mêmes.* Plus la culpabilité réelle est évidente, plus elle doit mettre sur la voie de ce qu'elle a pour fonction d'oblitérer : la victime autrefois sans défense devient actrice du mal qui la hante toujours.

C'est ainsi que A. Miller analyse l'enfance de Hitler, dans un chapitre intitulé « De l'horreur cachée à l'horreur manifeste » de son livre *C'est pour ton bien* : elle met en évidence le lien entre le drame de l'enfance et les crimes commis ultérieurement. Elle dit avoir choisi Hitler pour montrer :

> 1. que même le plus grand criminel de tous les temps n'est pas venu au monde comme criminel ;
> 2. que le fait de comprendre le destin d'un enfant n'empêche pas de mesurer l'horreur de la cruauté ultérieure.

Et elle met le doigt sur la fonction à la fois obturante et révélante de la culpabilité réelle : « Étant donné que le rapport entre les mauvais traitements subis par des enfants, parfois même de tout jeunes enfants, et les crimes commis ultérieurement n'est pratiquement pas établi ni pris en considération par les criminologues, ni par la plupart des psychologues, les études statistiques faisant ressortir ce type de facteurs ne sont pas très fréquentes » (p. 229 s)[2].

Les deux passages suivants, concernant les cas extrêmes de Hitler et de Staline, peuvent nous pousser davantage encore à mettre l'accent sur la *fonction* de la culpabilité, sentiment *et* acte nés de la même matrice — le mal injustement subi.

> Pour combattre la cruauté, il faut au moins d'abord la percevoir. Lorsque de toute une enfance, comme ce fut le cas pour Hitler et ses proches partisans, rien n'a été offert d'autre que la dureté, la violence, l'exercice aveugle du pouvoir et la froideur, que toute forme de faiblesse, de tendresse et de vie a été méprisée, la violence subie est ressentie comme parfaitement légitime. L'enfant croit avoir mérité les coups, il idéalise son bourreau et recherche par la suite des objets qui puissent être le support de ses projections, *pour se décharger sur d'autres êtres ou d'autres peuples de sa prétendue culpabilité. C'est ainsi qu'il devient lui-même coupable*... Dans l'existence de Staline, venu au monde comme Hitler après trois enfants disparus, il n'y avait que la solitude, la menace permanente, la certitude de ne rien valoir aux yeux des autres, la culpabilité, et personne qui le protégeât des mauvais traitements et des persécutions permanentes, *personne pour lui dire ou lui montrer qu'il n'était pas en faute.* Il n'y avait dans son entourage pas une seule instance qui eût pu détourner le cours de son destin, de même que bien plus tard il n'y eut aucun recours en grâce

pour des millions de prisonniers de l'Archipel du Goulag... Et alors, des millions d'hommes sont embarqués pour Katorga ou pour les chambres à gaz, sans savoir pourquoi. Parce que jadis le petit enfant ne le savait pas non plus (*La Souffrance*..., p. 61 et 75 s).

Mais le plus souvent, culpabilité réelle et sentiment de culpabilité tendent à se confondre : c'est le problème qui habite tout le Livre de Job. Le fait que la frontière soit et demeure floue milite encore en faveur d'une concentration sur la fonction et non la nature de la culpabilité. La culpabilité imaginaire a pour fonction à la fois de signaler l'existence de la réalité *et* de la masquer en la rendant totalement méconnaissable. Ce que nous vivons fantasmatiquement comme faute, c'est ce mal réel dont nous ne savons plus si nous l'avons commis ou subi. Un mal radical qui atteint bien la racine de notre existence, puisqu'il engendre un sentiment de culpabilité assez puissant pour nous dévitaliser, et donner à notre fantasme de faute la force même de la vie. On pourrait parler de ce sentiment avec les mots de Françoise Dolto :

> Un ver rongeur dans le cœur, un état affectif, un sentiment diffus d'indignité personnelle sans relation avec un acte précis répréhensible, avec un acte de nuisance volontaire... La déception de soi-même est parfois si profonde que tout désir ou même tout désir de désir en est paralysé (*L'Évangile*..., t. 2, p. 111).

Enfin nous n'aborderons pas la culpabilité par ses origines historiques et collectives. Certes l'historien J. Delumeau, en plus de six cents pages, met en lumière dans l'Occident chrétien une névrose collective de culpabilité : « Cinquante proverbes en usage en France au XVIe siècle établissent une relation entre péché et punition, et cinq seulement entre péché et pardon. » « Dans la pastorale d'autrefois, écrit-il, le public était constamment soupçonné, épié, culpabilisé, accusé » (*Le Péché*..., p. 326, 331 et 372). Certes, le docteur P. Solignac se réjouit de voir l'homme moderne sortir de la névrose chrétienne en refusant « l'image du "dieu-flic" qui le surveille dans tous les actes de sa vie et vis-à-vis duquel la culpabilité et l'angoisse sont les seuls modes de relation possibles[3] ». Mais a-t-on pour autant fait le tour de la question ?

N'est-il pas stérile, pour notre recherche, de réduire la culpabilité à son conditionnement historique quel qu'il soit ? Car c'est perdre de vue sa fonction *an-historique* d'explication du mal : ce ressort indestructible en nous n'est pas plus relatif aux époques qu'aux sociétés. Le christianisme n'a pas créé ce ressort, il s'est contenté de l'utiliser pour tenter d'éliminer la réalité du mal de sa prédication. La réponse illusoire qu'est la culpabilité est inscrite en nous, aussi originelle que le mal originel.

La culpabilisation collective a simplement donné à la culpabilité ses lettres de noblesse : ce qui était mécanisme à l'origine individuel devenait système d'explication, vérité collective. Qu'entendre par mécanisme de culpabilité ? Un mode de pensée et de comportement, sur lequel nous n'avons aucune prise tant qu'il nous vient spontanément et qui, au fur et à mesure de nos prises de conscience, nous apparaît de plus en plus comme une force étrangère à désamorcer et à abandonner. En revanche, le mécanisme se trouve renforcé dès lors que, le voyant également à l'œuvre en autrui, nous l'érigeons en vérité incontestable.

Dans *La Chute,* l'écrivain athée A. Camus oppose la non-religion en rupture avec le mécanisme de la culpabilité, à la culpabilisation collective porteuse de soulagement relatif mais non de vérité :

> La seule utilité de Dieu serait de garantir l'innocence et je verrais plutôt la religion comme une grande entreprise de blanchissage, ce qu'elle a été d'ailleurs, mais brièvement, pendant trois ans tout juste, et elle ne s'appelait pas religion... Il m'a donc fallu trouver un autre moyen d'étendre le jugement à tout le monde pour le rendre plus léger à mes propres épaules... (Ma profession consiste) à pratiquer la confession publique aussi souvent que possible. Je m'accuse en long et en large... Du même coup, le portrait que je tends à mes contemporains devient un miroir... Plus je m'accuse et plus j'ai le droit de vous juger (p. 120, 149-152).

Ce que l'auteur appelle la duplicité de la créature, son double métier de juge et de pénitent (ce que nous appelons en Job l'autojustification et l'auto-accusation), c'est la tentative d'échapper au jugement. Car le mal-malheur devient insupportable quand il se double d'une condamnation ; c'est alors que la condamnation d'autrui, en relayant la nôtre, loin d'éclairer notre malheur d'un Sens venu d'ailleurs, clôt la culpabilité sur elle-même et nous abandonne au non-savoir du mal que nous subissons : « Puisque nous sommes tous juges, nous sommes tous coupables, les uns devant les autres, tous christs à notre vilaine manière, un à un crucifiés, et toujours sans savoir » (p. 126) — proposition que nous inverserions volontiers : étant tous christs subissant le mal injuste, un à un crucifiés et *toujours sans savoir,* nous nous enfermons dans le monde de l'accusation et nous y attirons autrui.

Une culpabilité plongeant ses racines dans le mal subi

I. Une culpabilité naturelle

Tout se passe comme si le mal subi nous dictait immédiatement la tâche de trouver quelqu'un qui le prenne en charge pour lui donner Sens. Ce quelqu'un est, de la manière la plus spontanée et la plus universelle, nous-mêmes. « C'est un mouvement naturel de l'âme, écrit L. Lavelle, qui nous fait chercher, quand le malheur arrive, même si nous pensons qu'il n'y a là rien de plus qu'un reste de superstition, ce que nous avons pu faire pour le mériter » (p. 124). Job admet qu'il a trouvé le mal dès son entrée en vie (3,10) mais ce qui suit demeure remarquablement impersonnel, comme si personne n'était responsable de ce mal. C'est cette absence d'Autre qui plonge Job dans la dépression, comme si lui-même prenait entièrement en charge ce mal *sans le savoir,* étant incapable d'*envisager* un Autre responsable que lui-même.

Notre propension à prendre en charge le mal est si forte que dans les cas où, à l'évidence, nous ne pouvons pas nous juger responsables de ce qui nous arrive, nous finissons par nier ou minimiser le mal que nous avons subi. Quelle peur se cache là derrière, sinon celle de mettre l'autre-Autre en cause ? « Ainsi va le monde, écrit E. Wiesel, ce ne sont pas les bourreaux mais les victimes que torture la honte... L'homme préfère prendre à son compte tous les péchés et tous les crimes imaginaires plutôt que d'arriver à la conclusion que Dieu peut se permettre les injustices les plus flagrantes[4]. » Le témoignage de Thérèse de Lisieux ne peut qu'inciter à se demander d'où vient cette peur. Après avoir vu, à l'âge de quatre ans, sa mère mourir en d'atroces souffrances, elle perd celle qu'elle appelait sa seconde mère, sa grande sœur Pauline qui décide d'entrer au Carmel. Elle-même y entrera à l'âge de quinze ans, et c'est en pleine tuberculose qu'elle vivra la *nuit spirituelle* dont elle fait état en ces termes :

> (Jésus) permit que mon âme fût envahie par les plus épaisses ténèbres... Il faut avoir voyagé sous ce sombre tunnel pour en comprendre l'obscurité... Il me semble que les ténèbres, empruntant la voix des pécheurs, me disent en se moquant de moi : « Tu crois sortir un jour des brouillards qui t'environnent ! Avance, avance, réjouis-toi de la mort qui te donnera, non ce que tu espères, mais une nuit plus profonde encore, la nuit du néant »... Cependant je ne veux pas en écrire plus long, je craindrais de blasphémer... j'ai peur même d'en avoir trop dit... Ah ! que Jésus me pardonne si je Lui ai fait de la peine[5].

Mettre autrui en cause c'est donc, à n'en pas douter, risquer de perdre son amour. C'est bien parce que, dans son abîme, Job ne perçoit plus l'amour de Dieu, c'est parce qu'il a déjà tout perdu, qu'il se permet de mettre Dieu en cause avec une telle violence, inconnue de la Bible. Dans cette situation où il n'y a plus rien à perdre, ressort plus clairement encore le mécanisme universel de la culpabilité : il faut que quelqu'un prenne le mal en charge. Or la psychanalyse ne fait que prolonger notre attitude infantile et naturelle lorsqu'elle nous enferme seuls avec une culpabilité que nous créerions de toutes pièces, lorsqu'elle nous met en cause, nous *seuls*, sans établir aucune relation avec le mal réel qui peut nous arriver de l'extérieur.

Ainsi, on ne verra ni que l'enfant commence par subir un mal qu'il n'a aucun moyen d'assumer tout seul, ni qu'il ne peut en aucun cas courir le risque de perdre l'amour de ses parents en les mettant en cause. On dira que ce sont la honte et l'angoisse de ne pas avoir pu répondre à *son* désir de toute-puissance qui engendrent son sentiment de culpabilité. Certes en Jb 10,15 nous avons vu la « honte » marcher de pair avec l'impuissance de Job. Mais il ne faut pas omettre de préciser *ce par rapport à quoi* il y a de l'impuissance : Job se heurte à un mal qu'il ne peut que subir, et c'est bien là la situation de totale impuissance de l'enfance.

Selon F. Dolto, le point de départ de toute culpabilité est à chercher dans l'impuissance du nourrisson ; ainsi, le sevrage serait source de culpabilité, le bébé se croyant puni d'avoir dévoré sa mère ; d'où une autocensure de l'enfant contre ses propres désirs de vie : c'est la culpabilité « dévitalisante » dont il a déjà été question. Mais il faut aller plus loin. Il est fallacieux de ne parler que de notre désir de toute-puissance : il existe également une douloureuse impuissance devant la réalité du mal que nous trouvons, comme Job, dès la naissance.

Pour Mélanie Klein, la culpabilité se formerait bien avant le surgissement du Surmoi, dès le stade oral : le nourrisson ressentirait les limites comme culpabilisatrices. Or les limites relèvent bien de la réalité et elles *font mal :* elles se nomment abandon, sentiment de ne pas être entendu et de ne pas compter, angoisse de l'insécurité et tant d'autres émotions dont l'adulte n'a pas la moindre idée, parce qu'il a établi que ce qui est normal ne fait pas mal. Seule la souffrance est aussi ancienne, dans une existence, que la culpabilité. La concomitance devrait donner à réfléchir. Si la culpabilité naît bien avant la formation de l'instance suprême de contrôle qu'est le Surmoi, c'est peut-être qu'elle est l'anticorps le plus naturel dont nous disposons pour nous protéger d'un mal insupportable : je mérite ce qui m'arrive, donc je ne souffre pas sans raison ; les autres ne sont pas en cause, donc je ne reste pas seul-e avec mon malheur.

Freud, lui, a mis l'accent sur la fonction du désir de toute-puissance par rapport à la castration : nous préférerions nous plaindre de nos aspects névrotiques et continuer à fantasmer que normalement nous devrions être tout-puissants. Mais une puissance en soi n'a pas de sens, on ne peut désirer être puissant que par rapport à quelqu'un ou quelque chose, avoir une prise sur quelqu'un ou quelque chose. Notre désir de toute-puissance, qui se mue rapidement en culpabilité, n'est-il pas exactement contemporain du mal auquel nous sommes confrontés dès notre origine ? Le fantasme viserait à conserver une toute-puissance sur un mal extrême que nous avons en réalité entièrement subi, d'où la honte et la culpabilité liées à cet échec refoulé. Il serait vain d'établir ici une chronologie : mal purement subi, désir de puissance et sentiment de culpabilité semblent aussi indissociables que le laisse entendre le Livre de Job. Et la culpabilité paraît aussi naturelle que le mal, vécu comme un abîme, paraît normal de l'extérieur.

Toutefois, on ne peut pas dire que tout commence ni que tout s'explique avec le seul psychisme de l'enfant, et plus tard de l'adulte. Il suffit de prendre au sérieux la réalité du mal originel pour désamorcer la toute-puissance de la culpabilité. « Il serait bien plus facile, écrit A. Miller, de dire que l'enfant est coupable de tout, ou que les parents sont coupables de tout, ou bien de répartir les parts de culpabilité. C'est précisément ce que je ne veux pas faire parce qu'en tant qu'adulte, je sais qu'il n'est pas question ici de faute mais d'impossibilité de se comporter autrement » (*C'est...*, p. 286). Car le mal nous englobe tous, et la recherche du coupable participe de cette propension universelle à prétendre éliminer le mal en nous enfermant dans la Faute ou en y enfermant autrui. Mais le mal-tourment déborde de toutes parts l'univers de la Faute. « Beaucoup de mes collègues, rapporte A. Miller, voulaient savoir à qui j'attribuais véritablement la faute et qui je tenais responsable des souffrances de l'enfant... Il fallait bien que quelqu'un soit coupable de ce malheur » (*L'Enfant...*, p. 71). Pour elle, les psychanalystes qui s'escriment encore à chercher le coupable méconnaissent « le tragique inhérent au destin de l'homme » — ce que nous appelons le mal originel.

II. Une culpabilité marquée par le mal originel

Transformation de la victime en coupable

Apparemment, ce n'est pas la mémoire de la Faute commise qui hante les consciences, mais bien la trace perdue du mal subi sans revanche possible. La culpabilité dit juste, mais à son insu : le mal est advenu, un malheur a été imposé, et il a été assez violent pour abolir les frontières. Il est d'abord « arrivé » à Job de l'extérieur, mais Job, à force d'en porter le poids, finit par s'y noyer : dedans et dehors se confondent. Et les amis s'y trompent, à la manière de Freud qui semble, en définitive, croire à la Faute.

Pour quelle raison la psychanalyse freudienne tend-elle à nous enfermer dans notre culpabilité sans vouloir envisager le mal qui nous est *réellement* arrivé de l'extérieur ? A. Miller met en évidence le mécanisme de transformation de victime en coupable qui se cache derrière l'élaboration intellectuelle. Nous donnerons donc de larges extraits de *L'Enfant sous terreur,* et en particulier de la troisième partie relative à Freud, intitulée « Pourquoi la vérité fait-elle scandale ? » La théorie freudienne des pulsions (sexualité infantile, complexe d'Œdipe) est pour A. Miller une théorie hostile à l'enfant ; elle se trouve renforcée par l'attitude pédagogique traditionnelle qui voit en lui la source du mal et met les parents au-dessus de tout soupçon. Qu'est-ce que cette théorie ?

> D'une façon tout à fait générale, j'entends par là la thèse, défendue par Freud à partir de 1897 et reprise par ses élèves, d'une sexualité infantile (phase orale, anale et phallique) culminant chez l'enfant de quatre

> ans, qui voudrait posséder sexuellement le parent du sexe opposé et se débarrasser du parent rival (complexe d'Œdipe) ; ce qui engendre inévitablement des conflits car l'enfant aime ses deux parents et a besoin des deux. C'est la manière dont se résout ce conflit entre le ça et le moi, entre le moi et le surmoi, qui détermine si le sujet sera ou ne sera pas atteint de névrose. D'après cette thèse, tout ce que l'enfant reçoit du monde extérieur est « non pathogène » même si c'est « lourd d'influence pour la constitution du moi et de la personnalité » (cf. Anna Freud, *Le Moi et les Mécanismes de défense).* Anna Freud ne voit là aucune contradiction ; pour elle, l'influence néfaste de l'environnement relève de la psychologie, non de la psychanalyse. Cette conception a des conséquences importantes pour la pratique analytique, où l'on doit considérer tout ce que le patient raconte de son enfance comme étant ses fantasmes et ses propres désirs projetés à l'extérieur. C'est ainsi que, selon la théorie des pulsions, l'enfant n'est pas réellement exploité pour satisfaire les besoins des adultes : il *fantasmerait cet abus* en refoulant ses propres désirs agressifs et sexuels (désirs pulsionnels) pour les vivre comme orientés de l'extérieur vers lui. C'est cet aspect cruel et dévastateur de la théorie des pulsions qui m'a conduite à écrire ce livre (p. 9 s).

Or Freud avait bel et bien été confronté, dans sa pratique, au mal réellement subi. Dans son *Etiologie de l'hystérie* (1896), Freud rapporte que « dans les dix-huit cas d'hystérie qu'il a traités (six hommes et douze femmes) il a découvert, au cours du travail d'analyse, le refoulement d'un abus sexuel, perpétré par un adulte ou un frère ou une sœur plus âgés qui avaient eux-mêmes subi antérieurement des abus sexuels de la part d'adultes. Aucun de ces dix-huit patients ne se souvenait de ces faits en arrivant en analyse ». Mais Freud avait appris que les adultes étaient respectables — « on sent dans cette étude sur l'hystérie, note A. Miller, la lutte du savant génial avec les principes de sa propre éducation » (p. 129 s). Et Freud, pour ménager son père [6], finit par abandonner sa théorie du traumatisme en 1897, pour lui substituer la théorie des pulsions. Dès lors, le mal réellement subi est oblitéré, « l'enfant victime d'abus sexuels (ou autres) que Freud nous décrit en 1896 et dont il n'est plus question en 1897 a disparu de la théorie des pulsions » et, en 1924, il écrit en annexe à son texte de 1896 : « Tout cela est exact (il s'agit des abus sexuels subis par les enfants) mais il est vraisemblable que j'avais encore tendance, à l'époque, à surestimer la part de réalité et à sous-estimer celle de l'imagination » (*ibid.*, p. 133 et 53).

Il suffit de rappeler l'incrédulité générale touchant l'horreur des camps de concentration pendant la guerre, pour avancer qu'en matière de mal subi, la réalité dépasse toujours l'imagination. E. Wiesel raconte comment Moché le bedeau, enlevé par la Gestapo et témoin d'un carnage de Juifs, rentre au village qui le croit alors devenu fou. « Pourquoi veux-tu tellement qu'on croie ce que tu dis ? » demande l'enfant E. Wiesel. « Tu ne comprends pas, dit-il avec désespoir... J'ai voulu revenir à Sighet pour vous raconter ma mort... j'ai voulu revenir et vous avertir. Et voilà : personne ne m'écoute » (*La Nuit*, p. 17).

Il suffit également de rappeler qu'en taxant de fantasmatiques ou d'exagérés les tourments de l'enfance, l'adulte se défend du tragique de sa propre enfance, entre autres grâce au fantasme de sa culpabilité. « La réalité est plus tragique que n'importe quels fantasmes qui renferment certes les thèmes de la réalité vécue mais ne servent fondamentalement qu'à dissimuler une vérité insupportable » (*L'Enfant...*, p. 367). Cette évacuation du mal par l'argument de l'exagération est vieux comme Job ; relayant l'attitude réprobatrice des amis, E. Wiesel lui-même se dit choqué par le « délire poétique » du ch. 3 où Job exprime sa souffrance « en exagérant » : « Je ne crois pas que Job ait cru un seul instant à ce qu'il disait » (cf. J. Eisenberg, *Job...*, p. 114 et 116). E. Wiesel avoue lui-même la raison du déni qu'il oppose à l'abîme de Job : « Il ne devrait pas parler de la mort dans des termes aussi attachants » — c'est sans doute que l'abîme de Job le renvoie à son propre abîme.

C'est dans ce refus d'entendre le mal extrême pour ce qu'il est que s'enracine le mécanisme de transformation de la victime en coupable.

> Dans tous les diagnostics psychiatriques et psychanalytiques, le terme « exagération » fait presque systématiquement partie du tableau de l'hystérie... Si l'on s'entraîne à ne pas prendre en considération le viol réel subi dans le passé, on juge forcément excessives les plaintes du patient et on l'abandonne tout seul avec son traumatisme. Etant donné que, dans cette solitude, sans personne pour l'accompagner, il ne peut pas retrouver le traumatisme, il est nécessairement amené à se défendre pour ne pas prendre conscience des origines de ce traumatisme (A. Miller, *L'Enfant...*, p. 42).

Le lien entre l'impossibilité de faire entendre l'horreur du mal et la fonction de la culpabilité est remarquablement mis en lumière par A. Miller dans sa critique de la théorie freudienne des pulsions :

> À partir du moment où la théorie freudienne ordonne de considérer ce que le patient rapporte de son enfance comme le fruit de ses fantasmes, résultant de conflits pulsionnels et non pas d'événements réels, le psychanalyste demeure insensible aux souffrances de l'enfance... La théorie freudienne des pulsions... reste... prisonnière du schéma de culpabilisation et croit devoir protéger les parents des reproches de l'enfant. Étant donné que, dans ce schéma, il faut un coupable, on choisit les pulsions de l'enfant et donc, en définitive, l'enfant lui-même, comme dans toute la « pédagogie noire ». Ce seraient ses pulsions agressives, et ses désirs sexuels, dont il mettrait la non-satisfaction à la charge des parents, qui feraient que ses parents (dans ses projections) lui « paraîtraient cruels ». La cruauté des parents est donc toujours le produit des fantasmes pulsionnels infantiles qui reposent sur la cruauté de l'enfant lui-même (*ibid.*, p. 245 s).

Les raisons qui poussent l'adulte (patient-e ou pas) à transformer l'enfant victime du mal en enfant méchant sont celles-là mêmes qui l'ont poussé jadis à prendre spontanément sur lui le poids du mal qu'on lui faisait subir : personne n'entendait son cri du fond de l'abîme, et la seule manière de ne pas effacer la mémoire du mal qu'il avait subi était de le transformer en Faute, de continuer à crier *par la culpabilité* qu'il en portait toujours les marques « Puisque l'un des axiomes de la formation du psychanalyste, écrit A. Miller, dit que tout ce qui est arrivé au patient dans son enfance était la conséquence de ses conflits pulsionnels, il faut bien que tôt ou tard, il apprenne à se vivre comme quelqu'un de méchant, destructeur et mégalomane même s'il n'en comprend pas la raison » (p. 26).

Cela confirme ce que nous disions du désir de toute-puissance : n'est-ce pas notre impuissance devant un mal dont personne ne veut entendre le tragique qui exacerbe notre désir de puissance et finit par engendrer la culpabilité, en quelque sorte en désespoir de cause ? Refuser de voir dans la mégalomanie et les comportements destructeurs ou avilissants des réponses à un mal subi qui ne peut plus se dire, c'est renforcer le processus de transformation de la victime en coupable[7]. « La psychanalyse reste hantée par la représentation de l'enfant méchant qui doit apprendre à maîtriser et à sublimer ses mauvais instincts débridés (pulsion libidinale et pulsion de mort). L'idée que la colère de l'enfant puisse être la réponse à des blessures narcissiques (comme l'incompréhension, le mépris, l'humiliation, l'exploitation, qui a elle-même des raisons inconscientes) est d'origine plus récente » (p. 72).

Il semble bien que notre désir de vie se heurte à la réalité du mal que personne ne veut reconnaître comme d'abord totalement extérieur à nous. Notre désir n'a alors plus d'autre solution que de *se condamner lui-même,* de porter lui-même la Faute, de nourrir une culpabilité apparemment aussi *originelle* que le malheur qui l'a affecté dès la naissance. Notre désir ne cesse de se heurter à l'interdit qui pèse sur notre expérience de l'abîme du mal : interdiction de le nommer, d'en témoigner, donc de le tenir à distance, interdiction aussi universelle que la culpabilité *mortifère* qui en découle.

Perceptions d'une culpabilité non originelle

On objectera à tout ce qui précède le fait que Job a connu l'abîme du mal seulement à l'âge adulte. Raison de plus pour ne pas céder à la culpabilité : en son âme et conscience, il sait qu'il n'a rien fait de mal. Pourtant, il ne cesse de protester de son innocence, *comme si en réalité il en doutait,* comme s'il était obsédé par la question de la Faute. Puisque la culpabilité est *déjà* si profondément ancrée en lui, n'a-t-elle pas toujours fonctionné — par son inversion en auto-justification — comme rempart contre un mal ancien dont il ne voulait pas voir les marques en lui ? Job est *innocent de ce mal en excès* dans lequel il est tombé et nous sommes innocents de *l'existence* de l'abîme du mal dont nous ne connaîtrons jamais l'origine.

Bien avant A. Miller et les psychanalystes qui aujourd'hui s'intéressent au mal réellement subi dans l'enfance, un auteur comme A. Hesnard remarquait déjà : « Tout se passe *comme si* l'enfant induisait de son abandon affectif que, ne méritant pas d'être admis au contact du parent aimé, il est d'une mauvaise nature. Objectivement parlant, il se comporte en coupable » (*L'Univers*..., p. 199), cette expiation ayant pour fonction de le détourner de sa souffrance vraie.

Il est d'autant plus difficile de contester le caractère « originel » de la culpabilité qu'elle s'érige souvent à partir du mal subi par les parents et se transmet aux enfants *à l'insu de tous*. Dans le chapitre intitulé « Les tabous non sexuels » de *L'Enfant sous terreur*, A. Miller montre comment les sentiments de culpabilité se sont aussi transmis aux enfants de la guerre :

l'ouvrage de Claudine Vegh qu'elle cite fait état de nombreux entretiens avec des personnes dont les parents avaient été déportés pendant la guerre et qui étaient restées elles-mêmes accablées par le poids de ce passé jamais verbalisé ; les blessures subies par les parents continuaient à infecter la vie des enfants, sans que rien jamais fût dit. Quant à Job, on s'est beaucoup interrogé sur sa curieuse habitude d'offrir un holocauste pour chacun de ses enfants, chaque fois qu'ils s'étaient réunis pour festoyer (Jb 1,5), pour le cas où ils auraient péché : n'y a-t-il pas là la trace de la même propension à transposer sur la génération suivante le poids d'une culpabilité qu'on rejette soi-même parce qu'elle est issue d'un malheur qu'on ne peut ni ne veut regarder en face ?

Indépendamment des traumatismes événementiels qui jalonnent toute enfance, existe-t-il une souffrance plus originelle que celle d'avoir échoué à faire le bonheur de ses parents ? C'est encore A. Miller qui constate :

> Beaucoup d'êtres humains gardent toute leur vie ce sentiment de culpabilité, ce sentiment oppressant de n'avoir pas répondu à l'attente de leurs parents. Ce sentiment est plus fort que la conviction intellectuelle qui veut que ce n'est pas le devoir de l'enfant de satisfaire les besoins narcissiques de ses parents. Aucun argument ne peut avoir raison de ce sentiment de culpabilité, car il a ses racines dans les premiers temps de la vie, ce qui lui donne une intensité et une ténacité sans pareilles (*Le Drame...*, p. 101).

F. Dolto va dans le même sens quand elle dit du sentiment de culpabilité qu'il fait aussi « vibrer en écho aux reproches ou aux peurs des autres, même si nous avons agi en toute bonne foi », et qu'elle donne l'exemple d'un enfant pour lequel le mal originel est l'angoisse maternelle : « Coupable d'angoisser sa mère, il vivotera, pour n'être point, à ses yeux, fautif... Pour ne pas se sentir en faute, il s'est aliéné à la "vérité" de sa mère ou de son père » (*La Foi...*, p. 88 s).

F. Dolto rejoint l'intuition évangélique d'une culpabilité naturelle masquant un mal que nous ne savons pas — ce mal-tourment qui entrave le désir de vie et détériore la relation avec Dieu :

> À nos yeux, le terme de péché ou de faute équivaut à la peur de vivre et aux freins par lesquels nous entravons le mouvement de la vie. En effet, nous essayons de vivre notre désir mais de multiples barrières : lois, événements, incidents de santé, éducation et sentiment de culpabilité, nous retiennent et nous frappent d'inertie (*ibid.*, p. 85 s).

III. Une culpabilité privée de tout objet

Si le mal subi se tient en amont du fleuve de la culpabilité, en aval ses eaux boueuses se déversent dans la mer de l'existence : la voici tout entière colorée d'une culpabilité à jamais insaisissable, qu'aucune soumission à la Loi ne parvient à endiguer. Par l'ouverture sur l'Infini que recèle toute existence, s'est engouffrée une culpabilité qui usurpe cet Infini : nous la vivons comme si, transcendant le temps, elle était aussi *originelle* que notre existence elle-même.

De ce pullulement des commandements procède une inculpation elle-même indéfinie ; on pourrait appeler « mauvais infini » cette énumération et cette inculpation indéfinie qui rendent la loi « maudite ».

Seul le « devant Dieu » pourrait casser l'enfermement dans le fantasme de la Faute et faire apparaître la *rupture de relation avec l'autre-Autre qui en découle.*

Il suffit que le sens du péché comme étant devant Dieu soit aboli, pour que la culpabilité développe ses ravages ; à la limite elle n'est plus qu'une accusation sans accusateur, un tribunal sans juge et un verdict sans auteur. Etre maudit sans l'être par personne, c'est le dernier degré de la malédiction, comme on voit chez Kafka [8].

D'où vient le thème de la malédiction, si largement répandu en littérature, sinon d'une culpabilité qui, coupée du mal qui l'a engendrée, se vit comme la *nécessaire* contamination de tout acte, toute relation, toute expérience, selon un mécanisme inexorable qui informe désormais tous les aspects de l'existence ? Cette culpabilité fait d'abord porter le soupçon sur le ressort même de toute expérience humaine : la communication. Comme nous ne pouvons pas communiquer sans nous blesser, nous nous prenons, nous les humains, pour les seuls initiateurs du mal.

Notre soupçon ne tarde pas à se porter sur l'existence elle-même, et cette « culpabilité de destinée » apparaît alors, selon les mots de A. Hesnard, comme une « contrainte aveugle et intimement despotique, parfois absurde et inhumaine » (*Morale...*, p. 106).

Comme A. Miller, cet auteur fait remonter la « culpabilité endogène » au mal réellement subi dans l'enfance : « L'enfant abandonné se sent toujours méprisé, c'est-à-dire coupable par rapport à un Autrui injustement accusateur. Même lorsqu'il n'a pas conscience de cette culpabilité, il agit parfois dans la vie comme s'il était "coupable d'exister" » (*L'Univers...*, p. 338). Tout prend un autre éclairage si nous reconnaissons l'existence d'un mal originel qui, une fois évacué de la mémoire, nous plonge dans le monde fermé de l'accusation, et nous condamne à une culpabilité pervertie.

Faut-il accuser Dieu d'avoir quitté la terre en nous abandonnant à une faute sans coupable ? Précisément, la Rédemption (notre libération ou notre salut) est la neutralisation de ce qui nous fait mal et *dont l'origine appartient à Dieu.* Mais si nous commençons par évacuer ce mal pour le remplacer par le fantasme de la Faute, nous prétendons l'assumer et potentiellement le neutraliser nous-mêmes... Tâche impossible qui renvoie de l'abîme du mal à l'abîme de la culpabilité !

À l'aurore de la philosophie, il se pourrait que la culpabilité d'exister ait pour nom le devenir. Dans *La Philosophie à l'époque tragique des Grecs*, Nietzsche explique que pour Anaximandre de Milet (env. 610-546), « tout devenir est une manière coupable de s'affranchir de l'être éternel, une iniquité qui doit être expiée par la mort » (*Écrits posthumes*, p. 225).

Du point de vue de Job, Dieu fait tout pour lui interdire de vivre, et l'existence dont le devenir est promesse de mort n'est qu'un long enlisement dans la culpabilité : « vers la poussière tu me fais retourner... Ta sollicitude a surveillé mon souffle »... mais « tu m'as surveillé et de mon tort tu ne m'absous pas... Le peu de mes jours n'est-il pas en train de cesser ? » (Jb 10,9. 12. 14. 20). Mais si la culpabilité interdit bien le devenir de la vie, c'est parce qu'elle tente à sa manière d'amener à la lumière le mal-tourment dont elle porte les traces.

On peut considérer la vie de Nietzsche comme une tragédie, la progressive paralysie par une culpabilité liée à une fantasmatique faute originelle. En aval du mal-tourment de son enfance que personne ne voulait entendre, il méditera d'écrire un drame sur Empédocle. On trouve chez ce philosophe présocratique (env. 490-435) l'idée qu'une existence est un châtiment infligé à celui qui a déjà vécu dans le mal, non seulement parce qu'il a commis quelque crime, mais du seul fait qu'il est tombé dans le multiple. Or qu'est-ce que tomber dans le multiple sinon perdre son identité profonde parce qu'on a détaché de soi les parties blessées par un mal qu'on a *déjà* subi et qu'on refuse ?

Enfin, chez Kierkegaard, tout se passe comme si l'abîme de la culpabilité recevait une sanctification théologique : explicitement, la culpabilité a pour fonction d'occulter l'abîme du mal subi ; l'argumentation vient au secours du réflexe psychologique, ce qui renforce le tragique de cette existence *interdite*, tout entière placée sous le signe de la culpabilité du père assumée par le fils : « Le pécheur kierkegaardien se repent moins de ses actes que de son être. Il a tort d'exister. » Dans son Journal, Kierkegaard explique qu'il *doit* être coupable pour justifier la tyrannie de son père. « L'enfant renonce littéralement à exister : il renonce à sa spontanéité, à ses désirs qu'il sacrifie sur l'autel de la tyrannie paternelle ; mais s'il fait cela, c'est d'une certaine façon pour exister encore, parce que l'amour pour le parent-juge est la condition indispensable — payable à n'importe quel prix — d'une existence possible... Telle est aussi l'existence paradoxale du pécheur devant Dieu » (A. Vergez, p. 397 ss). Job, lui, ne veut renoncer ni à lui-même ni à Dieu... et Dieu lui donnera raison !

La ré-action coupable : une quête de Sens

Job témoigne d'un sentiment de culpabilité indissolublement lié à son expérience de l'abîme du mal. C'est pourquoi le Livre de Job ne fait jamais état d'une culpabilité originelle. En effet, dire que, étant limités, nous nous trouvons coupables dès l'origine, c'est s'arrêter en chemin : avant même de nous engluer dans le mal — de le prendre sur nous ou de le reproduire — le mal nous est précisément « arrivé » de l'extérieur *puisque nous sommes limités.* C'est donc que le mal est toujours plus originel que la culpabilité, dont le témoignage de Job éclaire le caractère *second.* Ainsi peut-on avancer que tout sentiment de culpabilité surgit comme ré-action à quelque chose de douloureux, de contraignant et d'incompréhensible.

Ré-*agir* est d'abord signe de santé : refuser d'endosser *passivement* un mal survenu d'ailleurs. Mais ré-agir relève de la re-mise en scène, de la ré-activation : la ré-action a, semble-t-il, au moins un petit quelque chose à voir avec l'action initiale. À la lumière de Jb 10, on peut dire que la réaction emprunte au mal sa *charge agressive :* de même que le mal nous agresse et nous détruit, notre réaction sera soit autoagression ou auto-accusation, soit accusation d'autrui ou autojustification.

Mais ré-agir au mal, c'est en un certain sens, aussi, *l'agir à nouveau,* le reproduire pour avoir cette fois barre dessus, même s'il faut le reproduire sur le mode imaginaire. Ici c'est *l'absurdité* que notre réaction emprunte au mal initial : nous « agissons à nouveau » le non-sens du mal que nous avons subi, au moyen du non-sens de notre culpabilité ; plus notre sentiment de culpabilité nous paraît absurde, plus nous nous approchons du non-sens du mal qui en est l'origine. C'est bien là le cheminement de Job, de la réaction instinctive au refus de l'absurde :

> Il interprète d'instinct ses épreuves comme un châtiment, même si c'est pour s'insurger aussitôt contre l'injustice de ce châtiment et contre l'arbitraire qu'il prête à Dieu... Tout en reprochant (à Dieu) de lui imputer une culpabilité imaginaire, Job ne cesse, pour sa part, de chercher un coupable pour se rendre raison de sa propre détresse[9].

I. Le satan promoteur de culpabilité et non du mal

Il semble bien que le personnage du satan ait été introduit après coup dans le récit populaire primitif[10] (il ne reparaît plus après le prologue, on ne parlera pas de sa défaite), comme s'il avait fallu après coup charger le satan pour innocenter Dieu. Le récit primitif lui-même laisse entendre que c'est Dieu et non le satan qui est à l'origine de tout : au début, « un jour les *fils de Dieu* (= les anges) vinrent se présenter devant Dieu, et *le satan*-aussi vint au milieu d'eux » (Jb 1,6) ; à la fin, « ils le consolèrent de tout-le mal que *Dieu* avait fait venir sur lui » (Jb 42,11). D'une part le mal est au singulier et il n'est plus question des initiatives successives du satan. D'autre part, le satan fait partie des *fils de Dieu* qui dépendent de Dieu à la cour céleste : sans la permission de Dieu, le satan est totalement impuissant.

Ce caractère second du satan est à rapprocher de la culpabilité réactive dont il vient d'être question : ici aussi la *fonction* du satan importe davantage que son origine ; primitivement *ce n'est pas un nom propre,* il est *toujours* employé avec l'article (sauf en I Ch 21,1). La racine [śa*t*an] permet d'y voir : ce(lui) qui fait opposition, contredit, empêche ; ce(lui) qui attaque, poursuit, manifeste des sentiments hostiles ; ce(lui) qui inculpe, accuse, incrimine. Description étrangement proche de celle que nous avons faite d'une culpabilité qui *s'oppose* au désir, *empêche* la vie, *attaque* le psychisme et *inculpe* là où il n'y a pas de faute. C'est exactement ce qui arrive à Job : le satan est ce qui en Job l'accuse d'un mal dont l'origine n'est pas en lui — seuls Dieu et le satan (la culpabilité/accusation personnifiée) savent ; Job ne se doutera jamais du pari dont il a été l'objet dans le prologue du Livre.

L'hypothèse d'une insertion ultérieure du satan dans le récit va dans le même sens. C'est *Dieu* qui « fait venir le mal » sur Job. Le satan intervient comme ce pouvoir d'accusation hostile à la vie et indissolublement lié au mal subi. C'est parce que le mal et la culpabilité vont toujours de pair que Dieu et le satan concluent le pacte du prologue. L'origine du mal se tient dans le mystère de Dieu et, accepté comme tel, le mal n'engendre pas le « péché » (Jb 1,22 et 2,10). En revanche, le satan désigne en nous ce pouvoir d'accusation, cette culpabilité qui détruit la relation et nous coupe de Dieu, aussi bien par la faute niée que par la faute fantasmée. Le satan prétend combler l'abîme creusé par le mal-tourment ; et par son autosuffisance, il *fait opposition* — verbe [śa*t*an] — à la fois à Dieu et au désir de la vie.

La présence du satan dans le Livre de Job aurait donc une fonction précise : indiquer que le mal commis, ou péché au sens biblique, commence *avant* la faute réelle, concrète, observable. La Bible dans son ensemble définit avant tout le péché comme rupture de la relation avec Dieu : il faudrait donc parler de péché dès que le mal souffert et refusé nous enferme dans la culpabilité. Dans l'univers autarcique de la Faute, l'accusation fait feu de tout bois : c'est ainsi que nous oublierons notre incroyance coutumière pour rendre Dieu responsable des guerres ; et c'est ainsi que Job projette sur son écran intérieur un Dieu si déformé que le dialogue se rompt. Une des caractéristiques du satan est bien d'être ce pouvoir, en nous, de sécréter une accusation qui abolit la relation, le vis-à-vis, le *visage de Dieu* : à deux reprises, l'auteur de Job indique que, pour opérer, « le satan sortit d'avec le visage de Dieu » (1,12 et 2,7).

Le satan... ce qui en Job le *tente* de s'enfermer dans la culpabilité ; le serpent... ce qui en Adam et Ève les *tente* de soupçonner Dieu de méchanceté gratuite : deux manières de dire une culpabilité qui cherche à se débarrasser du mal qui l'a fait naître. De la même manière que l'auto-accusation, l'accusation projetée en Dieu laisse intact l'univers de la Faute. Le Dieu méchant concentre en sa caricature toute la charge agressive d'un mal qu'on s'est refusé à envisager. Job « s'écartait du mal ». Ne pas s'en écarter, c'est maintenant accueillir en lui une vie et un Dieu qui incluent la *réalité déjà effective du mal.*

Nietzsche, lui, laisse entendre qu'un Dieu cantonné au bien représenterait une « castration *contre nature* » ; au contraire il faut pouvoir l'admirer pour le bien comme pour le mal qu'il fait. « Que nous importerait un Dieu qui ne connaîtrait pas la colère, la vengeance, l'envie, le sarcasme, la ruse, la violence ? » (*L'Antéchrist*, p. 173). Admettre que ces données de la nature et de l'existence émanent de Dieu, c'est considérer que ce sont là des réactions à *un mal qui affecte Dieu lui-même.* Accuser Dieu de méchanceté gratuite et vivre dans une culpabilité fantasmée sont les deux faces de la même médaille ; c'est la même dérive vers un monde coupé de Dieu et de toute relation à l'autre-Autre. Mais nous pouvons opter pour un Dieu d'abord affecté par le mal, et non gratuitement méchant, seulement si nous repérons en nous-mêmes la dérive du mal subi vers le règne de l'accusation.

En effet, si le satan domine les humains et non Dieu, c'est qu'à la différence des humains Dieu ne « bascule » jamais dans la destruction du visage de l'autre : c'est la *tentation humaine par excellence,* ce pouvoir satanique de détruire Dieu/autrui après l'avoir enfermé dans une méchanceté totalement dissociée du mal qui en est la matrice. Tentation bien présente en Jb 10 quand le satan, sans être nommé désormais, pousse Job jusqu'à cette limite où Dieu se confond exactement avec le mal agressif : pour P. Ricœur, « la théologie judéo-chrétienne du péché oscille ainsi entre l'inculpation totale de l'homme, premier pécheur dans la création, et la construction d'une figure-limite du mal dont l'homme serait la première *victime* », cette figure-limite étant le serpent (« Culpabilité... », p. 307). Mais ce sont là, à nos yeux, les deux impasses de la culpabilité et de l'accusation. *Ni l'humain ni Dieu ne sont coupables du mal originel.* Et ce n'est pas du serpent-satan mais du mal trouvé à la naissance que nous sommes d'abord victimes. À partir du mal-tourment qui affecte Dieu lui-même, tel un mystère dont l'origine lui appartient, naît la tentation de nous couper de l'autre-Autre en l'enfermant ou en nous enfermant dans la Faute. Dieu, lui, ne cède jamais à cette tentation — parce qu'il est Dieu !

II. L'autojustification, une manière de nier le mal re-agi

Quelles sont les racines du *je n'ai jamais fait de mal à personne* ? L'autojustification ne se sait pas. Son langage est celui de la vérité objective. Jb 29 nous paraît un modèle du genre : le discours de Job (les versets 12 à 25) pourrait aussi bien décrire la manière d'être de Dieu lui-même. L'illusion est à son paroxysme au début,

« je rendais la joie au cœur de la veuve » (v. 13), et, à la fin,

« tel un roi... comme il console des affligés » (v. 25) : en effet, on a vu que Dieu seul console vraiment ; de plus, le leurre suprême dans toute relation, à commencer par la relation parents-enfants, n'est-il pas de prétendre rendre l'autre heureux, prendre la place de Dieu en s'imaginant suffire à son bonheur ? C'est pourtant l'image que donnait Job à l'époque où son narcissisme le préservait de la souffrance sans fond d'autrui ; ce qui, du même coup, l'aveuglait sur le mal qui lui était arrivé à lui, dès la naissance.

La méconnaissance fondamentale du mal que nous pouvons faire est le ciment invisible du dogme de la rétribution ; c'est aussi le ressort du pharisaïsme dénoncé par Jésus. Job maintiendra jusqu'à la fin sa propre justice. Sa sincérité n'est pas à mettre en cause, elle est à la mesure de son aveuglement. L'autojustification fonctionne comme le pendant exact de l'auto-accusation en ce sens qu'autrui y est fondamentalement nié en tant qu'autre : je ne *vois* pas le mal que je lui fais, pas plus que je ne *vois* en lui autre chose qu'un accusateur. Dès lors, au lieu d'être envisagé comme une réalité dans laquelle tous sont plongés, le mal est réduit à une Faute située soit totalement à l'extérieur (c'est l'autojustification), soit totalement à l'intérieur (c'est l'auto-accusation)... et le résultat est toujours, en profondeur, la rupture de la relation.

C'est la méconnaissance du mal fait à l'autre-Autre qui conduit aux deux impasses de la doctrine de la rétribution : soit je m'imagine ne lui avoir fait aucun mal, et je mérite le bonheur ; soit je m'imagine lui avoir fait du mal, et je suis puni-e ; dans les deux cas, je reste l'unique instance d'évaluation. Dans les deux cas, le mal n'est pas un absolu défiant toute maîtrise ; au contraire je l'*utilise* pour atteindre une fin à laquelle il reste extérieur : soit le bonheur, soit l'explication du malheur. Faisant du mal quelque chose de purement utilitaire, je ne l'aborde jamais tel qu'il est dans sa radicalité.

Notre manière de nier le mal réagi ou reproduit a en définitive pour fonction de masquer le mal subi. On a vu Job projeter sur ses enfants une culpabilité fantasmée (1,5) et se féliciter de son perfectionnisme moral (ch. 29 entre autres). Quelle Faute tentait-il de réparer ainsi, quel mal initialement subi se terrait-il derrière cette culpabilité inavouée ? En revanche, si Job s'était montré capable de reconnaître le mal qu'il faisait aux autres, ne serait-ce que son écrasante supériorité, peut-être se serait-il interrogé sur lui-même ; peut-être aurait-il décelé dans son comportement la réaction à quelque chose de beaucoup plus ancien : un mal subi dont il avait perdu la trace. Au lieu de « s'écarter du mal » (1,1), il aurait pu découvrir dans l'aveu du mal qu'il commettait sans le savoir, sans le vouloir, le moyen de remonter à la source d'un mal initialement subi sans le vouloir, et par la suite évacué sans le savoir.

L'autojustification ne tient pas ses promcsses. Job s'y épuise. L'expérience de l'abîme du mal a introduit une faille dans son innocence. Mais il faudra tout le Livre pour démonter le ressort, en lui, du dogme de la rétribution. Par la faille pénètre le sentiment que la Faute a débordé et qu'elle franchira toujours les limites assignées. Se justifier revient au même que se condamner : nul ne parvient à épuiser le mal par la Faute. La Faute renvoie toujours à plus loin qu'elle, à l'infini. Pourquoi la Faute est-elle toujours en *excès* par rapport aux efforts accomplis pour vivre une vie de justice ? C'est ce que Job découvre progressivement : la Faute échoue à camoufler un mal en excès, venu d'ailleurs, et qui exige un aveu d'impuissance. Job finira par percevoir et dire à ses amis l'illusion radicale de l'autojustification.

L'expérience de la souffrance sans fond peut enrayer en nous le mécanisme de l'autojustification : par la faille, la culpabilité « survient » d'ailleurs et investit tout notre territoire intérieur. Elle charrie avec elle l'« ombremort » et la « nuit noire » d'une « terre de ténèbre » où innocence et faute sont totalement confondues, en une « absence d'ordre » qui fait croire que Dieu n'est plus Dieu. La culpabilité est peut-être porteuse d'un Dieu qui refuse d'être l'otage du système de la rétribution, le Dieu hors culpabilité et hors justification que Job finira par envisager.

Notre expérience de l'excès du mal peut nous

révéler *l'existence de l'Autre de la culpabilité ou de l'accusation.* Cet Autre existe (*ex-sistere*) hors de notre monde de la Faute devenu ténèbre sans repères. L'infini de la Faute nous dévoile l'abîme du mal, qui lui-même relève de Dieu seul, de sa puissance, de son mystère, de son être. K. Barth développe à l'envi le thème de la liberté qui est, en Dieu, cet appel pressant adressé à Job :

> Ce Dieu demande maintenant à Job s'il l'a jamais connu autrement que comme le Dieu libre... N'est-ce pas de lui qu'il s'est mis en quête ?... Deux facteurs n'ont aucune place dans le discours des amis de Job qui entendent penser et parler du point de vue de Dieu, en dehors de l'histoire, dans le cadre de leur système : le Dieu libre d'une part, et l'homme libéré par et pour lui d'autre part... Le Dieu dont ils parlent ne fait rien librement... Il se soumet, vis-à-vis de (l'homme), à une loi différente de ce qu'il est lui-même : la loi de la rétribution, de la réciprocité de la compensation, de la récompense et de la punition (p. 72 et 102).

Pour que Dieu puisse intervenir, il faut que notre souffrance démesurée finisse par détruire le système d'autojustification et d'auto-accusation qui nous sert de rempart. Ce système fonctionne bien tant que notre argumentation intellectuelle est assez puissante pour y mouler les faits d'expérience qui pourraient le mettre en question. Mais qu'advient-il lorsque, comme Job, nous coulons ? Ce n'est plus l'argumentation qui précède les données de l'expérience, mais les données brutes de l'expérience qui nous interdisent désormais tout autre langage que celui du témoignage. À quoi servirait de nous autojustifier, quand le mal en excès nous submerge ? Ce serait en rester à la superficie de l'être.

Désormais avec Job nous sommes descendus dans le tréfonds de notre être dont nous ignorions jusqu'à l'existence ; il nous devient impossible d'en faire l'économie. « Job refuse l'issue qu'on lui suggère au nom d'un système. Repoussant toute solution extrinsèque qui exigerait de lui une démission de sa vérité d'homme devant Dieu, il réclame une solution qui soit homogène à son propre drame et où soit reprise sa douleur, fût-ce dans un mystère encore plus indicible que celui où il se débat[11]. » C'est pourquoi l'abîme du mal nous impose tôt ou tard de faire un choix entre notre vérité profonde, encore incompréhensible, et le système explicatif de la culpabilité ou de l'accusation. C'est l'une ou l'autre.

Au cours de ce voyage, du mal reproduit inconsciemment sur autrui jusqu'à la prise en compte du malheur sans fond, l'innocence change du tout au tout. Elle n'est plus l'autojustification in-faillible, le rempart sans faille contre la Faute. Dévêtue du fantasme d'une vie à l'abri du mal, l'innocence, bien réelle, apparaît contemporaine du mal en excès. Job s'est trompé d'innocence. Là où son innocence autojustificatrice ne lui est d'aucun secours, la conviction de son innocence face au mal extrême qu'il subit est peut-être la seule chose qui le maintienne en vie. Ce fut aussi le cas pour certains survivants des camps de la mort, comme c'est le cas pour des victimes de la torture : ils se raccrochent à la certitude de leur innocence. Pourtant, les procès staliniens ont fait la preuve que la torture peut détruire ce sentiment d'innocence ; et alors la personne se noie dans l'horreur. Tel est le double enfermement de la culpabilité : c'est elle qui nous verrouille à l'intérieur du mal que nous endurons et qui nous menace de mort en nous interdisant de le *voir* à distance.

III. Une culpabilité en quête de Sens

L'expérience originelle est celle de notre impuissance devant le mal, impuissance ressentie comme absurde dans la mesure où elle frappe d'interdit le cœur même de notre vie : le désir. La contradiction intérieure est alors telle que le processus normal s'inverse : il nous faut à tout prix trouver un Sens au mal survenu, pour permettre à nouveau à notre désir d'avoir un minimum de prise sur la vie. Cette com-*préhension* du mal subi ne peut être qu'une tentative de prise de pouvoir par la pensée. En décidant de notre culpabilité ou de celle d'autrui, nous prétendons nous situer avant le mal, en un lieu imaginaire où nous croyons retrouver le pouvoir de le faire advenir ou pas, ce que l'expérience dément formellement. Et les savoirs officiels prennent le relais de ce mécanisme spontané : dès 1926, T. Reik faisait remarquer que « c'est la reconnaissance inconsciente de la toute-puissance de la pensée qui est responsable de la plupart des erreurs judiciaires » ; par ailleurs, la plupart des aveux sont pour lui motivés essentiellement par le seul besoin inconscient de punition.

Étudiant la psychopathologie des verdicts, cet auteur considère que les concepts de culpabilité et d'innocence sont inadéquats et que « la psychanalyse, dans son état actuel, n'a ni les moyens ni la qualification nécessaire pour résoudre le problème de la culpabilité ou de l'innocence d'un individu [12] ». En effet, que devient le concept de culpabilité si à l'évidence le sujet ne *pouvait* pas faire autrement ? Les catégories juridiques de culpabilité et d'innocence n'ont-elles pas *la même fonction de protection* pour la société que les mécanismes d'auto-accusation et d'autojustification pour l'individu, protection contre un mal qu'on ne comprend pas parce qu'il est devenu la réaction, la reproduction absurde d'un mal qu'on ne connaît plus ?

« (Le criminel) sait très bien qu'il a commis le crime, écrit T. Reik, mais il ne sait pas au niveau conscient pourquoi il a agi ainsi et il ne connaît pas la signification psychique de son geste. » Tout se passe comme si la faute réelle avait pour fonction de mettre à distance, de concrétiser, d'exorciser une culpabilité antérieure omnipotente. Cela explique pourquoi la faute réelle aussi bien que les aveux, comme ce fut le cas dans les procès staliniens, apportent d'abord un certain soulagement : le sujet s'imagine en avoir fini avec son sentiment lancinant de culpabilité.

Dans le cas de la torture, on comprend pourquoi la culpabilité finit par être admise par le prisonnier : c'est qu'elle explique le mal subi ; Job lui-même est trop torturé pour ne pas céder parfois à cette tentation. Mais cette tentative de suppléer par la culpabilité au pouvoir perdu par l'excès du mal est condamnée à toujours avorter, parce que cette toute-puissance de la pensée accusatrice s'exerce exclusivement en vase clos, entre soi et soi-même, sans référence à l'Autre incompréhensible auquel est lié le mal en excès. Dès lors, le besoin de puissance ou l'agressivité que provoque l'expérience du mal se retourne contre le Moi, et la toute-puissance accusatrice s'annihile elle-même puisque tout se passe « en moi avec moi » (Jb 9,35). En termes freudiens, la partie du Moi qu'on appelle *Surmoi*

> manifestera à l'égard du Moi la même agressivité rigoureuse que le Moi eût aimé satisfaire contre des individus étrangers. La tension née entre le Surmoi sévère et le Moi qu'il s'est soumis, nous l'appelons sentiment conscient de culpabilité ; et elle se manifeste sous forme de « besoin de punition » (*L'Avenir...*, p. 80).

Pourquoi « contre ces *individus étrangers* » sinon parce qu'ils lui faisaient mal ? Mais passer sous silence le mal qui prélude à l'agressivité conduit immanquablement à la dérisoire compensation par la puissance de la pensée accusatrice — dérisoire parce qu'elle laisse intacte notre impuissance radicale face au mal !

Il ne peut en être autrement : puisque la toute-puissance s'exerce en nous-mêmes (par nous sur nous), elle se saborde nécessairement et Freud voit là le processus intérieur que toute société exploite pour soumettre ses membres [13]. L'illusion de pouvoir qui est le moteur de notre culpabilité permet à la fois de ne jamais nous confronter avec les responsables du mal que nous avons subi et de nier l'impuissance insupportable où nous nous sommes trouvés devant le mal en excès. C'est ainsi que notre culpabilité se nourrit de ses propres défaites : en l'absence d'un Autre sur qui nous appuyer pour faire face au mal, elle re-agit ou rejoue le mal initial dans les limites du théâtre intérieur, en inversant les rôles (cette fois, c'est moi qui domine), et en se donnant donc l'illusion de la liberté (je suis capable de réécrire mon histoire autrement).

> Pour pouvoir se vivre dans son rôle de victime, il lui faut un soutien. Tant que ce soutien fait défaut, l'injustice se reproduit et se transmet, et il en reste des sentiments de culpabilité qui s'opposent à leur tour à la révélation de la vérité. C'est pourquoi les gens sont attachés à leurs sentiments de culpabilité, qui leur permettent de conserver une illusion de pouvoir (« j'ai commis une faute, mais j'aurais pu faire autrement ») ; tandis que le fait de prendre conscience d'avoir soi-même été victime signifie que l'on ressent l'impuissance infinie de l'enfant directement exposé aux crises de colère ou aux manipulations sexuelles d'un être qu'il aime et qui lui devient brusquement étranger[14].

Dans *Dieu fractures*, J. Pohier fait de la culpabilité une « stratégie de l'amour » et de la déclaration de culpabilité « une véritable tentative de séduction », mais aussi un « coup de force en matière d'amour » : « elle vise à obliger celui ou celle à qui elle est faite à instaurer le fautif comme objet privilégié parce que manquant et parce que pardonné » ; la meilleure illustration serait l'attitude du fils prodigue qui en quelque sorte oblige son père à l'attendre puis à courir l'embrasser ; ainsi, conclut J. Pohier, « en proclamant son péché, on assigne Dieu à résidence d'amour » (p. 304 ss, 310 et 312).

Mais, dans cette analyse, l'essentiel manque : de

quoi le sujet souffrant ou l'enfant se sent-il coupable sinon précisément du mal qu'il a subi et dont l'absurdité le plonge dans l'impuissance totale ? Or c'est parce que les autres ou les parents ne « voulaient » rien entendre, que le sujet se retrouve en thérapie. Comme dans son enfance, le sujet n'a pas d'autre moyen de sauver la communication que de *prendre sur lui* la responsabilité de ce mal que personne ne voit : ainsi s'imagine-t-il que, grâce à sa culpabilité, il ne perd pas l'amour, donc la relation qui nourrit son sentiment de prise sur la vie, d'accomplissement de son désir.

Mais c'est aux autres (parents, thérapeutes) de casser ce mécanisme imaginairement compensatoire de la culpabilité. C'est exactement ce que fait Dieu dans le Livre de Job : il est totalement silencieux et se tient *hors de cet univers d'accusation* tant que Job veut l'y entraîner. Ce n'est qu'à la fin, lorsque Job aura épuisé en lui-même cette stratégie douloureuse et totalement inefficace, que Dieu pourra venir à lui *en toute liberté*.

Ne faudrait-il pas mettre l'accent plutôt sur la recherche du Sens que sur le besoin de pouvoir ? En effet, nous voyons la culpabilité se déployer selon deux modalités essentielles : à l'intérieur de nous, comme la tentative de restaurer le sentiment de puissance perdu ; à l'extérieur, comme le désir tenace de rester tout de même en relation avec autrui, en assumant par la culpabilité le poids de la Faute d'autrui, pour que le mal subi enfin prenne Sens. J'accepte d'être coupable aux yeux d'autrui pour me convaincre que lui *sait pourquoi* il m'inflige ce mal absurde à mes yeux.

Kierkegaard, lui, tente de sauver l'amour de Dieu par la culpabilité ; vue sous l'éclairage de la Croix, elle aurait pour unique fonction de donner Sens à la souffrance, et même joie et consolation ; jamais les bénéfices de la culpabilité n'avaient été dépeints en termes aussi attrayants, même si c'était pour la bonne cause du salut : « Si (l'homme) souffre toujours comme coupable, il est alors éternellement certain que Dieu est amour, et l'on a ce sujet de joie qu'il y a toujours des tâches, toujours quelque chose à faire... La conscience de la faute empêche de douter que Dieu est amour. »

C'est l'antipode de Jb 10 : « Cette consolation est donnée à quiconque reconnaît qu'il souffre comme coupable... et c'est là ce que les amis de Job veulent au fond lui dire : l'homme souffre toujours comme coupable devant Dieu » (*Discours...*, p. 275 ss et 282). Kierkegaard avait-il lu la fin du Livre, où Dieu désavoue clairement les amis ? Sa brève vie fut un calvaire, celui d'une culpabilité investie de *ces éléments mêmes* que le malheur survenu dans sa famille avait pulvérisés dès son jeune âge : le Sens, le sentiment de puissance (les « tâches »), le désir de vivre et la joie.

Si l'on se contente de reconnaître l'arbre à ses fruits, le témoignage de Job prend force de loi. Avec l'aide de ce Dieu qu'il continue à adorer tout en le méconnaissant, il lui faudra un long chemin pour accepter l'incapacité de la culpabilité à suppléer au Sens qui a déserté son existence dévastée ; mais il y parviendra. Même la culpabilité de Dieu ramène à l'absurde. C'est l'analyse de J. Lévêque :

> Pour échapper au mystère de la volonté de Dieu, source d'angoisse spirituelle, Job préfère admettre comme une évidence un dessein agressif de Dieu à son égard. Mais cela même ne lui donne pas la paix, car... il retombe dans l'absurde : pour trouver une cause à son mal il lui faut défigurer le Dieu qu'il aime. Anticipant sur la nuit du Sheol [du séjour des morts] (10,21 s), celle du non-sens envahit l'âme de Job... L'ami de Dieu est dans l'impasse... C'est par l'agression, par la méchanceté présentes *de Dieu* qu'il « explique » la souffrance. C'est la faute de Dieu ; la faute est *en* Dieu. Tout en reprochant à Dieu de vouloir un coupable à tout prix, Job lui-même se voit donc contraint d'accuser Dieu. C'est l'indice que ce simple — trop simple — transfert de la culpabilité ne peut constituer la réponse dernière au mystère du mal (*Job...*, p. 422 et 444 s).

L'Intention — déjà rencontrée chez P. Nemo — met bien Job sur la piste du Sens, mais il l'admet comme « punitive » : elle le pousse donc à oblitérer toujours davantage le malheur survenu selon une logique *extérieure à lui,* pour lui substituer la logique interne de sa propre Faute. Cela ne le libère pas puisqu'il commence par évacuer le mal qui l'a affecté sans raison : le prix à payer pour retrouver le Sens serait le consentement à une vie bonne mais traversée de mal dès l'origine, à un désir blessé mais voué à la Joie.

Job devait sortir vainqueur, avec l'aide d'un Dieu qu'il méconnaissait, de ce qu'il faut bien appeler notre tentation majeure ; et c'est en cela qu'il est précurseur du Christ : désormais une vie est possible qui ne soit pas inéluctable condamnation au malheur intérieur continuel de l'accusation. Remarquant que la repentance de Job donnerait raison au satan qui le soupçonnait de servir Dieu par intérêt, R. de Pury écrit :

> On tremble à la pensée qu'il pourrait s'abandonner, de guerre lasse, au grand repos de l'humiliation et se coucher dans le lit de la repentance — et s'y faire dorloter par le dieu de ses amis... Cela soulage tellement d'avouer qu'on s'est trompé quand ça ne va pas. Cela explique tout... Oui, la tentation suprême, la forme absolue de la tentation, c'est cela : abandonner ce Dieu qui vous abandonne, laisser le Dieu qu'on a servi pour rien, et s'enfuir d'un coup de repentance vers un autre dieu, non plus caché, mais explicable et rassurant, et que l'on servira pour des motifs certains[15].

L'autosuffisance de la culpabilité, coupée de l'abîme du mal

I. *L'a priori* théorique de l'absence d'innocence

« L'innocence de l'enfant n'est pas une illusion mais une réalité », écrit A. Miller (*L'Enfant...*, p. 181). Nier l'innocence de l'enfant, n'est-ce pas projeter notre refus adulte d'assumer l'absurde mal subi ? « On a ôté son innocence à la douleur », disait Nietzsche (*Fragments...*, p. 87). Et on l'a fait contre le témoignage de l'expérience. Car l'être qui souffre injustement ne *commence* jamais par se sentir coupable : la douleur semble avoir pour premier résultat de lui faire prendre conscience d'une innocence originaire qu'il n'avait pas soupçonnée. Cet authentique sentiment d'innocence, dont témoignent tous ceux et celles qui *voient* en face le mal en excès, n'est pas à confondre avec le mécanisme d'autojustification. En effet, nous commençons par refuser de subir un mal incompréhensible, en toute innocence. Et ensuite nous nous justifions : nous nous innocentons après coup parce que, précisément, nous avons cessé de croire à notre innocence originaire, pour glisser dans l'univers de la culpabilité.

Il n'y a donc pas à s'étonner que le témoignage de l'expérience rende compte d'une sorte de *culpabilité d'emprunt*. Lorsque Job bascule dans la culpabilité, il se sent et se sait tellement peu coupable, dans le fond, qu'il proteste contre cette culpabilité venue d'ailleurs — autre manière de dire qu'il se reconnaît intimement innocent du mal qu'il endure : « Il se sent emmuré dans l'univers de la faute, commente J. Lévêque, dans une culpabilité qui n'est pas la sienne puisqu'elle lui est imputée par Dieu de manière arbitraire et tout artificielle... mais *l'interprétation* du malheur comme châtiment vient des amis, et non pas de Dieu » (p. 447 s). À défaut de Faute réelle, les amis veulent convaincre Job de son indignité radicale devant Dieu[16]. Et le témoignage est battu en brèche : sa culpabilité est *théoriquement* posée *a priori* (en réalité rétrospectivement) pour expliquer le mal survenu dans son existence.

Autrement dit, la culpabilité se nomme désormais faillibilité et nous croirons échapper au non-sens du mal injuste en confondant une culpabilité seconde, réactive, avec notre nature profonde. Par le truchement de notre fragilité, la culpabilité s'arroge ainsi tous les droits de l'innocence : elle *se* prétend originaire et elle *se* pose comme le tout de l'identité humaine. Voilà pourquoi l'existence tout entière peut devenir malédiction, Faute inexpiable dès la naissance : le philosophe V. Jankélévitch, parlant de « l'enfer de la conscience inconsolable », affirme qu'« il n'y a rien au monde qui nous effraie autant que l'inexpiable... Plus une faute est inexpiable, plus il y a de chances pour qu'elle soit profondément installée dans mon ipséité, pour qu'elle serve à me caractériser » (*La Mauvaise...*, p. 114 s). C'est que la culpabilité s'est approprié *l'infini* de notre innocence originaire. Créatures de Dieu, nées de son désir, nous sommes innocents du mal que nous endurons ; parler d'innocence infinie signifie ici que le mystère du mal est en Dieu, et que nous ne l'avons pas créé de toutes pièces. Notre culpabilité devient inexpiable dans l'exacte mesure où elle se substitue à notre innocence infinie.

Mais plus nous nous croyons coupables, plus nous nions le mal que nous avions subi comme une fatalité absurde ; et c'est notre *culpabilité* que nous vivons désormais comme une fatalité absurde. Ce n'est plus le mal en excès mais la Faute sans objet qui devient la nécessité aveugle ; par elle, en fin de compte, l'abîme de la culpabilité communique avec l'abîme du mal. Aucune innocence ne peut avoir précédé une culpabilité qui aspire au statut d'explication totalisante. Pour mieux se clore sur lui-même, et être à lui-même sa propre fin, cet univers doit commencer dans l'absolu.

Mais c'est précisément ce que ne fait pas le récit de la Genèse : il dit une innocence originaire face à un mal qui existe déjà, il raconte une faute réactive, une quête de puissance sur un mal planté au cœur de la vie. Ce qui est raconté dans le jardin d'Éden a souvent été présenté en termes d'accident, de chute ou de malheur. Or de tels mots masquent difficilement ce mal originel qu'ils sont censés passer sous silence : un accident est provoqué par quelque chose, une chute suppose quelque chose qui fait chuter, un malheur survient de l'extérieur.

L'innocence originaire est sans cesse en passe d'être étouffée par une culpabilité totalisatrice (faute réelle inexpiable ou malheur intérieur). Ainsi, en valorisant le mythe de l'innocence sans aborder la *réalité* du mal purement subi dès la naissance, les analyses de P. Ricœur[17] aboutissent à un renforcement de la culpabilité : l'innocence originaire reste un mythe qui rend encore plus coupable l'être déchu. Si nous admettons que l'innocence de l'enfant est une réalité, il nous faudra reconnaître que nous sommes innocents du mal qui nous *arrive.*

II. Les bénéfices d'une culpabilité autosuffisante

Dans la deuxième dissertation de la *Généalogie de la morale,* intitulée « La “faute”, la “mauvaise conscience” et ce qui leur ressemble », Nietzsche décrit

> cette secrète violation de soi-même, cette cruauté d'artiste, ce plaisir de se donner à soi-même une forme comme on ferait d'une matière difficile, récalcitrante, souffrante, de se marquer au fer d'une volonté, d'une critique, d'une contradiction, d'un mépris, d'un non, ce

travail inquiétant et effroyablement voluptueux d'une âme volontairement en désaccord avec elle-même, qui se fait souffrir par plaisir de faire souffrir, toute cette « mauvaise conscience » *active,* véritable matrice de phénomènes idéaux et imaginaires (p. 278 s).

Qui ne devine là la réaction *souffrante* à un mal d'abord subi comme une *violation*, une *cruauté* absurde ? Et qui ne perçoit le besoin exacerbé, chez Nietzsche, d'opposer sa propre puissance, sa propre volonté, son propre désir, son propre *non* à ce mal insupportable imposé de l'extérieur ? La révolte, le mépris, la rage de détruire ne sont-ils pas en réalité destinés aux responsables de ce mal ? S'ils ne peuvent s'exprimer, on les vivra à l'intérieur, moyennant la mise en place de cet univers de culpabilité où ils auront désormais droit de cité.

Nous avions avancé que le péché par excellence était la culpabilité : partout dans la Bible le péché est rupture de la relation avec Dieu, or la culpabilité nous coupe de Dieu. Il se trouve que la définition de A. Hesnard va dans le même sens : « Nous appellerons péché cette culpabilité purement interne : ... *fait négatif* — condamnation de la vie dans ses joies instinctuelles, *agressif* — contre le sujet qui peut le projeter en accusations contre les autres —, *intériorisé* — irréalité interne d'angoisse, réalité subjective et égocentrique de l'univers personnel » (*Morale...*, p. 42). Qu'est-ce qui isole davantage de l'Autre que cet univers où je tente de reconstituer le tout de la création, non plus à partir du mal (l'Autre qui relève du mystère du Tout-Autre) mais à partir de la Faute (le Même-que-mon moi posé comme origine absolue du mal) ?

Le « bénéfice » est évident, même si ce n'est là qu'une caricature de la vie : au ch. 3 Job compensait son impuissance face au mal par une autodestruction qui évoquait la puissance créatrice inversée ; de la même manière, le ch. 10 éclaire la création du monde imaginaire de la culpabilité, où Job devient seul maître, seul juge du Bien et du Mal. C'est dans la mesure où il porte seul la Faute qu'il s'imagine *connaître le Bien et le Mal.* La promesse du serpent se réalise chaque fois que, remplaçant le mal-Autre par la Faute-Même-que-moi, je prétends récupérer un pouvoir dont le mal en excès m'avait définitivement privé-e.

Ce pouvoir ne se limite pas à nous charger nous-mêmes du poids de la Faute. Il permet de réduire l'autre-Autre aux représentations que nous nous en faisons. Or ce pouvoir emprunte suffisamment aux forces de vie dont il est issu, pour que nous prêtions vie à ces représentations : c'est seulement à la fin du ch. 10 que Job semble s'apercevoir qu'il se parlait à lui-même. Dieu entendra lorsque Job renoncera définitivement à ce pouvoir pour s'adresser vraiment à lui. Dieu ne veut pas « entrer dans le système d'images où Job s'est enfermé. Dieu-Juge, Dieu hostile, Dieu cruel : autant de représentations que Job s'est forgées pour objectiver son angoisse. (Dieu) ne répondra pas à ce niveau de l'imaginaire, mais au niveau du réel qui manifeste ce que l'on peut connaître de Lui [18] ». Et Job entendra la voix de Dieu quand son tapage intérieur s'apaisera.

Si dans l'univers de la culpabilité, l'autre n'existe pas en tant qu'autre, que signifie le simulacre de communication auquel il se livrait ? On a vu comment la vie tombée en abîme excluait la possibilité même de toute communication. Le témoignage sans doute le plus déchirant porte précisément sur cette impuissance radicale à se faire entendre, sur ce sentiment d'être banni de la sphère humaine parce que rien de ce qui est dit, crié, hurlé n'a de sens ni de résonance en l'autre. C'est alors pour échapper à la menace de la folie que, pris dans l'abîme du mal, nous nous inventons un *autre* qui, faute de nous écouter et de nous comprendre, passe son temps à nous accuser... mais en nous donnant au moins l'illusion que nous ne sommes pas tout seuls. Quand le mal en excès déchire et broie, mieux vaut un juge imaginaire que l'épouvante d'une solitude absolue — non une solitude *par rapport* aux autres mais une solitude *sans* autres. Le témoignage, ici, met en lumière l'impossibilité quasi universelle de ne pas commencer par se fourvoyer dans les impasses de la culpabilité.

La puissance retrouvée face au mal d'abord subi en toute impuissance se nomme chez Kierkegaard « fierté à ne pas se pardonner ». Son itinéraire est exemplaire : du mal subi à la conviction que la complaisance à la culpabilité est à rejeter, son témoignage a bien des points communs avec celui de Job ; mais Kierkegaard est-il vraiment parvenu à *vivre* cette conviction spirituelle sans rester prisonnier de sa culpabilité ? Quelle part de lui-même, de sa tragique lucidité, a-t-il mise, sous une plume de pseudonyme, dans ce « martyrologue » paru en 1845 sous le titre *Coupable-Non coupable ?*

> Ma souffrance est un châtiment. Je l'accepte de la main de Dieu, je l'ai méritée... Maintenant, je souffre, je fais pénitence.

Quand l'histoire de sa souffrance lui revient à l'esprit, il a comme une attaque d'apoplexie :

> Il me semble que je suis un meurtrier... Ma fierté me reste encore... elle a entre autres pour tâche de ne jamais me pardonner... à l'égard des hommes, je parle une langue étrangère et je ne suis pas compris comme tout le monde... si je pouvais ainsi sauver (mon âme) en me répétant *mon histoire de souffrance,* je serais depuis longtemps hors de perdition... quelle est ma maladie ? La mélancolie... Et si cette maladie ne m'était pas assez pénible dans le temps, de sorte que non seulement elle me fît souffrir, mais encore me rendît coupable ? Le monstre n'a pourtant à supporter que la douleur d'être difforme, mais quelle effroyable situation si sa difformité le rendait coupable [19] !

Quatre ans plus tard, Kierkegaard publie *La Maladie à la mort*, où il reprend l'expression « jamais il ne se le pardonnera » : il y décèle cette complaisance de l'humain à une culpabilité autosuffisante qui représente à nos yeux un bénéfice, aussi absurde soit-il : « Cette tristesse s'éloigne manifestement de Dieu... il dit que Dieu ne le lui pardonnera jamais. Hélas, ce n'est qu'une mystification. Sa tristesse, son affliction, son désespoir sont égoïstes. » Cet égo-ïsme est pour nous à prendre au sens d'enfermement dans un moi coupable sans vis-à-vis. Et Kierkegaard y voit lui aussi le péché par excellence : préférer sa culpabilité à l'œuvre de Dieu. « Le péché où l'on désespère du pardon des péchés est le *scan-*

dale. Les Juifs avaient parfaitement raison de se scandaliser de Christ qui voulait pardonner les péchés » (*La Maladie...*, p. 265 s et 269) : quoi de plus spontané que la culpabilité ?

Pourtant, décider d'y renoncer ne suffit pas. Tant que nous ne mettons pas au jour la fonction de notre culpabilité et tant que nous n'envisageons pas le mal qu'elle cache dans son insupportable réalité, nous nous exhortons en vain : les bénéfices restent assez considérables pour que notre attachement à la culpabilité soit le plus fort ; il y aurait trop à perdre. Il faudra la puissance de l'appel évangélique à « perdre sa vie » pour nous donner l'assurance que perdre notre système de survie n'est pas mourir, mais retrouver la Vie dans son intégrité, la Vie qui inclut vendredi saint.

À l'opposé de cette porte étroite, le chemin spacieux de la culpabilité nous offre la garantie de revenir indéfiniment sur nos pas et de ne rien risquer *hors de nous-mêmes.* C'est dans ce contexte de corps à corps avec une culpabilité autosatisfaisante, que le message de Kierkegaard prend toute sa force :

> C'est là le fond éternellement consolant de la doctrine de la rémission des péchés : le « tu dois croire ». Car quand la conscience angoissée s'embarque dans de tristes pensées, et qu'il semble que de toute éternité on ne puisse oublier, c'est alors que résonne le : tu dois oublier, tu *dois* ne pas ruminer ton péché, non seulement cela t'est permis, non seulement tu oses demander à Dieu la permission d'oser oublier, mais encore tu dois oublier, car tu dois croire que ton péché t'est remis.
>
> Ô le plus affreux des arrêts, quand la mémoire d'un homme s'est comme éternellement fixée à son péché :

> mais tu dois oublier, c'est là le secours. Ce discours est un langage de Dieu, à l'opposé même du comportement de l'homme qui ne fait que s'angoisser et désespère de n'avoir pas la permission d'oublier et de ne le pouvoir pas, même si c'est permis — mais on *doit* (*IX A* 177, *Journal*..., p. 283).

III. De l'abîme du mal à l'abîme de la culpabilité, l'absence de « devant toi »

De même que l'abîme du mal ne com-prend que lui-même, l'univers de la culpabilité nous happe dans un absolu où disparaissent à la fois autrui et notre responsabilité réelle envers autrui. P. Ricœur décrit ce processus de la manière suivante :

> Le toi interpellé devient le moi qui s'accuse lui-même ; mais du même coup se dessine le déplacement d'ac cent qui fait virer le sens du péché au sentiment de culpabilité ; au lieu d'accentuer le « devant Dieu », le « contre toi, contre toi seul », le sentiment de culpabilité accentue le « c'est moi qui... » (Ps 51,5-6). Que le moi soit plus accentué que le « devant toi », que le « devant toi » soit même *oublié* et la conscience de faute devient culpabilité et non plus du tout péché ; c'est la « conscience » qui maintenant devient *mesure* du mal dans une expérience de solitude totale (*Finitude*..., t. 2, p. 102).

Or il vaut la peine de se demander ce que devient la Faute, une fois disparue la personne envers laquelle il y a eu Faute à la manière imaginaire. La Faute, alors, semble se dissoudre dans le mal et en brouiller tous les contours, en une sorte de surenchère qui l'absolutise : là où le mal était ce qui, survenu de l'extérieur, faisait mal, la culpabilité s'installe et se répand comme un brouillard qui abolit l'origine et la fin ; on ne sait plus d'où est venu le mal, ni qui le subit. Le mal n'est plus cette réalité, limitée dans le temps et dans l'espace, qui fait mal et précipite dans l'abîme.

La culpabilité, en supprimant l'autre, prétend connaître le Mal en soi, indépendamment de la personne qui le fait subir. À cet égard, il faut encore rappeler que Job ne fait jamais la moindre allusion aux nomades et pillards responsables de ses malheurs. Il est incapable de *rendre le mal* (au double sens de le reproduire et de le restituer) à ceux qui le lui ont fait subir ; et parallèlement, il supprime les êtres que lui, Job, a pu blesser. Le mal subi avait entraîné dans l'abîme la relation à *toi* — il n'y avait plus de vis-à-vis. La culpabilité qui cherche à prendre la place du mal subi anéantit à son tour la relation à *toi* : c'est « devant toi » que je suis réellement responsable. Or il n'y a de *devant toi* ni dans l'autoaccusation ni dans l'autojustification.

Jb 3 et Jb 10 aboutissent tous deux à la mort sans mort que signifie la disparition totale de la relation à l'autre. La culpabilité est bien une impasse : le détour par la culpabilité ramène au point de départ. Imaginer la mort revient alors à projeter une vie déjà morte de n'avoir plus de vis-à-vis. C'est cette disparition de tout *devant toi*, vécue comme irrémédiable, qui transforme le mal subi et la culpabilité en un seul et unique abîme.

L'absence de *devant toi* prend chez Kafka la forme d'une condamnation totalement dépersonnalisée : la « grande organisation » qu'il décrit dans *Le Procès* évoque bien cet univers de la culpabilité clos sur lui-même. Le « non-sens de l'ensemble d'un tel système... c'est de faire arrêter des innocents et de leur intenter des procès sans raison et, la plupart du temps aussi... sans résultat ». Dans cet univers, il n'y a jamais quelque chose d'*autre,* qui vienne d'ailleurs ; tout est nécessaire ; on ne sait plus où est la Faute parce qu'elle est partout : « on n'a pas d'arme contre cette justice, on est obligé d'avouer[20] ».

C'est le caractère *secret* de toute l'affaire qui la déréalise et enferme les sujets dans une condamnation dont ils ne viendront jamais à bout, puisqu'ils n'en connaissent pas le secret : *ils ne savent pas ce qu'elle cache* ; ils sont coupables, sans discussion : « Aussi les dossiers de la justice, et principalement l'acte d'accusation restaient-ils secrets pour l'accusé et son avocat... en général les débats n'étaient pas seulement secrets pour le public mais aussi pour l'accusé. » On retrouve ici d'une part la disparition de l'*autre* — « à passer jour et nuit enfouis dans leurs codes, (les fonctionnaires) finissaient par perdre le sens exact des relations humaines » ; d'autre part l'abîme sans issue de la culpabilité — « l'atermoiement illimité » qui interdit indéfiniment tout acquittement réel. Il reste à se demander ce que cachait chez Kafka cette culpabilité fantasmatique. C'est ce que fait A. Miller en analysant la vie de l'auteur[21] : l'accusation devait rester *secrète* pour épargner ses parents et lui-même devait en rester la victime pour éviter d'envisager réellement le mal subi dans son enfance.

IV. Une illusion au second degré : la négation de la culpabilité

Job finira par dire : « Je rejette et je suis consolé sur la poussière et sur la cendre » (42, 6). Ce renoncement signe sa sortie de la « nuit noire » sans vis-à-vis — nuit où « brillait » l'absurdité de la culpabilité divine : « tu brilles au conseil des méchants » (10,3) ; nuit où brillait le non-Sens du mal en excès clos sur lui-même : « (terre) qui brille comme nuit noire » (10,22). Traduire le deuxième verbe par *je me repens*, comme on le fait souvent, témoignerait d'une totale mécompréhension du Livre de Job. Au contraire, Job « rejette » l'univers de la culpabilité autosuffisante au moment précis où il se tient face à Dieu, *devant toi*. C'est seulement grâce à ce vis-à-vis que Job est délivré à la fois de la culpabilité et du poids du mal subi qui l'avait engendrée : « je suis consolé », avons-nous traduit en respectant la voix passive du verbe.

Comment cela se peut-il ? Certainement pas en niant le mécanisme d'accusation, comme le fait Nietzsche qui oppose lui-même à une telle négation la force de l'Évangile inconnue de lui : « Il faudrait être théologien pour croire à une puissance capable d'effacer la culpabilité : nous autres immoralistes préférons ne pas croire à la “culpabilité” » (*Fragments...*, p. 157). La culpabilité ayant pour fonction de masquer le mal subi, on aboutit ainsi à une double négation du mal : en niant la culpabilité, on nie ce que nie la culpabilité, et l'accès au mal originel est doublement barré. En revanche, nous commençons à bouger quand notre culpabilité nous apparaît comme un signal d'alarme : quelque chose se cache, là derrière, un mal subi dont nous avions perdu la trace.

Rien ne sert de vouloir nous débarrasser purement et simplement d'une culpabilité jugée superflue : nos efforts restent vains tant que nous ne la mettons pas en relation avec le mal subi qu'elle tentait en vain de cacher. Mais, curieusement, l'univers de la Faute peut se révéler riche de sens : notre expérience de la culpabilité, aussi douloureuse soit-elle, attend d'être élucidée. Elle conduit alors *à coup sûr* à ce mal initialement commis par autrui et auquel nous n'avions pu opposer que la réaction coupable. Tel est l'enseignement majeur du Livre de Job : refuser de nous fourvoyer dans les impasses de la culpabilité, c'est du même coup consentir à envisager honnêtement et lucidement le mal que nous avons subi puis essayé d'effacer par l'« explication » de la Faute.

III

LE FANTASME DE LA CONNAISSANCE DU BIEN ET DU MAL

« L'Église ne persécute que par amour et pour faire du bien ; les impies au contraire persécutent par haine et pour faire du mal. »

Saint Augustin, *Lettre à Boniface*

« Tous les actes sont essentiellement inconnus. »

F. Nietzsche, *Aurore*, Aph. 116

« Un prince possédait un diamant magnifique, dont il était fier à l'extrême. Un jour, par accident, la pierre précieuse fut profondément rayée. Le prince convoqua les spécialistes les plus habiles pour remettre en état le joyau mais, malgré tous leurs efforts, ils ne purent effacer la rayure. Enfin arriva un lapidaire d'un génie encore inégalé. Avec art et patience il tailla dans le diamant une rose magnifique et fut assez adroit pour faire de l'égratignure la tige même de la rose... de telle sorte que la pierre précieuse apparut plus belle encore qu'auparavant. »

B. Bro, *Faut-il encore pratiquer ?*

Chapitre 5

Genèse 2-3

4b *Dans le jour où YHWH* * *Dieu fait terre et cieux*
5 *tout buisson des champs n'est point encore en terre,*
toute herbe des champs ne germe point encore.
Car YHWH Dieu n'a pas fait pleuvoir sur la terre,
et de glébeux
(il n'en est) point pour servir la glèbe.
6 *Mais une vapeur monte de la terre.*
Elle a fait boire toutes les faces de la glèbe.
7 *YHWH Dieu forme le glébeux poussière de la glèbe.*
Il insuffle en ses narines une haleine de Vie
Et c'est : le glébeux pour respiration vivante !
8 *YHWH Dieu plante un jardin — en Éden, à l'orient.*
Il place là le glébeux qu'il a formé.
9 *YHWH Dieu fait germer à partir de la glèbe :*
tout arbre désiré pour la vue et bon pour la nourriture,

---

* YHWH, les quatre lettres désignant Dieu dans la tradition juive : le respect commande qu'on ne les prononce pas.

et l'arbre de Vie au milieu du jardin,
et l'arbre à connaître bien et mal.
10 *Un fleuve sort de l'Éden pour faire boire le jardin.*
Et de là il se partage : il est à quatre têtes (de fleuves).
11 *Nom de l'un :* Pyšôn. *Lui, il entoure toute la terre de H*awylah
où est l'or.
12 *L'or de cette terre est bon. Là sont le bdellium et la pierre d'onyx.*
13 *Nom du deuxième fleuve :* Gyhôn.
Lui, il entoure toute la terre de Kouš.
14 *Nom du troisième fleuve : H*iddqel.
Lui, il va au levant de 'Aššour.
Le quatrième fleuve, lui, est le Frat.
15 *YHWH Dieu prend le glébeux et le pose dans le jardin d'Éden pour* LA *servir et* LA *garder.*
16 *YHWH Dieu ordonne au glébeux pour dire :*
« De tout arbre du jardin, tu mangeras, tu mangeras.
17 *Mais de l'arbre à connaître bien et mal, point n'en mangeras !*
Car au jour où tu en mangeras, tu mourras, tu mourras... »
18 *YHWH Dieu dit :*
« Il n'est pas-bon pour le glébeux d'être lui seul.
Je ferai-pour lui un secours
comme son correspondant/co-répondant. »
19 *YHWH Dieu forme à partir de la glèbe*
tout animal des champs et tout oiseau des cieux.
Il les fait venir vers le glébeux pour voir
ce qu'il proclamera selon lui.
Et tout ce que le glébeux proclame-selon lui

à un être respirant vivant, cela est son nom.
20 *Le glébeux proclame des noms à toute bête, à l'oiseau des cieux, à tout animal des champs, mais pour le glébeux il ne trouve pas un secours comme son correspondant/co-répondant.*
21 *YHWH Dieu fait tomber une torpeur sur le glébeux :*
il s'endort. Il prend une de ses côtes et ferme la chair sous elle.
22 *YHWH Dieu bâtit la côte qu'il a prise du glébeux en femme.*
Il la fait venir vers le glébeux.
23 *Il parle, le glébeux :*
« Celle-ci cette fois
os de mes os et chair de ma chair
à celle-ci il sera proclamé ['iššah] — *femme !*
car de ['yš] — *homme —*
a été prise celle-ci. »
24 *C'est pourquoi l'homme-quittera son père et sa mère*
et est attaché à sa femme : ils sont pour une seule chair.
25 *Ils sont eux deux nus, le glébeux et sa femme.*
Ils ne se font point honte.

1 *Le serpent est rusé, de parmi tout animal des champs que YHWH Dieu a fait.*
Il parle à la femme :
« Alors comme ça Dieu a dit : "Vous ne mangerez pas de tout arbre du jardin" ? »
2 *Elle parle au serpent, la femme :*
« Du fruit de l'arbre-du jardin, nous mangerons.

3 *Mais du fruit de l'arbre qui est au milieu du*
jardin, Dieu a dit :
"Vous ne mangerez pas de lui, vous ne touche-
rez pas à lui,
de peur que vous ne mouriez" ! »
4 *Le serpent parle à la femme :*
5 *« Mourir ! Vous ne mourrez pas...*
c'est que Dieu connaît qu'au jour où vous en
mangez,
vos yeux sont ouverts
et vous êtes comme Dieu connaissant bien et
mal ! »
6 *Elle voit, la femme, que l'arbre est bon pour la*
nourriture et qu'il est, lui, et convoitise pour
les yeux, et l'arbre désiré pour comprendre.
Elle prend de son fruit et mange.
Elle donne aussi à son homme-avec-elle. Il mange.
7 *Leurs yeux à eux deux sont ouverts :*
ils connaissent qu'ils sont nus, eux.
Ils cousent de la feuille de figuier
et font pour eux des ceintures.
8 *Ils entendent la voix de YHWH Dieu se prome-*
nant dans le jardin au souffle du jour.
Le glébeux et sa femme, ils se cachent du
visage de YHWH Dieu, au milieu de l'arbre du
jardin.
9 *YHWH Dieu clame vers le glébeux.*
Il lui parle :
« Où es-tu ? »
10 *Il dit : « Ta voix, je l'ai entendue dans le jar-*
din. J'ai eu peur car-je suis nu et je me suis
caché. »
11 *Il dit : « Qui t'a fait savoir que tu es nu ? Est-*

ce que tu as mangé de l'arbre dont je t'ai ordonné de ne point manger ? »
12 *Il dit, le glébeux : « La femme que tu as donnée avec moi, elle, elle m'a-donné de l'arbre et j'ai mangé. »*
13 *YHWH Dieu dit à la femme :*
« Qu'est-ce que tu as fait ? »
Elle dit, la femme :
« Le serpent m'a égarée. J'ai mangé. »
14 *YHWH Dieu dit au serpent :*
« Puisque tu as fait cela, maudit es-tu parmi toute bête et parmi tout animal des champs. Sur ton ventre tu iras et poussière tu mangeras tous les jours de ta vie.
15 *Et je placerai haine entre toi et entre la femme, entre ta semence et entre sa semence : cette dernière te blessera à la tête et toi tu la blesseras au talon. »*
16 *À la femme, il a dit :*
« Je multiplierai, multiplierai ta douleur... et ta grossesse... dans la peine/l'idole tu enfanteras des fils... et vers ton homme ta passion... et lui en toi-dominera[1]*. »*
17 *Et au glébeux, il a dit :*
« Parce que tu as prêté l'oreille à la voix de ta femme
et que tu as mangé de l'arbre dont je t'avais donné ordre pour dire : "tu ne mangeras pas de lui", maudite la glèbe à cause de toi ! Dans la douleur tu mangeras tous les jours de ta vie.
18 *Épine et ronce elle fera germer pour toi et tu mangeras l'herbe du champ.*
19 *À la sueur de tes narines tu mangeras du pain jusqu'à ton retour à la glèbe car d'elle tu as*

été pris. Oui, poussière tu es, vers la poussière tu retourneras. »

20 *Le glébeux proclame le nom de sa femme : « Hawwah, vivante ! Oui, c'est elle qui est mère de tout vivant. »*

21 *YHWH Dieu fait au glébeux et à sa femme des tuniques de peau. Il les vêt.*

22 *YHWH Dieu dit :*
« Voici que le glébeux est comme l'un d'entre nous pour connaître bien et mal. Maintenant il est à craindre qu'il ne porte sa main et ne prenne aussi de l'arbre de Vie, mange et vive (comme s'il était) à jamais. »

23 *YHWH Dieu le renvoie du jardin d'Éden pour servir la glèbe de laquelle il fut pris.*

24 *Il chasse le glébeux et fait séjourner, à l'orient du jardin-d'Éden, les chérubins et la flamme de l'épée tournoyante, pour garder le chemin de l'arbre de Vie.*

Deux mystères contemporains : la vie et le mal

C'est délibérément que nous n'abordons pas le célèbre texte de Gn 2-3 dans une perspective historique : la place nous manque pour évoquer comment il pouvait être compris à l'époque où il a été écrit, et comment il a été lu et déformé au cours des siècles, en particulier dans la tradition chrétienne. Mais si nous renonçons à un tel exposé historique, c'est aussi parce que Gn 2-3 ne se présente pas comme un texte historique, tel que le Livre des Chroniques : c'est un récit *mythique*, par conséquent trans-historique, soucieux de transmettre une vérité qui transcende les conditions socio-historiques de son apparition. C'est à cette vérité que nous nous attacherons, considérant la subjectivité de notre grille de lecture comme une chance et non un handicap : peut-être saisirons-nous ainsi quelque chose du Sens dont ce récit trans-historique s'est fait l'écho.

Il nous paraît difficile de contester que l'auteur de Gn 2-3, comme n'importe quel auteur mettant en forme des matériaux mythiques préexistants, était incapable d'écrire en faisant abstraction du mal. Il faut ajouter ceci : ces matériaux mythiques provenaient eux-mêmes d'humains qui n'auraient pu concevoir un temps préservé du mal que *d'une manière purement intellectuelle*. Or le texte biblique n'est pas un système métaphysique qui part d'un zéro abstrait de toute réalité. Il part des données de l'existence pour indiquer la direction de la vie en Dieu. C'est pourquoi, à nos yeux, l'auteur parle d'un monde où le mal existe déjà. « La phrase "lorsque... pas encore" présuppose une situation où le monde existe déjà », écrit C. Westermann en commentant Gn 2,4b-5 (*Genesis*, p. 197).

Or, le mal fait partie de ce monde et nulle part l'auteur ne laisse entendre que le monde dont il parle aurait pour unique caractéristique d'être étranger au mal. Pour G. Von Rad, le récit « laisse entrevoir que le véritable sens de la vie paradisiaque est l'obéissance à Dieu, et non la jouissance et *l'absence de tout mal*, etc. » (*La Genèse*, p. 79). C'est cette perception d'une création conditionnée par le mal dès les origines que l'auteur du *premier* chapitre de la Genèse cherchera par la suite à corriger avec un récit résolument optimiste (cf. les « Dieu vit que cela était bon », en Gn 1,10-31).

Si le mal est déjà là, le « jardin » n'est pas un paradis : « L'illusion, écrivent J. Eisenberg et A. Abecassis, ce n'est pas notre monde du mélange du Bien et du Mal : l'illusion, c'est le Paradis. Le véritable homme, ce n'est pas l'Adam préservé d'avant la faute ; c'est l'Adam incarné dans le monde et confronté au problème de la morale » (p. 78). [Gan] le *jardin* n'est pas le [paradeisos] par lequel il a été traduit : il sert à produire de la nourriture pour la créature et rien d'autre. Et G. Von Rad précise : « Ce mot "paradis" comme nom propre (que le texte hébreu ignore) d'une chose *sui generis* contient une objectivation mythique et s'écarte de la stricte réserve du texte biblique » (p. 78).

Il semble établi aujourd'hui que l'auteur de Gn 2-3 avait à disposition plusieurs descriptions de la création des humains. Il n'a pas choisi celle-ci par hasard : c'était la plus apte à éclairer le drame de l'Éden. En effet, plusieurs éléments de cette description évoquent un *mystère* qu'on pressent également au cœur du drame des premiers humains : le mystère de la création semble vibrer secrètement au mystère lié au mal. Quels sont ces éléments ?

— « Une vapeur ['ed] monte de la terre » (2,6) : un *flot*, une *source*, une *vapeur* qu'aucun commentateur ne s'explique vraiment. Ce mot n'apparaît ailleurs qu'en Jb 36,27 ; cette mention n'est exigée ni par ce qui précède ni par ce qui suit ; elle est même en contradiction avec le v. 5 et en trop par rapport aux quatre fleuves ; son contexte originel reste inconnu. Mais on peut rapprocher ['ed] du nom mésopotamien *Id* qui désigne une divinité gardienne des eaux profondes. Un passage du Midrash relie le mystère qui entoure ce mot à la création du glébeux au verset suivant : il sera le fruit de l'en haut (la pluie) et de l'en bas (la terre animée du souffle de Dieu)[2].

— Même mystère autour de la création de la femme : « YHWH Dieu fait tomber une torpeur, [tarddemah], sur le glébeux » (2,21). L'origine de la vie était aussi insaisissable qu'une vapeur ; l'origine dernière de l'autre (même si l'on sait comment cet autre est « bâti ») restera inconnue ; mais ce qui restera également inconnu, c'est *la blessure originelle,* indispensable prélude à toute relation, à toute naissance d'altérité. Si c'est l'homme qui paraît accoucher de la femme, c'est sans doute qu'il ne s'agit pas ici du processus biologique connu, mais de l'origine mystérieuse de toute relation à autrui : « Il prend une de ses côtes et ferme la chair sous elle [ta*h*ttennah] » (v. 21), mot superflu qui fait écho, phonétiquement, à la *torpeur*, [tarddemah][3], au silence d'un profond sommeil. Silence au début [tarddemah], silence à la fin [ta*h*ttennah], et entre les deux une « côte » qui pourrait bien être un « côté » si l'on en croit Rashi : une frontière commune, lieu d'une blessure inconnue... Désormais il faudra renoncer à l'intégrité parfaite pour pouvoir accueillir un vis-à-vis : « Il parle, le glébeux », pour la première fois (v. 23) !

— Au mystère de la création du glébeux fait

immédiatement suite la création d'un jardin qui lui assure la sécurité ([gan], *jardin*, de [ganan], *protéger*) comme si, à peine né, l'humain devait être mis à l'abri. Telle est, nous semble-t-il, la signification profonde de ce jardin « paradisiaque » : c'est moyennant cette sécurité que l'humain peut connaître la *joie* ou les *délices* que signifie le mot « Éden ». La nécessité de cette sécurité ne présuppose-t-elle pas un monde (le monde d'où le glébeux a été pris, v. 8) où le mal sévit déjà ? Or en choisissant ce récit de création, le rédacteur de ce texte n'indique-t-il pas combien cette apparente sécurité au sein d'un monde en proie au mal est fragile : « Il n'est pas-bon pour le glébeux d'être lui seul » (v. 18) ? Le mystère de la création semble vibrer dès les origines au mystère d'une existence incapable de s'approprier réellement la sécurité qui lui est offerte, sans un vis-à-vis humain confronté à la même réalité du mal.

— Dans le récit de création retenu par l'auteur, c'est d'une blessure inconnue que surgit le « secours » qu'il fallait au glébeux (v. 18) : quelque chose d'éminemment « bon » prend vie à partir d'une béance, d'une opération dont il portera toujours la cicatrice. Là encore, comment mieux introduire *l'ambivalence radicale de toutes choses*, le mystère inconnaissable qui est à la racine de toute relation humaine ? Et n'est-ce pas poser, dès les origines, la possibilité d'une déroute des meilleures réalités ? En effet, face à un mal indissociable du bien avec lequel il forme une totalité interdite de connaissance, face à la sécurité jugée bien précaire du *jardin*, le *secours* qu'est la femme pourrait bien prendre la place de Dieu aux yeux du glébeux — et c'est ce que va relater le ch. 3, où le secours qu'est l'autre l'incitera à se fourvoyer.

Tout cela nous conduit à adopter la grille de lecture suivante : le mystère de la vie et le mystère du mal sont contemporains. D'où la fusion des deux arbres, tous deux « au centre du jardin » (l'arbre de Vie et l'arbre à connaître Bien et Mal). C'est ce mystère qui justifie *le premier commandement donné à l'humanité* : tu ne maîtriseras pas le Bien et le Mal, tu renonceras à en connaître l'origine, la fin et la nature, sinon tu mettras en danger ta propre vie. Si ce commandement ne fait pas partie du Décalogue, c'est que, selon l'ordre naturel, il nous est impossible de l'observer : rien de plus naturel que de succomber à cette tentation. Formulée d'entrée de jeu par l'auteur, cette extraordinaire intuition du fantasme mortel et tout à fait naturel de la maîtrise du Bien et du Mal est propre au judaïsme et mérite toute l'attention des chrétiens.

Cependant, les commentateurs autant juifs que chrétiens n'ont cessé au cours des siècles de transgresser le premier commandement en prétendant *connaître le Mal* commis par Adam et Ève. On a mis le Mal dans la sexualité, ou dans l'orgueil, ou dans la femme. Un rabbin est allé jusqu'à le dénicher dans la création même de la femme : « Tant qu'il était (seul), l'homme "était comme l'Un", mais sitôt qu'une côte fut prise de lui, il y eut "connaissance du bien et du mal"[4]. » Ce faisant, on continue à manger du fruit défendu, en prétendant décider de ce qu'est le Bien et de ce qu'est le Mal. C'est exactement en cela que consiste la dérive des premiers humains.

La chute n'est pas là où on la voit d'ordinaire. À partir du moment où nous prétendons connaître le Mal dont Ève et Adam se sont rendus responsables, il nous est facile d'imaginer un monde antérieur régi par le Bien et de forger le concept de chute qui pourtant est introuvable dans le texte. Certes le couple se fourvoie et se met en danger de mort, mais où voit-on qu'il introduit le mal dans le monde pour y chuter le premier ? À cet égard, rappelons que Gn 1 s'applique à disculper Dieu d'un mal dont il faut absolument rendre *les humains* responsables, comme si précisément Gn 3 avait laissé planer un doute sur l'origine dernière du mal.

À titre d'exemple, nous opposerons deux auteurs qui adoptent deux grilles de lecture incompatibles. Le premier, U. Cassuto, nous rend responsables du mal dans le monde, alors que le texte nous rend seulement responsables de prétendre connaître le Bien et le Mal : « Bien que le monde issu de la main du Créateur soit... selon le témoignage de la section précédente (Gn 1) bon — vraiment très bon — pourtant l'homme le corrompt par sa conduite et introduit le Mal dans le monde par suite de sa corruption [5]. » C'est le second, C. Westermann, que nous suivons :

> Le récit de Gen 2-3 ne parle pas d'une chute. Il n'existe aucune tradition du récit de Gen 2-3 dans l'ensemble de l'Ancien Testament, et c'est ce qui a frappé bon nombre de savants récemment. Il n'est pas cité, et jamais mentionné. Il n'est jamais inclus dans les Sommaires des actes divins (Credo)... La question qui sous-tend le récit n'est pas avant tout : comment la

mort est-elle venue dans le monde ? ni quelle est l'origine du péché ? (p. 276 s).

La doctrine de la chute ou du péché originel pourrait bien constituer la plus ancienne transgression du premier commandement : tu ne connaîtras pas le Mal, ni son origine, ni sa nature. Elle pourrait constituer la meilleure illustration de ce qu'un tel commandement est profondément étranger à notre nature et difficile à observer. La transgression remonte au judaïsme, avec l'Apocalypse d'Esdras et l'Apocalypse de Baruch qui font d'Adam celui par qui le mal est entré dans le monde [6] ; et par l'intermédiaire du bas judaïsme, Paul se situera dans la même ligne. Cette doctrine nous est naturelle, elle n'est pas le fruit d'un combat spirituel ; la transgression d'Ève et Adam se fait avec le même naturel : c'est toujours céder au même fantasme, vieux comme le monde.

Dire que le mal est déjà là, c'est aller dans le sens du texte qui se refuse à expliquer l'origine du mal : « L'origine du mal reste un mystère complet », écrit C. Westermann (p. 239). Mais il faut aller plus loin. Dieu *interdit* de rechercher l'origine du mal. La femme comprend cette interdiction de manière si radicale qu'elle ajoutera « vous ne toucherez pas à lui » (v. 3), comme s'il n'existait pas de degrés dans cette connaissance-là, comme si elle ne pouvait être qu'absolue ou inexistante, d'où la seule alternative, clairement posée par le texte : manger ou s'abstenir...

Nous voici conduits, pour aborder le texte correctement, à nous débarrasser des cinq mécompréhensions dont il a toujours fait l'objet, et que W. Brueggemann résume de la manière suivante :

— « On considère que c'est là un texte décisif pour la Bible et qu'il pose les prémisses de tout ce qui va suivre. En fait, c'est un texte extrêmement marginal. »

— On parle du récit de la chute. Or « rien ne pourrait être plus éloigné du récit lui-même... En général, l'Ancien Testament ne suppose pas une telle “chute”. Deut 30,11-14 est plus caractéristique dans son hypothèse d'une humanité capable d'obéir vraiment aux desseins de Dieu ».

— « Souvent ce texte est traité comme s'il était une explication de la manière dont le mal est entré dans le monde. Mais l'Ancien Testament ne s'intéresse jamais à un problème aussi abstrait. En fait, le récit ne donne aucune explication au mal... La Bible ne présente aucune affirmation théorique sur l'origine du mal. »

— Ce n'est pas non plus le récit de l'origine de la mort : pour la Bible, la mort appartient à la vie.

— Il n'existe ici aucun lien entre péché et sexualité (p. 41 s).

Le non-respect de la femme

« Dans la peine tu enfanteras des *fils* » (3,16), dit Dieu à Ève comme s'il posait du même coup sa bénédiction sur la société patriarcale de l'époque. Pour l'auteur, aussi bien que pour les destinataires de son époque, la prédominance masculine va clairement de soi sans que nul en ait probablement conscience. C'est précisément ce conditionnement historique, resté incognito dans le texte pendant des siècles, qui nous permet maintenant de mesurer la distance entre les conceptions patriarcales de la Genèse et la perception actuelle d'une vérité transhistorique qui, elle, vient de Dieu. Là encore, la place nous manque pour rendre compte du contexte historique qui commande une telle vision des relations hommes/femmes. Toutefois, il est possible de mettre en lumière ce conditionnement dans le texte lui-même, et dans le sens de ce que nous disions : l'auteur parle *à partir du monde où il vit,* un monde indissociable du mal, un monde où le mal va tellement de soi qu'on ne le mentionne pas, pas plus qu'on ne mentionne le non-respect dont la femme est l'objet.

En effet, le non-respect de la femme dans le texte suffit à attester que le mal est là dès les origines, indépendamment du drame du jardin. Si la punition de la femme en 3,16 — « et lui en toi-dominera » — semble avoir un effet rétroactif sur le texte lui-même, n'est-ce pas que l'auteur est incapable de parler d'un monde où il en soit autrement ? Nous avons défini le mal comme ce qui fait mal. Comment une femme d'aujourd'hui, expérimentant quotidiennement un non-respect qui lui fait mal jusqu'au plus intime de son être-créé, pourrait-elle voir dans Gn 2-3 autre chose que ce à quoi elle est bien habituée ? Ce jardin-là n'a rien de plus paradisiaque que sa vie de tous les jours. Jugeons-en par les éléments suivants.

1. Le glébeux est bien le mâle, du début à la fin ; c'est lui qui est expulsé du jardin (3,22-24). Elle, elle est totalement irresponsable, on ne saura jamais ce qu'elle devient. Faut-il supposer qu'*adam* est la créature humaine pas encore sexuée, et qu'en 2,22 prendront réellement vie à la fois l'homme ['yš] et la femme ['iššah] ? Mais la contradiction est insurmontable : au moins rétrospectivement c'est bien de lui ['yš] que la côte a été prise ; le glébeux était donc déjà ['yš]. Le mal que subit ici la femme, au cœur même du jardin d'Éden et à l'insu de l'auteur lui-même, est cette prétention de la moitié de l'humanité à représenter l'humanité tout entière : après la création de la femme, le « glébeux » sera encore mentionné neuf fois (pour deux fois ['yš]), comme pour attester que l'homme est et doit être la norme, d'un bout à l'autre du récit.

2. L'interdit n'est jamais donné à la femme (2,17). Faut-il arguer du fait qu'elle n'a pas encore été créée ? Mais alors comment les rabbins pourront-ils lui reprocher d'avoir rajouté « vous n'y toucherez pas » à l'ordre de Dieu (3,3) ? Les lois qui régissent le monde dont parle l'auteur du texte sont faites exclusivement par des hommes, et les femmes sont censées s'y soumettre sans même les connaître. Au jardin d'Éden, le mal est déjà là sous la forme criante du non-respect de l'autre : la femme n'est pas un sujet à part entière, apparemment aux yeux de Dieu lui-même ! Mais *c'est l'auteur du texte qui parle* d'un monde où les femmes sont sous-entendues (donc pas entendues du tout).

Inversement, l'homme connaît les projets de Dieu

sans même qu'il lui en parle : en 2,18 Dieu décide de lui faire « un secours comme son correspondant/co-répondant » ; le glébeux se fait alors tout naturellement l'associé de Dieu en cherchant parmi les animaux, et *les mêmes termes* sont utilisés au v. 20 : le glébeux « ne trouve pas un secours comme son co-répondant » — il a repris le projet de Dieu à son compte ! L'auteur ne vit-il pas dans un monde où les femmes sont trop impures pour prétendre à une telle intimité avec le sacré ?

3. « Il n'est pas-bon pour le glébeux d'être lui seul » (2,18). Il risque de s'ennuyer, commente-t-on souvent. Lecture superficielle à notre sens, mais révélatrice de ce qui sous-tend le texte : le thème de la femme-complément, encore largement développé aujourd'hui. L'homme sans la femme serait incomplet (il lui manque une côte), manière de suggérer que la norme de l'humanité reste masculine[7]. Selon le jeu de mots féministe, le récit de la Genèse est bien « his-story », fidèle reflet d'un monde réel où l'histoire et l'activité socio-économique se conçoivent au masculin, où l'être et le faire de la femme ne se conçoivent qu'*en fonction de* l'homme. À noter encore que contrairement à lui, elle n'aura pas connu la solitude fondamentale de l'être humain ; or c'est le seul mal dont le texte dit explicitement qu'*il* fait l'expérience. Pour elle, une présence protectrice masculine est toujours déjà là : sa propre expérience du mal (la solitude de l'incompréhension et du non-respect) ne sera pas entendue, parce que jugée illégitime. Pour l'auteur comme pour les destinataires de

son époque, être la femme de quelqu'un suffit à combler une existence.

4. « Tout ce que le glébeux proclame-selon lui à un être respirant vivant, cela est son nom » (2,19) : en nommant les animaux, il s'associe au pouvoir créateur de Dieu en Gn 1 (« Dieu dit et cela fut »). Nommer c'est quasiment faire exister.

> C'est donc un acte de création au second degré, commente G. Von Rad, qui s'effectue dans cette désignation par des noms, acte d'organisation par lequel l'homme s'approprie mentalement comme objets les créatures. On peut donc dire qu'il est question ici de la naissance du langage, si l'on met l'accent non sur l'invention de mots purs, mais sur cette appropriation interne, cette opération de connaissance et de définition qui caractérise le langage (p. 81).

Or à cette étape capitale de la naissance du langage — à laquelle fait écho le conseil cartésien de commencer par nommer, définir, maîtriser le langage pour devenir « maître et possesseur de la nature » —, les choses et les êtres vus par les femmes n'existent pas : c'est « selon lui » (deux fois au même verset) que les animaux sont nommés, ce ne sera jamais « selon elle ». La vision masculine du monde est pour l'auteur la seule valide et il se l'imagine cautionnée par Dieu lui-même (« il les fait venir vers le glébeux pour voir ce qu'il proclamera selon lui »). Rien d'étonnant alors à ce qu'il finisse par nommer et définir la femme *de la même manière qu'il a nommé et défini les animaux* : « Le glébeux proclame le nom de sa femme : [*H*awwah], vivante ! » (3,20). Or, « rappelons que le fait de donner un nom, ajoute G. Von Rad, est surtout, dans l'idée de l'ancien Orient, l'exercice d'un droit de souveraineté, une prérogative seigneuriale ».

5. « Elle voit, la femme, que l'arbre est bon pour la nourriture et qu'il est, lui, et convoitise pour les yeux, et l'arbre désiré pour comprendre » (3,6). Sa seule intervention dans le texte s'avérera catastrophique. Elle ne « voit » que des mirages, et l'auteur lui prête les travers d'un sexisme intemporel : elle est sensuelle (« bon pour la nourriture »), jalouse (« convoitise pour les yeux »), elle veut être intelligente — ce qu'elle n'est pas (« désiré pour comprendre »). Dans le monde de l'auteur, la nature de la femme est conçue comme déficiente : le verset semble suggérer qu'il lui manque quelque chose. Même sa désobéissance (un acte qui pourrait émaner de sa liberté) est présentée de telle manière qu'elle paraît être le fait d'une mineure : le mal règne déjà dans ce jardin où la femme, n'étant pas considérée comme une personne à part entière, n'est pas censée avoir les motivations *communes à l'humanité entière* que nous tenterons de dégager plus loin.

6. « Ta voix, je l'ai entendue... j'ai eu peur... je suis nu, je me suis caché » (3,10). Je... je... je... je : il se croit seul dans son arbre, comme il se croit seul dans une société où la parole de la femme n'a aucune valeur juridique. Et pourtant il rejettera la faute sur elle (v. 12) : un pouvoir occulte exercé sur lui aurait-il remplacé le pouvoir réel qu'elle n'avait pas ? Le monde de l'auteur est de tous les temps ; il

y a là le mécanisme qui fera brûler les sorcières et provoquera les pogroms : du non-respect d'autrui, on passe facilement à l'accusation qu'il est le mal personnifié... Au jardin d'Éden, le non-respect qui fait mal pousse au milieu de toutes les plantes.

7. « De la glèbe tu as été pris. Oui, poussière tu es, vers la poussière tu retourneras » (3,19). Et elle, où va-t-elle ? Elle ne peut même pas espérer mourir au terme de l'existence harassante qui vient d'être dépeinte. Elle a le passé d'un autre (la côte), le présent d'un autre (de celui qui « domine-en elle », v. 16), elle n'a aucun avenir propre. L'auteur, à son époque, pouvait-il imaginer que la femme ait un projet de vie autre que celui de l'homme en fonction duquel elle avait été créée ? Même devant la mort, elle n'est pas une personne à part entière : sa mort est sous-entendue !

Deux arbres en un seul

I. Le glébeux, « placé » là où la vie est possible

L'eau, condition de base, y est assurée. Mais immédiatement, le passage relatif aux quatre fleuves (2,10-14) vient rappeler que Dieu arrose *de la même eau* un monde beaucoup plus vaste où sévit le mal. Les rabbins ont vu dans ces quatre fleuves les quatre royaumes oppresseurs d'Israël. Or dans ces contrées, l'eau symbolise à merveille le bien. C'est dire si le bien est indissociable du mal : leur source est en Éden ; en un même fleuve coulent le mystère du mal et le mystère de la vie.

Au sein de ce monde, le jardin assure la sécurité, mais c'est l'aboutissement d'un arrachement. Le v. 8 — « YHWH Dieu plante un jardin-en Éden, à l'orient. Il place là le glébeux qu'il a formé » — a suscité les commentaires suivants dans le judaïsme :

> L'homme naît déchiré, parce que l'âme a été « arrachée » à son essence céleste. Il doit réparer cette brisure — ce traumatisme de la naissance — qui est intrinsèque. Même s'il n'y avait pas le mal, la guerre, la sexualité, tous ces conflits dont va nous parler la Bible, l'homme aurait à affronter ce premier *manque* inhérent à son existence[8].

Adam a été « mis dans le jardin d'Éden » comme s'il n'y était pas né,

> comme s'il y avait, au cœur de la relation de l'homme à sa terre d'élection, la cicatrice d'une coupure... Le Midrash retrouve dans la *sortie* des quatre fleuves de l'Éden, dans l'installation de l'homme dans un jardin où il n'est pas né, et dans l'interdiction d'un fruit accompagnant le don de tous les autres, la nécessité de la coupure préalable à la jouissance[9].

Le mal originel, c'est ce *à partir de quoi* une vie en sécurité est possible. Nous vivons d'abord d'une mutation douloureuse et désécurisante. Elle est perceptible derrière la reconnaissance du psalmiste pour le père/Père adoptant son enfant : « toi tu m'as fait surgir du ventre de ma mère et tu m'as *mis en sécurité* sur sa poitrine. Dès la sortie du sein je fus jeté sur toi » (Ps 22,10 s). Or le v. 15 précise : « YHWH

Dieu prend le glébeux et le *pose* ou le repose dans le jardin d'Éden », du même verbe qui décrit le *repos* de Dieu le septième jour en Gn 1. Dieu « s'est reposé » d'avoir créé le monde, et « il fait reposer » le glébeux... de quoi sinon d'avoir été créé ? Notre sécurité semble donc aller de pair avec l'apaisement d'un tourment qui le plus souvent déserte notre mémoire ; le besoin vital de sécurité est alors tout ce qui demeure du tourment oublié.

II. Le Sens de cette mutation

« Il le pose dans le jardin d'Éden *pour* LA servir et LA garder » (v. 15). « La genèse du devenir humain passe par une mutation, écrivent J. Eisenberg et A. Abécassis. L'homme quitte un *lieu* pour entrer dans un autre *lieu*[10]. » Pourtant le jardin n'est pas un but en soi. C'est le point de départ d'une vocation : le « re-pos » est d'emblée orienté vers son dépassement. Dieu n'attend pas de nous que nous nous contentions de persévérer dans notre être naturel (manger — boire — dormir — nous reproduire). Si c'était le cas, on aurait ici un masculin : « pour *le* servir et *le* garder », le jardin ; et nous aurions pour unique tâche d'assurer notre propre sécurité. À quoi renvoie ce féminin sinon à l'*adamah* d'où l'*adam* a été tiré et dont il avait expressément été dit au v. 5 : « d'*adam* — de glébeux — il n'en est point *pour servir* l'*adamah,* la glèbe » ? Il ne s'agit pas de l'instinct de conservation mais de notre vocation qui consiste à « garder », c'est-à-dire aussi à « faire attention, prendre garde » à l'*adamah* animée du souffle de Dieu dont l'*adam* a été tiré : c'est notre origine, et nous seuls pouvons en prendre soin, en faire mémoire et la préserver. Notre sécurité n'est rien sans le souvenir vivant de cette origine qui, en fait, nous reste inconnue.

Or pas plus tôt cette vocation a-t-elle été formulée, que Dieu « donne un ordre au glébeux, sur le glébeux » (v. 16), comme on pose un vêtement sur un nouveau-né. Ce qu'on appelle l'interdit (v. 16 s) se présente comme une protection indispensable à tout humain qui désire réaliser sa vocation. Il semblerait logique que le glébeux bénéficie d'une protection contre *le mal* puisque, selon notre hypothèse, il en a déjà fait l'expérience. Mais non ! sa protection consistera à s'abstenir de connaître le Bien et le Mal, c'est-à-dire de les maîtriser. Nous sommes appelés à « servir *l'adamah* », c'est-à-dire à prendre soin de notre poussière (notre pâte humaine) animée du souffle de Dieu. Or cette vocation est incompatible avec notre prétention à nous rendre maîtres du Bien et du Mal, c'est-à-dire à les définir selon nos propres critères, à en déterminer l'origine et la fin. Ainsi le jardin n'apparaît pas comme un lieu préservé du mal, mais comme le lieu où nous bénéficions de la protection de Dieu contre notre fantasme le plus mortel et le plus meurtrier — celui de la maîtrise du Bien et du Mal.

III. Dieu, symboliquement au milieu du jardin

L'*arbre de Vie* n'est mentionné qu'en introduction (2,9) et en conclusion (3,22-24). C. Westermann suppose la fusion de deux récits, dont l'un tournait autour d'un arbre de Vie et l'autre d'un arbre à connaître Bien et Mal ; mais à son avis, l'auteur a unifié les traditions, de sorte que le récit considéré dans son ensemble parle d'un seul arbre. L'arbre à connaître Bien et Mal, à l'exception de 2, 9 et 17, n'est jamais spécifié (3, 2. 3. 5. 6. 11. 12. 17). En revanche, l'arbre de Vie est toujours spécifié. « Ceci suggère que la formule *l'arbre de vie* était à disposition de l'auteur, tandis qu'il a forgé le titre de l'autre arbre à partir du récit lui-même » (p. 212 s).

L'arbre de Vie était effectivement connu des lecteurs. Au centre du monde, un arbre : ce thème est commun à de très nombreuses civilisations. Mais l'arbre de la connaissance du bien et du mal n'a pas de parallèle dans la littérature et ne sera pas réutilisé dans la tradition biblique. « Les mythes de nombreux pays parlent d'un arbre de vie dont la consommation des fruits confère l'immortalité... L'arbre de la connaissance dont les fruits confèrent l'omniscience n'est mentionné nulle autre part dans l'Ancien Testament » (G. Von Rad, p. 76).

Tout cela nous incite à voir dans l'arbre du milieu du jardin le symbole de la Vie que Dieu nous donne en partage, mais qu'il interdit de *connaître* à la manière dont sont connus les animaux — d'un savoir objectal et exhaustif (le glébeux a assisté à leur création et c'est lui qui les a définis, dans un acte de maîtrise et de contrôle total : « *tout* ce que le glébeux proclame-selon lui à un être respirant vivant, cela est son nom », v. 19). C'est pourquoi il n'y a pas d'interdit sur l'arbre de Vie, mais sur une manière de l'approcher : l'arbre du milieu du jardin nous est interdit dans la seule mesure où nous prétendons y cueillir un savoir absolu du Bien et du Mal. Le mystère de la Vie est à jamais indissociable du mystère du Bien et du Mal, c'est le même arbre. J. Eisenberg et A. Abécassis font remarquer que le savoir doit simplifier pour distinguer, alors que dans le réel il n'y a pas le Mal/le Bien, les méchants/les justes : « Il existe un arbre — un monde — où le Bien et le Mal sont à l'état de mélange... L'arbre désigne ici le monde hors du jardin... Le mélange du bien et du mal, en toutes choses, est même, selon la mystique juive, le caractère dominant de l'aventure humaine » (p. 70).

Le Mal et le Bien à jamais dans la sphère de l'inconnaissable

1. Le glébeux semble savoir de quel arbre il s'agit, même s'il ne s'en trouve aucun parallèle dans les littératures israélite ou païenne. C'est que cet arbre est bien connu de par la réalité qu'il symbolise : le bien et le mal, ainsi que la mort, font partie intégrante de notre existence dès son origine... mais c'est leur Sens dernier qui reste hors de notre atteinte. Comme pour signifier le silence qui doit être de mise devant cet arbre inconnaissable — silence bruissant de la présence invisible de Dieu au centre du jardin — le Midrash, habituellement si généreux en commentaires, consacre *une ligne* à ce v. 17 !

2. La disparition de l'arbre de Vie, de 2,10 à 3,21, n'est-elle pas l'indice de la fascination du couple par l'arbre à connaître le Sens, la valeur de toutes choses ? Le couple n'a d'yeux que pour l'arbre à maîtriser le Mal. La première promesse du serpent donne à croire que la connaissance du Mal prime toute autre considération : « Mourir ! Vous ne mourrez pas » (3,4), vous maîtriserez le Mal suprême. Le couple ne *vit* plus le réel, il se fourvoie dans la connaissance imaginaire d'un réel précisément inmaîtrisable.

3. Dans la Bible hébraïque, le couple bien-mal ne signifie pas du tout seulement la connaissance purement intellectuelle, mais plutôt l'*expérience*, l'*intimité avec*[11]. Les neuf autres passages où il en est question sont susceptibles d'acceptions très diverses. C'est qu'aucune réalité n'est réductible à l'étiquette *bonne* ou *mauvaise* que nous croyons pouvoir lui coller — la traduction littérale est bien « l'arbre à connaître bon ou mauvais, [*t*ôv wara‘] ». Le réel déborde sans cesse. Il existe un Sens ou non-Sens irreprésentable dans nos catégories humaines. L'*intimité totale* avec le réel nous est interdite : une zone de flou entoure tout acte, toute chose, tout être ; le Sens ultime en est indécidable. Les exemples de malheurs ultérieurement retournés en bénédictions sont légion. L'inverse est également vrai.

4. L'interdit est un absolu. On ne peut le transgresser un peu sans le transgresser totalement. C'est pourquoi la femme dit : il n'est même pas question

d'y toucher ! En langage courant, on dit : je ne veux pas toucher à cela. Si notre expérience fondatrice est celle de Job, l'interdit de la Genèse pose clairement qu'aucune connaissance humaine, aussi totale soit-elle, ne peut combler l'abîme du mal. Si Dieu ne justifie pas l'interdit, c'est qu'il porte sur l'origine du Mal : l'interdit relève, autant que le mal lui-même, du mystère de Dieu. Quand nous acceptons l'abîme de « l'inconnaissance » du Bien et du Mal, nous nous dépréoccupons de la question de l'origine, de la nature et de la fin du Mal : Dieu seul sait...

5. L'interdit de la consommation de l'arbre est un conseil d'ami. C'est la sécurité *au carré* : la sécurité du jardin, munie d'une protection supplémentaire, sans laquelle nous courons le risque d'une mort *au carré* (« tu mourras, tu mourras »). Protection qu'un texte du Midrash compare à un vêtement : « ils n'avaient qu'un seul commandement et ils s'en sont dévêtus » (p. 218). L'interdit porte exclusivement sur la connaissance du bon et du mauvais, de la *valeur ultime* de toutes choses : par ailleurs, le champ de nos connaissances reste illimité. Nous sommes invités, sans restriction aucune, à connaître la nature avec les moyens à notre disposition — « selon lui » ; et nous sommes mis en garde, de manière éminemment bénéfique, contre la tentation mortifère d'une connaissance, nécessairement fantasmatique, d'un Bien et d'un Mal érigés en absolu.

La nécessité d'un vis-à-vis pour faire face au mal

1. « À l'encontre du septuple refrain "et Dieu vit que cela était (très) bon" du ch. 1, relève G. Wenham, la remarque divine selon laquelle quelque chose n'allait pas bien dans la situation de l'homme est saisissante » (p. 68). Le récit donne l'impression d'un échec initial ou d'une inadéquation dans la seule création des humains : l'être humain est la seule œuvre de Dieu à ne pas être qualifiée explicitement de *bonne*. Non seulement la première évaluation de son œuvre que Dieu formule dans ce récit est négative (le glébeux est seul) ; mais elle intervient au moment précis où bien et mal viennent d'être évoqués : c'est au moment où la connaissance du bon et du mauvais est frappée d'interdit que, tout à coup, la solitude de l'humain paraît insupportable à Dieu. Comme si Dieu disait : je ne peux pas laisser les humains sans aucun recours dans leur confrontation au mal (v. 18).

2. En effet, selon le témoignage de Job, c'est l'expérience du mal qui rend la solitude intolérable. Si le problème du glébeux n'était que l'ennui, on voit mal pourquoi il aurait besoin d'un « secours », ['ezer], quasi divin. L'analyse détaillée que donne J.-L. Ska de ce mot révèle que la majorité de ses vingt et une mentions traite du secours divin — soit d'une aide qui vient de Dieu, soit d'une sorte de titre de Dieu lui- même. Ces textes décrivent des situations où la vie est directement en danger : enne-

mis, guerre, oppression, faim, prison, cécité, humiliation (ou détresse), insécurité. « C'est chaque fois l'existence comme telle qui est mise en péril... Le secours décrit dans ces textes suppose toujours une intervention qui se déroule non loin de la frontière qui sépare la vie de la mort. Elle est indispensable pour ramener le fidèle dans le monde de la vie. On comprend dès lors que ce soit à peu près toujours Dieu qui entre en scène[12]. » Pour requérir un tel secours, la solitude du glébeux doit être beaucoup plus grave qu'on ne le dit. Notons également que le mot habituel est le féminin [‘ezrah] et non [‘ezer] : « Ici, la forme *ézèr* est utilisée délibérément », souligne C. Westermann, qui de ce fait refuse de donner la première place, dans ce texte, à la procréation ou à l'institution du mariage (p. 227 et 234).

Si l'auteur a choisi *ce* récit de créations successives (de *l'un* puis de *l'autre*), ce n'est donc pas que la relation homme-femme lui importe par-dessus tout. C'est que, par rapport au problème du mal qu'il va traiter au ch. 3, la création d'un *autre* devient indispensable : il est impossible de faire face au mal tout-e seul-e ; le neutre souligne la nécessité vitale du secours quasi divin qu'est le vis-à-vis humain quel qu'il soit, homme ou femme — il n'y a aucun féminin dans toute cette expression « un secours comme son correspondant/co-répondant, [kenegddô] [13] ».

3. Construction-*hapax*, [ke-negddô] a pour racine [nagad] qui signifie « parler, annoncer, expliquer » — d'où la préposition [neged], « en face, contre, par rapport » et le substantif [neged], « contrepartie ». [Ke] exprime à la fois l'identité (*en tant que*) et la

conformité (*comme*). La traduction « comme son vis-à-vis ou correspondant » a l'avantage de rester neutre, mais l'inconvénient de ne pas rendre le sens de [nagad]. « Co-répondant » sauvegarde les deux. Mais la traduction « comme son part-enaire » se justifie aussi — par le parallèle qu'elle établit avec [levaddô] :

> YHWH Dieu dit :
> « Il n'est pas-bon pour le glébeux d'être *lui seul*, [le-vadd-ô]
> je ferai-pour lui un secours comme son *partenaire,* [ke-negdd-ô]. »

Le premier sens de [vad] est la part : lui seul, pour sa part.

Le premier sens de [neged] est la contrepartie : son part-enaire.

Le v. 18 peut donc se comprendre ainsi : dans la solitude, le glébeux est renvoyé à *sa part*, au mal qui lui échoit et qui devient son seul vis-à-vis. Mais avec l'irruption de l'autre humain, le glébeux est confronté à quelqu'un qui prend *part* à sa souffrance : autrui l'*aide* ['ezer] à en *parler*, à l'*expliquer* [nagad], c'est-à-dire à la rendre consciente et explicite.

4. « Je ferai-pour lui » : c'est le seul projet de Dieu dans le récit. Or l'intermède de la création des animaux renforce l'impression qu'une distance s'établit entre le projet de Dieu et le réel de l'expérience humaine. Dieu doit alors donner *son propre poids* à tout humain créé pour être le vis-à-vis d'autrui : *secourir, annoncer, faire connaître* lui appartiennent en propre dans la Bible. Mais « je ferai-

pour lui » laisse au glébeux la liberté de ne pas y faire recours, de chercher à se débrouiller tout seul par le fantasme autosuffisant de la connaissance du Bien et du Mal.

La vocation humaine, plus originaire que le fantasme

1. Plutôt que l'image d'un premier couple *adam-adamah*, nous voyons dans les versets qui précèdent la création de la femme une créature glébeuse pas encore sexuée : elle dit quelque chose de l'humain en général, à savoir le Sens originaire que Dieu inscrit dans sa vie. Ce Sens est *orientation vers un autre* — et il est bien question d'*orient* au début et à la fin du texte, comme si l'humanité cherchait sa direction ! L'*adam* connaît l'*adamah* dont il a été formé, mais pas l'« haleine » que Dieu lui insuffle. En d'autres termes, il connaît *le même* (son *adamah)* mais non son origine ultime, qui est *Autre*. Or il a d'abord été créé « pour la servir, [ʻavad], et la garder » (2,15) ; et *ensuite* il a entendu l'interdit concernant la connaissance du Bien et du Mal. Notre vocation à *servir* un « soi animé du souffle d'un Autre » est donc plus originaire que notre *maîtrise* fantasmatique de la valeur des choses et des êtres : à cette notion de service la Bible donne une place de choix, et l'expression *ʻeved YHWH*, serviteur de Dieu, est très valorisée en Israël.

2. L'origine d'autrui est tout aussi inconnaissable. Marie Balmary va jusqu'à voir dans l'interdit du v. 17 une interdiction de s'approprier autrui : « En donnant l'interdit de manger un seul arbre, c'est la place de l'autre que le divin garde. Il ordonne, il met une limite, un point d'inconnaissance qui permet à l'autre d'exister autre... Bienheureuse inconnaissance, à garder, à cultiver » (p. 255). Le texte suggère que nous ne sommes pas plus à l'origine d'autrui qu'à l'origine de nous-mêmes : « il ne trouve pas un secours... » (2,20), qu'il est incapable de créer lui-même. L'interdiction de connaître le Bien et le Mal se situe *entre* l'inconnaissance de notre origine personnelle et l'inconnaissance de l'origine d'autrui symbolisée par la « torpeur ». Pourquoi en est-il ainsi ? C'est que la transgression de l'interdit concernant le Bien et le Mal met avant tout *autrui* en danger : dès que nous prétendons connaître le Bien et le Mal, autrui n'est plus autre mais il est réduit au Mal que nous croyons cerner et que nous projetons sur lui (3,12). Ou encore, nous imposons à autrui ce que nous avons décidé être le Bien, et il perd à la fois sa liberté et son altérité (3,6).

3. Le respect de l'interdit, *qui fait partie de notre vocation,* est clairement inscrit en nous dès notre origine. L'image utilisée par l'auteur (la prise d'une côte) est exactement le contraire d'une consommation de fruit : au lieu d'assimiler l'autre, le glébeux accepte que *l'autre sorte de lui* et vive son existence propre. Cette « sortie » n'est pas un abandon, puisque la proximité/similitude subsiste — « os de mes

os et chair de ma chair »... *adam-adamah...* ce qui relève du même. Mais il y a aussi en l'autre cette « haleine » venue de l'Autre ; ici elle est évoquée par le nom *proclamé*, à la voix passive qui est la manière biblique de désigner Dieu : « à celle-ci il sera proclamé ['iššah] ! » L'autre, que le glébeux ne connaît pas, lui révèle qui *il* est : c'est le nom de l'autre ['iššah] qui, formulé en premier, lui révèle le sien ['yš].

4. « Ils sont *pour* une seule chair » (v. 24), le *pour* désignant encore la vocation qui cette fois leur est commune : assumer ensemble la même fragilité car [baśar], la chair, c'est le corps dans toute sa précarité — sans aucune « honte ». Effectivement, il est possible de répondre à cette vocation : « ils sont eux deux nus... Ils ne se font point honte » (v. 25). Ils sont à nu l'un devant l'autre, ils n'ont pas honte de leur dénuement devant les dangers de la vie et, en particulier, de leur impuissance devant le mal. Parce qu'ils respectent l'interdit de Dieu, ils n'ont pas honte de leur incapacité à maîtriser le mal qu'ils subissent. Ils assument ensemble, « eux deux », une existence traversée par un mal dont ils acceptent de ne rien connaître.

Et cela n'est pas une atteinte à leur intelligence, puisque le pluriel ['arumym] signifie soit « nus », soit « intelligents, malins ». On peut se trouver à nu dans une existence dont on s'avoue incapable d'éradiquer le mal par la pensée, une existence qu'on ne s'estime pas fondé à déclarer bonne ou mauvaise ; mais cette attitude, loin d'être honteuse, humiliante pour l'esprit, est une preuve d'intelligence : l'intelligence supérieure ne consiste-t-elle pas en une nudité devant le savoir ?

Les autres mentions bibliques de la nudité vont dans le même sens : la honte provient toujours d'une humiliation, d'un mal que nous subissons dans un dé-*nu*ement total. Dans la nudité, les écrivains bibliques ont souvent vu la perte d'une dignité humaine et sociale. L'état de l'enfant à sa naissance n'évoque pas à leur esprit l'idée de l'innocence mais celle du dénuement et de la faiblesse. Le récit de la Genèse semble donc inscrire dans notre vocation commune la possibilité de subir le dénuement provoqué par le mal, sans enfermement dans la honte, avec le secours de l'autre.

La suggestion du serpent :
le salut par la connaissance du Bien et du Mal

1. Un rabbin a vu dans les écailles du serpent la malédiction de la lèpre. « Pour l'Aggadah, note B. Maruani, la lèpre sanctionne la médisance, méfait dont s'est rendu coupable le serpent[14]. » Il est [‘arum], « intelligent, malin » (3,1). Or les humains viennent d'être qualifiés de [‘arumym]. Cet animal le plus intelligent de tous, et en même temps le plus nu, ne représenterait-il pas *la part de l'humain qui médit de l'humain ?* Le serpent ne serait-il pas ce qui, en nous, dénonce la vulnérabilité au nom d'une pensée qui est censée en venir à bout ? Dans ce cas, il le fait sans le dire.

C'est seulement après coup, une fois fourvoyés dans cette impasse, que nous comprendrons : nous saurons alors que nous ne supportions pas d'être nus (3,7), c'est-à-dire impuissants devant le bien et le mal. La médisance du serpent consisterait à insinuer que cette impuissance est un manque d'intelligence : votre pensée peut venir à bout du mal, suggère le serpent ; elle peut éradiquer la souffrance, en opérant une synthèse de la vie à la manière hégélienne. Du couple de la Genèse, W. Brueggemann dit qu'ils cherchent un discernement susceptible de maîtriser toutes choses, sans la capacité de souffrir et d'être vulnérables (p. 54).

2. Tout se passe comme si l'enjeu de l'histoire était de trouver le moyen de mettre fin au mal dans ce qu'il a de plus implacable, fin à notre impuissance la plus radicale : « mourir ! vous ne mourrez pas » (3,4). Contrastant avec cette forme inaccomplie, les verbes du verset suivant, au mode accompli, indiquent une réalité déjà effective : « vos yeux *sont* ouverts et vous *êtes* comme Dieu ». Cette attitude, qui nous est constitutive dès nos origines, est exactement celle que décrit l'Évangile : les pires aveugles sont ceux et celles qui croient voir. Attitude que confirme la psychanalyse : le conscient méconnaît d'autant plus l'inconscient qu'il croit le connaître.

Symbole de la confusion érigée en connaissance claire, le serpent est une trouvaille. Archétype de premier ordre en histoire des religions, il est jumeau en lui-même, à la fois mâle et femelle. Sous d'innombrables formes, on retrouve le mythe du grand serpent originel, expression de l'indifférencié primordial. N'est-ce pas notre impuissance radicale devant le mal qui fait germer en nous la pensée rassurante que ce mal est en réalité un bien ? L'indifférenciation provoquée par l'expérience déroutante du mal, et symbolisée par l'animal indifférencié par excellence, provoque en nous la volonté désespérée de différencier le Bien et le Mal après les avoir désincarnés. Ne faut-il pas « être comme Dieu » pour transformer le mal en bien et faire, ainsi, que le mal ne soit plus ?

3. Le serpent serait donc ce qui en nous brouille toutes les cartes, bonnes ou mauvaises, sous couvert de clair-voyance. Dans le texte, la connaissance du Bien et du Mal prend la forme d'un habit qui désormais nous empêche de nous voir nus, affectés par le mal, et qui nous incite à projeter ce mal à l'extérieur. La logique de la torture s'inscrit parfaitement dans cette maîtrise du Mal par une connaissance objectivante : il s'agit de localiser le Mal hors de soi-même, et, ce faisant, de s'associer à Dieu pour l'éradiquer — d'où les crucifix aux murs de certaines salles de torture. Par ses retombées sur les autres, la connaissance du Bien et du Mal est donc lourde de conséquences.

Dès le moment où le glébeux a honte de son impuissance et se cache à lui-même le mal qu'il a subi, il ne s'intéresse plus qu'à l'*origine* du Mal, qu'il projette sur la femme, et la femme sur le serpent (3,12 s) — manière de suggérer que nous croyons ainsi venir à bout du mal. Cette connaissance prétend à l'objectivité. Tout comme l'auto-accusation et l'autojustification, elle est à elle-même son propre critère : « vous êtes comme Dieu, ou comme des dieux connaissant bien et mal » (3,5). Tout au long du récit, vingt fois il est question de YHWH-Elohim, sauf précisément dans les versets de 3,1 à 3,5 : ['elohym] est une forme plurielle qui rappelle notre origine divine ; mais le fondement inconnaissable de cette origine est YHWH, le nom imprononçable. Au moment où, avec le couple de la Genèse, nous croyons accéder au fondement inconnaissable du Bien et du Mal, nous nous déifions et perdons tout *vis-à-vis*. Nous opposons à notre vocation commune le statut de sujets assez puissants pour nous fonder imaginairement chacun sur nous-mêmes. Mais c'est notre impuissance devant le mal qui aboutit à cette démesure *et non l'inverse* : à notre impuissance devant le mal, nous opposons la tentative démesurée et désespérée de le gérer.

La connaissance du Bien et du Mal : un fantasme d'autosuffisance

1. « Elle voit, la femme, que l'arbre est bon » (3,6) : elle décide qu'il est le Bien. « Des actes jusqu'ici caractéristiques du Créateur, indique G. Wenham, sont maintenant attribués à la femme. Elle "*vit que* l'arbre *était bon*", se faisant clairement l'écho du refrain de Gn 1, "Dieu vit... que cela était bon". Au chap. 2 c'est le Seigneur qui *prend* l'homme et la côte (15, 21, 22, 23) ; ici elle prend le fruit » (p. 75). Elle juge du Bien sans même en

avoir fait l'expérience ; en effet, elle *voit* qu'il est *bon pour la nourriture* avant même d'en avoir mangé. Elle n'entend plus la parole divine qui met en garde contre une telle connaissance/nourriture inapte à faire vivre. Ses yeux *sont ouverts* déjà puisqu'elle *voit* : autant dire que c'est *dans cette vision-là* que s'effectue la consommation du fruit ; c'est cette façon de *voir*, de juger du Bien et du Mal, qui est le fruit défendu.

Pour J. Eisenberg et A. Abécassis, l'illusion de tout voir porte aussi sur l'origine et la fin : [faqa*h*], « ouvrir les yeux », signifierait aussi « être intelligent » et « connaître l'avenir ». Or [na*h*aš], le « serpent », c'est aussi le « devin ». On voit par là comment le jugement définitif sur le Bien et le Mal tue l'avenir ; si elle *voit* ce qu'« est » le Bien, elle n'aura aucune peine à *voir* ce qu'est le Mal, puis à passer à une connaissance absolutisée des bons et des méchants : c'est un menteur ou une voleuse, dit-on couramment en enfermant l'avenir dans un passé-présent *connu* !

2. Le fantasme d'autosuffisance est exprimé par des images de fusion. Fusion avec un Dieu imaginaire (assimilant le fruit, elle croit assimiler l'arbre tout entier : c'est *l'arbre* qui est bon), et fusion avec l'autre : une pléthore d'enveloppements (« elle donne-aussi-à son homme-avec elle », 3,6) traduit l'absence de partenariat. La connaissance du Bien et du Mal implique l'élimination de l'autre-Autre : à six mentions de *manger*, succèdent de la part du glébeux quatre déclarations en « je » (v. 10), là où l'on attendrait « nous ». Il a *mangé* l'autre... et l'Autre :

« Consommer de l'arbre de la connaissance du Bien et du Mal, c'est se transformer soi-même en arbre de la connaissance, et devenir soi-même le critère de distinction du Bien et du Mal », écrivent J. Eisenberg et A. Abécassis. Ces auteurs font remarquer que l'homme et la femme « sont tout simplement en train de devenir les premiers païens de l'histoire » (p. 102 et 278).

D'où provient notre besoin d'abolir l'altérité, sinon de l'abandon qui accompagne toute expérience du mal ? Le seul autre vraiment bon était le sein maternel, mais il n'était précisément pas autre (le bébé le vivait comme une partie de lui-même). Quand nous continuons à manger l'autre-Autre, le considérant comme bon, l'assimilant comme le-même-que-nous, nous refusons d'être livrés à ce mal fondamentalement Autre qui « survient » et nous plonge d'abord dans un abîme d'abandon. C'est l'excès du mal qui nous accule, comme Job, à cette dévoration/disparition de l'autre-Autre dans un retour imaginaire, sans parole, au sein maternel.

3. C'est l'irruption de l'Autre qui dé-voile notre nudité : « j'ai eu peur car-je suis nu et je me suis caché » (v. 10). Ses protections sont dérisoires, son dénuement devant le mal reste intact : la connaissance du Bien et du Mal n'a rien résolu, l'autosuffisance qu'elle implique est une impasse. La peur du glébeux découle bien davantage de son dénuement que d'une culpabilité absente du texte ; c'est devant cet Autre, en qui réside le mystère du mal, que la nudité devient inévitable. Ne pas supporter d'être nu devant Dieu, c'est du même coup ne pas supporter

d'être totalement impuissant devant le mal. Contrairement à 2,25, le dénuement devant le mal devient insupportable dès lors que, refusant le secours du vis-à-vis, chacun s'enferme seul dans son fantasme de connaissance du Bien et du Mal.

Le fruit mortel :
voir dans l'existence de l'autre l'origine du Mal

1. Si autrui ne peut être *mangé*, il devient une menace. Créé pour être, en vis-à-vis, le secours indispensable pour vivre avec le mal, autrui quel qu'il soit est perçu soit comme tout bon et comestible, soit comme tout mauvais et destructeur ; et dans le texte, il n'y a apparemment pas d'autre alternative. L'origine du Mal semble alors tapie dans cet autre-Autre qu'on prétend connaître. « Toute relation devient menace, écrit M. Balmary. Autrui, (croit l'humain), peut désormais pénétrer en lui comme il a lui-même cru pénétrer en autrui... Le regard de l'autre (“vos yeux s'ouvriront”), une fois mangée la parole entre eux, les “connaît”, les pénètre » (p. 274).

C'est la raison pour laquelle « ils se cachent du *visage* de YHWH Dieu au milieu de l'arbre du jardin » (3,8) : cachés dans leur connaissance du Bien et du Mal, ils se croient à l'abri du visage de cet Autre qu'ils soupçonnent être l'origine du Mal — « la femme que *tu* as donnée avec moi » (v. 12), tu en es responsable. Le vis-à-vis est devenu mauvais. Autrui apparaît menaçant dès lors qu'on s'imagine connaître le Mal qui est en lui. Pour chaque humain, l'origine du Mal est dans l'autre (« elle m'a donné... il m'a égaré... ») ; pour la postérité judéo-chrétienne, elle est en Adam et Ève. C'est prêter l'oreille à la médisance du serpent : *l'altérité* est suspecte... On lit dans le Midrash que la simple création de l'autre suffit à déclencher le fantasme mortel de la connaissance du Bien et du Mal : « Tant qu'il était (seul) l'homme “était comme l'Un”, mais sitôt qu'une côte fut prise de lui, il y eut “connaissance du bien et du mal” ».

2. « Qui t'a *fait savoir*, annoncé, expliqué que tu es nu ? » (3,11), du verbe [nagad] qui dans ce texte apparaît ici et en 2,18 au sujet de la création de l'autre : « comme son correspondant/co-répondant », comme celui ou celle qui fait savoir, annonce, explique. Le regard d'autrui, créé pour venir au secours, s'est perverti en regard « chosifiant » chargé de mépris et de condamnation : tu es nu et impuissant devant le mal. L'autre n'est plus un secours parce que, croyant la connaître, le glébeux a vu en elle l'origine du Mal. Dieu, par sa question, semble lier la révélation du dénuement devant le mal à l'interdiction de le connaître : « il n'est pas bon pour le glébeux d'être lui seul », démuni face au mal, mais c'est ce qui arrive dès l'instant où il s'imagine en venir à bout par son jugement.

Dieu avait pourtant pris soin d'inscrire l'origine de l'autre dans la sphère de l'inconnaissable. Quand je vois en autrui l'origine du Mal, j'oublie qu'il a été créé — selon la symbolique biblique — pendant ma *torpeur* : je le connais comme si je l'avais fait ! Il est clair que l'autre, par son comportement, vient parfois alimenter un fantasme de connaissance du Bien et du Mal déjà effectif en chacun de nous : ainsi se trouve renforcé notre enfermement dans le mal. Mais la création d'autrui nous reste définitivement inconnaissable : nous ne pourrons donc jamais prétendre qu'il *est* le fondement ultime du mal qu'il fait. L'inconnaissable au milieu de notre jardin est avant tout l'inconnaissable au milieu du jardin d'autrui. Le bon et le mauvais en l'autre, sa valeur ultime, indépendamment de ses actes connus, sont hors de notre portée. Toute connaissance à ce sujet ne peut être qu'un leurre. Avec Job, nous avons appris que le fondement ultime du Bien et du Mal est en Dieu. Gn 2-3 en est l'éclatante confirmation.

3. « Où es-tu ? », « clame » et « parle » Dieu comme si le glébeux était perdu (3,9). Il faut que la « voix » de Dieu, cette fragile et inégalable ambassadrice d'altérité, vienne briser l'autisme de la connaissance du Bien et du Mal. La femme avait *vu* que l'arbre était bon, l'homme ne *voit* pas Dieu. Il entend une voix qui n'est pas lui-même, et qui n'est ni bonne ni méchante, mais *autre que lui.* La condition pour ne plus être *lui seul* semble bien être de sortir de l'arbre, de renoncer à connaître le Bien et le Mal qui sont en l'autre-Autre, pour entrer en relation avec lui. Il est frappant que Dieu ne s'adresse pas au serpent : c'est comme si la question du mal ne pouvait être envisagée que dans un face-à-face authentique entre Dieu et les humains !

La prétention mortifère : connaître le Bien et le Mal

1. Avec l'exégète C. Westermann, on peut penser qu'à un stade ancien du récit, l'expulsion du jardin suivait immédiatement le v. 13 ; le parallèle d'Ez 28 et l'accumulation de punitions, disproportionnée avec l'offense, lui font penser que l'unique et originaire punition était l'expulsion du jardin et la séparation d'avec Dieu, le v. 23 faisant suite au v. 13 (p. 256 s et 267). Il faut ajouter à cela que la mort n'est pas mentionnée une seule fois dans les v. 14-19, ce qui pourrait faire douter du sérieux de la menace. Pour l'auteur du récit, il semble que l'expulsion consiste à mener l'existence décrite aux v. 14-19, comme si Dieu ne faisait que constater les épreuves qu'engendre l'exil loin de sa *face*.

On peut relever la parenté phonétique entre ['e*s*], « l'arbre », ['e*s*ev], la « peine » (v. 16), et ['i*ss*vôn], la « douleur » (v. 16 et 17). Ce ne sont pas là les mots habituels pour parler de la grossesse et de l'enfantement. Le jeu de mots nous paraît manifeste : le fruit de cet arbre est nocif pour tout humain ; le fantasme de la connaissance du Bien et du Mal engendre la mort, même là où la vie est enfantée et le travail accompli. La pulpe du fruit que l'on croyait bonne s'avère amère et pourrie.

2. La menace était donc sérieuse : à en croire Job, vivre comme mort est bien pire que mourir. Cette non-vie advient chaque fois que la femme *mange* le *bon* fruit qu'est son enfant pour oublier ses propres

malheurs, dans une fusion à la fois impossible et destructrice des deux, dans une déification conforme à la promesse du serpent : [‘e*s*ev] est à la fois l’idole et la peine — « dans la peine/l’idolâtrie tu enfanteras des fils » (3,16). Cette non-vie advient également chaque fois que l’homme « domine » ou « se compare » à la femme (3,16). Ce verbe met bien en lumière notre manière de fusionner : nous commençons par annexer l’autre comme identique, *donc comparable*, pour finalement avoir barre sur lui. Fusion à la fois impossible et mortifère, puisque l’origine et la vocation d’autrui nous interdisent de l’utiliser pour combler un gouffre de souffrance que Dieu seul peut combler : autrui reste un secours et non un bon fruit à assimiler, à transformer en même-que-moi.

Cette non-vie advient enfin chaque fois que nous *mangeons* notre origine terrestre (*adamah*) sans le souffle de Dieu, comme un *bon* fruit qui s’avère mortifère : « dans la douleur tu en mangeras... Epine et ronce elle fera germer pour toi » — en trois versets, cinq mentions du verbe manger (v. 17-19). Le jeu de mots mentionné plus haut permet d’entendre en écho : « tu manges de l’arbre, [‘e*s*]... dans la douleur, [‘i*ss*vôn], tu mangeras ». Le bon fruit de la connaissance du Bien et du Mal, que nous prétendons voir dans les êtres issus de l’*adamah*, se mue en violence et en agressivité. Ce que nous croyons connaître d’autrui n’est qu’épine et ronce, c’est-à-dire uniquement l’*adamah* dont il est issu (sa pâte humaine !), sans le souffle divin qui précisément reste à jamais inconnaissable. Chaque fois que, réduisant autrui à l’*adamah* sans le souffle divin, nous prétendons le connaître, nos relations humaines retournent à l'état de friche des origines — stérilité et hostilité à la vie symbolisées par « épine et ronce » d'une part, et par « narine » ou « colère » d'autre part (« à la sueur de tes narines/colères » : tu transpireras la colère...).

La mort n'est pas nommée à la fin du v. 19 ; mais l'image de la poussière, [ʻafar], n'est-elle pas mieux à même d'évoquer cette désagrégation de notre relation à autrui et à nous-mêmes, cette mort au deuxième degré que provoque la prétendue connaissance du Bien et du Mal ? De même que l'auto-accusation et l'autojustification ont réduit Job en *poussière* et en *cendre* (42,6), une vie de maîtrise fantasmatique du Bien et du Mal ne peut que tomber en poussière. C'est la mort de notre identité propre *et* de notre lien à autrui. Double mort que les redoublements du texte laissent entrevoir : « tu mourras, tu mourras — je multiplierai, je multiplierai — épine, ronce — douleur, douleur — tous les jours — poussière, vers la poussière ». Cette mort-là, qui est exil loin de Dieu, est plus radicale que la mort physique.

3. « *Au jour où* tu en mangeras, tu mourras », avait dit Dieu : c'est ponctuel, limité dans le temps. *Chaque fois* que tu prétendras connaître Bien et Mal, leur donner sens, origine et fin, ce sera ta perdition. Toutefois, la pente est naturelle : les verbes des v. 14b-16 et 17b-19 sont tous au mode inaccompli, celui de l'existence humaine en devenir. Dieu lui-même constate notre incapacité naturelle à ne pas manger de ce fruit-là : « le glébeux est comme l'un

d'entre nous *pour* connaître bien et mal » (v. 22) ; c'est une tendance que nous prendrons toujours pour notre vocation, oubliant le « *pour* servir et garder l'*adamah* » qui nous avait été signifié dès les origines. Mais il ne découle nullement de ce verset que nous y parvenions. Le texte lui-même illustre combien cette tendance est vouée à l'échec. Dieu n'a pas plus tôt fini d'évoquer la mort provoquée par le fantasme de la connaissance du Bien et du Mal, que le glébeux lui objecte : « [*H*awwah], vivante ! oui, c'est elle qui est mère de tout vivant » (v. 20).

Quelle que soit la sincérité de son enthousiasme, le glébeux persiste dans son fantasme de connaissance du Bien, en s'appropriant la transmission de la vie, comme si ce n'était pas Dieu le créateur de « tout vivant ». Pour lui, elle *est* mère, au présent, alors que précisément elle ne l'est pas encore, et que le verbe concernant ['iššah] était au futur : « à celle-ci il sera proclamé ['iššah] » en 2,23. C'est donc que 3,20 est l'épilogue de 3,16 : la mort au deuxième degré de la femme consiste à devenir *Ève la procréatrice*, alors que Dieu avait créé ['iššah], la partenaire, le secours. « Il proclame le nom de sa femme, le glébeux » ; il en parle à la troisième personne, *comme il avait proclamé les noms des animaux.* Il enferme dans la maternité le vis-à-vis que Dieu lui avait donné. Il n'est plus ['yš] en face de ['iššah], en secours mutuel pour faire face au mal. Il reste le glébeux, représentant de l'humanité entière, et il projette sur elle la même totalisation imaginaire : la procréatrice, Ève, mère de *tout* vivant !

Enfin, le glébeux appelle la femme Ève, nom proche du mot araméen *hiwya* qui signifie « serpent » : sans s'en apercevoir, ne projette-t-il pas sur elle la médisance qui est en lui, comme si la tentation de médire de l'humain, de sa vulnérabilité face au mal, devenait désormais son premier vis-à-vis ? Comme si la tentation de l'indifférenciation, la tentation de prendre indifféremment le Mal pour le Bien et le Bien pour le Mal dans un fantasme de connaissance objective, devenait désormais son secours dans l'existence[15] ?

De l'impasse de la connaissance à l'avenir de la vocation

1. « Maudite la glèbe, *adamah*, à travers toi/à cause de toi » (3,17) : c'est toi qui mau-dis ton origine, qui mé-dis de ton *adamah* vulnérable quand tu prétends la connaître indépendamment du souffle divin qui l'anime. ['Arur], « maudit », est en consonance étonnante avec ['arôm] et ['arum], « nu » et « intelligent » (2,25) : notre nudité devant le mal, notre intelligence qui prétend le maîtriser, et la malé-diction qui ronge la racine de notre existence sont une seule réalité. Il se trouve qu'en Israël la faute involontaire provoquait l'exil et la faute volontaire la mort, et qu'ici les humains sont donc à la fois victimes et coupables. En effet, il existe une nudité, un dénuement devant le mal, que Dieu commence par recouvrir « de son ordre » (l'interdit de 2,16) ; mais nous tentons constamment, nous, de

recouvrir cette nudité au moyen de notre « intelligence » absolutisée — c'est en cela que nous sommes à la fois victimes du mal et responsables de notre fourvoiement.

Voilà pourquoi au v. 21 Dieu les protège d'*eux-mêmes*, par une « tunique de peau », ['ôr], mot qui désigne en premier lieu la peau *humaine.* La racine correspondante a la triple signification d'« être aveugle », « être nu », « se réveiller ». Tout cela n'évoque-t-il pas *une vulnérabilité qui nous reste constitutive*, puisque Dieu vêt leur peau de peau, en un geste de bénédiction posé sur cette *adamah* fragile, démunie, mais animée de Son souffle ?

2. « Maintenant il est à craindre »... qu'il ne se fourvoie encore plus : « qu'il mange et vive à jamais » (3,22) — qu'il continue à en manger en croyant vivre à jamais, en s'imaginant maîtriser la vie par la pensée. Il est à craindre que pour vivre à jamais, nous ne continuions de manger de ce fruit mortel, sans jamais *ouvrir les yeux* sur la médisance du serpent que nous portons en nous. En effet, nous avons vu un seul arbre dans le récit ; et de plus, aucun interdit ne porte sur l'arbre de Vie : c'est dire, à nouveau, combien le mystère de la Vie est indissociable du mystère du mal. « Il est à craindre qu'il ne prenne *aussi* », car le fantasme de connaissance du Bien et du Mal finit par provoquer la *main-mise* sur la vie et la mort. L'Histoire montre bien que les « craintes » de Dieu sont justifiées !

3. Comme un livre que l'on ferme, la dernière parole du récit renvoie à celle de l'ouverture : Dieu prend le glébeux et le pose dans le jardin d'Éden « POUR la servir et la garder » (2,15)... Dieu le renvoie du jardin d'Éden « POUR servir la glèbe de laquelle il fut pris » (3,23). La préposition *pour* pointe vers une vocation en péril mais constamment réaffirmée : « il n'est point d'*adam* POUR servir l'*adamah* » (2,5) ; « POUR la servir et la garder » (2,15) ; « le glébeux est l'un d'entre nous POUR la connaissance du bien et du mal » (3,22) ; « il est à craindre qu'il... ne mange et vive POUR l'éternité » (3,22) ; « POUR servir la glèbe de laquelle il fut pris » (3,23). Notre vocation humaine n'est pas de servir l'arbre de la connaissance du Bien et du Mal, de tenter de venir à bout du mal et de maîtriser vie et mort. Notre vocation est de servir l'*adamah* animée du souffle inconnaissable de Dieu.

Le v. 24 se présente comme un doublet mythologique du v. 23. D'une part, la vocation reprend celle du glébeux : « pour la garder », [šamar] (2,15)... « pour garder le chemin », [šamar] (3,24). D'autre part, l'initiative de Dieu est similaire : « il le pose dans le jardin d'Éden » (2,15), « il les fait séjourner à l'orient du jardin-d'Éden » (3,24). Enfin, que signifie *garder le chemin* ? Interdire le passage ? N'est-ce pas plutôt veiller à ce qu'il ne se perde pas, entretenir la mémoire de ce qui doit rester notre chemin vers l'origine de la vie, du Bien et du Mal, c'est-à-dire vers Dieu ? Si tel est le cas, on se représente mieux les chérubins. Ils pourraient être les humains créés pour devenir le secours de leurs semblables quand ils sont tentés de manger de l'arbre interdit ;

le parallèle d'Ez 28,1-16 parle d'un « chérubin protecteur établi » en Éden, et par la suite expulsé loin de la montagne de Dieu.

On peut donc voir dans ces [kerouvym] des humains « garde-fous », susceptibles d'aider les autres à ne pas se fourvoyer en mettant la main sur Dieu. À l'appui de cette interprétation, C. Westermann renvoie [keruv] à l'akkadien *kâribu* ou *kârubi* : sa signification primitive est celle d'« intercesseur », qui correspond au sens premier, en akkadien, de « médiateur des prières » ; *kâribu* ou *kârubi* désignerait celui ou celle qui prie par excellence (p. 274). Inter-céder, n'est-ce pas s'en aller entre, s'inter-poser entre Dieu et la personne exilée loin de Dieu, *garder* pour elle le chemin de son retour vers l'arbre de Vie ?

Mais les médiateurs de prière ne seraient rien sans l'Esprit, le feu de Dieu. Si la « flamme de l'épée tournoyante » n'a aucun parallèle exact dans la Bible hébraïque, c'est peut-être que l'auteur de Gn 2-3 a eu cette intuition particulière du tranchant jamais émoussé (l'épée ne doit pas cesser de « tournoyer ») de la foi en un Dieu qui interdit de connaître le Bien et le Mal. Ainsi a-t-il su évoquer la coupure, la déchirure, la brisure qui président à toute existence. Il nous faut envisager la blessure de l'épée tournoyante si nous désirons nous avancer sur le chemin de l'arbre de Vie, alors que l'arbre de la connaissance du Bien et du Mal est au contraire d'un accès si facile qu'il prête à confusion. C'est ainsi que nous nous garderons de prendre le fantasme de notre connaissance du Bien et du Mal pour la Vie.

Chapitre 6

De l'enseignement hébraïque à la passion du Christ

À la base de toute connaissance du Bien et du Mal, une confusion existentielle*

1. À l'aurore de la pensée grecque, on trouve déjà l'aveu de cette « diabolique » confusion qui menace l'esprit jusqu'à son insu. « C'est avec vérité qu'a été proférée cette célèbre parole, lit-on dans l'*Antigone* de Sophocle. Le mal paraît être un bien à celui dont la divinité mène l'esprit à sa perte ; il n'est alors que peu de temps à l'abri du malheur » (v. 582-625). On peut considérer la doctrine platonicienne des Idées, et en particulier l'Idée suprême du Bien, comme la tentative de mettre fin à cette confusion. En revanche, il nous appartient de comprendre pourquoi l'approche systématique du Bien et du Mal, qu'elle soit philosophique ou théologique, est immanquablement vouée à l'échec.

Dans les différentes formes de dualisme ontolo-

---

* Nous écrivons Bien et Mal avec des majuscules chaque fois que ces notions sont érigées en connaissances absolues.

gique, on prend pour point de départ le Bien et on lui oppose le Mal : soit le Mal est une contradiction à dépasser, soit il est le pendant nécessaire (définitif, ou provisoire) du Bien, avec la perspective d'une victoire finale du Bien ; c'est de toutes façons prétendre en finir avec le mal grâce à la pensée. Connaissance prétendument exhaustive d'un Mal auquel on oppose terme à terme un Bien défini au préalable. Le mal n'est plus alors abordé tel qu'il est en lui-même, *sans commune mesure, sans point de comparaison* avec ce Bien qui seul a droit à l'existence. L'excès du mal ne peut plus être pris en compte. La pensée systématique se meut nécessairement dans le quantifiable : il faut que le moins soit compensé par le plus, que le Bien *annule* le Mal, que les nouveaux enfants de Job remplacent les enfants perdus.

Penser le mal comme excès nous conduit, avec C. Chalier, à une « absolue mise en question de la prétention de mesurer le bien à l'aune de l'être » : le drame de Job est précisément de ne pouvoir cesser d'être ! Cette absolutisation du Bien identifié à l'Être conduit à « plier le poids du mal et de la souffrance à la nécessité du devenir en en faisant de simples étapes, regrettables peut-être, mais inhérentes à son accomplissement, et, en ce sens, justifiées ». D'où le « refus de considérer le mal présent pour lui-même » (p. 41 et 47).

Nous nous figurons alors combler l'abîme de l'expérience du mal par la pensée *avant même* que personne n'ait pu en témoigner. La toute-puissance de l'essence du Bien indûment assimilé à l'Être rend superflu tout témoignage d'une souffrance happée par le néant. Il semble possible de défendre qu'une dimension tragique subsiste dans la pensée de Hegel ; mais il demeure que sa dialectique, sous couvert de prendre en compte le mal, apparaît comme l'expression la plus explicite de ce fantasme de connaissance de l'Être. La pensée veut se situer au-delà de la confusion existentielle entre le bien et le mal, s'arrogeant le droit de faire du Mal une composante de l'Être — ce qui rend totalement sourd au témoignage des êtres pour lesquels l'Être est devenu une malédiction.

Par la pensée, nous connaissons le Bien et le Mal : nous délimitons le Mal et le réduisons à n'être qu'une composante — fâcheuse mais inévitable — de l'Être. Il ne peut en être autrement : la connaissance logique est assimilation, réduction de l'inconnu au connu, transformation de l'autre en même, intégration de la partie dans le tout, consommation de l'objet « fruit ». Quand notre connaissance intègre le Mal dans le monde qu'elle connaît, nous ne désirons plus l'irruption d'un Autre qui seul pourrait prendre en compte et en charge *un mal en excès par rapport au monde*. La logique du Même suffit : le Bien est le Bien, le Mal est l'exact pendant du Bien, l'être souffrant n'est qu'une partie de l'Être.

Dans cette optique, Nietzsche critique « l'Idéal » à partir d'une intuition : il pressent que la *connaissance* du Mal permet de ne pas en affronter la *réalité*. L'Idéal se conçoit et se développe comme une antivie étrangère à tout mal, à toute négativité, comme un « arrière-monde » plus vrai que le monde réel. Cependant, le bonheur qu'il procure n'est qu'illusion : l'idéaliste croit vivre mais il dort ; la vie même lui échappe dans la mesure exacte où dans sa pensée il a interdit de séjour tout le mal et la négativité inhérents à la vie. Du même coup, l'idéaliste croit penser mais il évolue du Même au Même ; il ne s'aperçoit pas que sans le mal-Autre, le Bien auquel il s'accroche ne correspond plus à aucune réalité — ce qui annihile le ressort même de sa pensée.

L'idéalisation — la mise en idées du Bien et du Mal — court-circuite l'expérience « inintégrable » d'un mal subi que nous vivons comme un absolu. Or, contrairement à la vérité qui efface instantanément l'erreur, le mal n'est pas effacé par un Bien compensatoire ; il est d'un autre ordre : le mal n'appartient pas au processus de la connaissance. Nous avons beau connaître les causes de notre malheur, l'inconnaissable pourquoi de ce mal reste intact : pourquoi cela, qui *me* fait mal ? Un ordre universel bon laisse béante la faille qui s'est ouverte dans le passage du bien le plus petit au mal le moins grave : le mal n'est comparable à rien, pour *ce* sujet sans lequel il ne serait rien en soi, car le mal n'est que là où il affecte un sujet.

La connaissance du Mal est donc un leurre à la fois pour nous et pour autrui. Dans la mesure où le mal est ce qui fait mal, il ne se défera jamais de la particularité de quiconque le subit ; nul ne peut l'objectiver, en faire un objet de connaissance ; nous ne le pouvons même pas pour nous-mêmes. En effet, le vif de l'expérience du mal en excès paralyse notre réflexion. Mais après coup, notre connaissance ne nous sert à rien : il nous arrive d'évaluer la portée, la nature, la raison d'être du mal que nous avons subi ; mais cette connaissance *ne peut pas* remplacer notre simple témoignage, ni même le relayer. Comme si, au cœur de l'expérience du mal en excès, apparaissait un noyau dur d'inconnaissable, d'impensable : un arbre au milieu du jardin, qui échappe à jamais à notre réflexion.

2. L'interdit du jardin d'Éden marque le coup d'arrêt à ce que P. Ricœur appelle le mauvais infini de la réflexion. Tôt ou tard, notre pensée se trouve arrêtée par l'arbre du milieu quand, pour parler du mal subi, nous renonçons à un savoir absolu du Bien et du Mal : nous pouvons ne pas le vivre comme une défaite, et notre recours au témoignage est alors bien davantage qu'un pis-aller ; il est même notre seul accès réel au mal. Là où systèmes et doctrines s'opposent et s'annulent, reproduisant à leur insu la même confusion entre le bien et le mal que dans l'existence, le témoignage offre le tranchant de son épée. Dans la forêt des spéculations sur le Bien et le Mal, le témoignage permet de trancher en faveur du réel. À l'Idéal anémié se substitue l'épaisseur d'une réalité qui, au lieu d'être jugée bonne ou mauvaise, *est.*

Le témoignage tranche en ce qu'il se contente d'assigner le mal au réel. Notre pensée a tout à y gagner, pourvu qu'elle consente à ne pas partir d'elle-même. En effet, le témoignage ne se soucie que de *ce qui fait mal.* Dépréoccupée de devoir décider de ce qui *est* Bien ou Mal, notre pensée se trouve enrichie par autant d'apports que d'individus, pour percevoir tout ce qui peut faire mal dans l'existence. Libérés du fantasme de déterminer le degré de Bien ou de Mal en autrui, en nous-mêmes et dans le monde, nous découvrons le *rapport à l'Absolu* qui se cache derrière chaque expérience individuelle du mal. Or c'est précisément la découverte de quelque chose qui échappe fondamentalement à toute démarche réflexive.

Pour Kierkegaard, la faillite de notre connaissance marque notre entrée dans le monde de l'absurde (ce qui ne s'entend pas) ou du para-doxe : l'inexplicable ou le para-doxe (ce qui est en marge de la doctrine), loin d'être une concession, est une détermination de l'Être : en d'autres termes, la vie elle-même *est* mystère et contradiction. Notre paradigme éthique est l'irrégularité, la particularité : nos choix de conduite ne peuvent pas être monolithiques. Et l'omniprésence de Dieu signifie qu'il est invisible. Ces paradoxes ne sont pourtant pas des défaites, mais l'occasion pour nous d'accéder à l'Absolu à partir de notre existence, après coup et sans l'avoir prévu.

Il faut garder à l'esprit que l'arbre de Vie et l'arbre interdit (celui de la connaissance du Bien et du Mal) sont un seul et même arbre. Est mortifère toute pensée qui tend sans le dire à se substituer au Sens pour rendre compte de la Vie dans sa totalité. Inversement, est vivante toute pensée qui se laisse structurer de l'intérieur par l'interdit d'une connaissance absolue du Bien et du Mal, et qui, de ce fait, laisse le Sens la déborder à l'infini. C'est ainsi seulement que l'Absolu peut donner Vie à l'existence la plus particulière, et donner Sens à l'expérience la plus ab-surde du mal.

3. L'existence au quotidien atteste la confusion constante entre bon et mauvais : combien de malheurs se transforment en bénédictions, combien d'événements jugés bons s'avèrent un jour empoisonnés ! Et la crucifixion de Jésus n'est-elle pas à la fois le mal absolu et le lieu unique de guérison, donc le bien suprême ? D'où la sobriété des demandes du Notre-Père et la difficulté des prières de demande : fondamentalement, nous *ne savons pas* ce qui est bon ou mauvais pour nous et pour autrui. Or c'est précisément dans les situations extrêmes que nous acceptons le mieux l'inconnaissance du Bien et du Mal ; un sentiment d'intense bonheur peut voir le jour au sein du malheur le plus noir et l'inverse arrive aussi, si bien que l'arbre du milieu du jardin devient objet de reconnaissance : nous sommes libérés du souci de savoir ce qui est en soi bon ou mauvais pour nous. C'est ainsi qu'au moment d'être déportée, et consciente d'aller à la mort, la jeune juive Etty Hillesum a pu écrire :

> Tout est parfaitement bon. Et en même temps parfaitement mauvais. Les deux faces des choses s'équilibrent, partout et toujours. Je n'ai jamais eu l'impression de devoir me forcer à voir le bon côté des choses, tout *est* toujours parfaitement bon, tel quel. Toute situation, si déplorable soit-elle, est un absolu et réunit en soi le bon et le mauvais [1].

La connaissance du Bien et du Mal et l'acceptation du mal tel qu'il est sont pour chacun de nous inversement proportionnelles. Plus je prétends savoir où est le Mal et ce qu'il est, moins j'accepte d'y faire face en moi-même et de le vivre pour ce qu'il *est.* Moins je me préoccupe de ce qu'il vaut (du degré de méchanceté de l'autre-Autre), plus je l'accueille, dans l'impuissance et le non-savoir, simplement comme ce qui me fait mal. Le témoignage de Job a mis en lumière l'origine du processus : dès que l'être humain n'accepte pas le mal comme ce qui fait mal, il s'en débarrasse sur tout ce qui est autre. Le mal, *c'est* le méchant, *c'est* telle circonstance historique, tel élément de la réalité.

De là à objectiver le Mal, il n'y a donc qu'un pas : ce qui est objectivé est objet de connaissance. Objectiver le mal, c'est avoir cette réaction spontanée, constatable dès l'enfance, qui consiste à enfermer le mal subi dans une cause extérieure, sans reconnaître que ce mal reste pourtant *en excès.* Objectiver le mal, c'est donc le *réduire* aux contours de l'objet (de l'être) qui l'a causé, réellement ou imaginairement. Le mal devient alors cet *objet* que la connaissance croit pouvoir manipuler à la manière d'un objet de science. Or jamais le mal ne se confond *totalement* avec ce, celui ou celle qui l'a provoqué.

Jamais le Mal ne se réduit aux méchants, pour la simple raison que personne jamais ne connaît leur valeur sinon Dieu. On voit par là que la confusion spontanée entre Bien et Mal n'est pas en cause. C'est une donnée de l'existence : on ne dira jamais assez qu'ils sont confondus en un seul arbre. Ce que la Bible met en cause, c'est notre constante propension à ériger cette confusion en connaissance.

C'est ainsi que le serpent, qui est l'indifférenciation même si l'on en croit les historiens des religions, ce serpent qui symbolise la confusion quotidienne du Bien et du Mal (il cohabite avec les humains dès les origines) va devenir au cours des siècles l'origine du Mal. On commence par objectiver le Mal, ce qui est le meilleur moyen de le confondre avec ce qu'il n'est pas, puis on érige cette confusion en connaissance : on connaît l'origine du Mal, c'est le serpent. Les exégètes d'aujourd'hui font pourtant remarquer que le serpent est une créature de Dieu, et non l'origine du Mal ou l'incarnation de Satan.

Il semble que le serpent soit en nous, comme cette tentation qui sans cesse roule et déroule ses anneaux jusqu'à nous menacer d'étouffement. Si, en Gn 3, Dieu n'interroge pas le serpent mais se contente de le maudire, c'est sans doute que le serpent n'est pas extérieur à l'homme et à la femme que Dieu vient d'interroger séparément. Nous ne sommes pas chargés, en écrasant le serpent, de venir à bout du mal. Nous sommes seulement responsables de ne pas nous laisser entraîner par notre pente naturelle : travestir notre ignorance fondamentale du bien et du mal en connaissance quasi divine. Si le serpent n'est pas cette incarnation du Mal que l'on y voyait, s'il reste inexplicable et s'il représente ce qui en nous est sans cesse renaissant (en effet il mue pour renaître), n'est-ce pas qu'il signifie notre attitude spontanée face au mal ?

4. Le serpent est la tentation inexplicable de transformer en connaissance absolue notre confusion existentielle entre bien et mal. Le texte biblique reflète bien l'apparente absurdité de cette tentation : pourquoi cet arbre puisqu'il est interdit ? Parce que,

d'une part, le mal existe, et que, d'autre part, nous ne pouvons pas nous empêcher de nous en protéger en nous imaginant le maîtriser par la pensée ; ce sont là deux données incontournables de l'existence par rapport auxquelles l'interdit de l'arbre est second : à leur lumière, l'absurdité de l'interdit disparaît. Tant que nous ne considérons pas ces deux données comme originaires, l'interdit demeure incompréhensible aussi bien au glébeux qu'au lecteur Kierkegaard : « Il va de soi qu'Adam ne comprit pas vraiment cette parole ; comment en effet pouvait-il comprendre la différence du bien et du mal, puisque cette distinction ne vint qu'avec la jouissance[2] ? »

En d'autres termes, l'interdit trouve tout son sens dès que nous prenons la mesure de ce à quoi il s'adosse : la réalité du mal d'abord subi d'une part, et la réaction à ce mal d'autre part. Nous sommes à la fois victimes du mal *et* responsables de ce que nous en faisons ensuite. Le texte biblique plante cette problématique au cœur de l'existence. « Au milieu » de la sécurité du jardin, le renoncement à connaître, à décider du Bien et du Mal, est désigné comme ce qui rend possible la vie, et non comme un moindre être. À cette force de vie, la fin du récit oppose la fragilité de ceux et de celles qui s'imaginent connaître le Bien et le Mal.

L'interdit est plus originaire que la tentation de connaître Bien et Mal. Il se présente sous la forme des commandements du Décalogue, comme une voix intérieure se passant de médiateur. Il est pratiquement contemporain de la création de l'humain et il lui est immédiatement compréhensible. La même vérité théologique se fait jour dans la connaissance que la femme a spontanément de l'interdit, sans information de la part de l'homme ni de Dieu : c'est que l'interdit est profondément inscrit en eux, et qu'il se passe de justification parce qu'il est intimement associé à la vie.

Tout se passe comme s'ils savaient, au fond d'eux, que l'objectivation du Mal (la prétention de connaître les méchants) ne libère pas du mal. Mais s'ils n'appellent jamais cet arbre par son nom — seul Dieu le fait, en 2,17 — c'est qu'ils occultent cette intuition au fond d'eux. Les possibilités d'objectivation du Mal sont infinies : le Mal c'est le serpent, ou la femme, ou les juifs, ou les intégristes musulmans ; mais le Mal c'est aussi ce qui doit et peut être soumis à la pensée, l'étape nécessaire au Tout, la condition du salut, la conséquence d'une Faute, etc. Ce qu'il y a de commun à toutes ces confusions, c'est, à l'origine, une blessure, un mal en excès dont on s'imagine guérir par le pouvoir de la pensée. Il n'en est rien, et les premiers humains le savent si bien qu'ils se sentent plus nus que jamais devant le mal. L'interdit demeure parce qu'il fait partie de toute existence *même aliénée de Dieu.* Ne faisons-nous pas parfois l'expérience de porter un jugement sur autrui, croyant connaître le Mal qui le constitue, pour nous apercevoir un jour que cette connaissance était fausse, fantasmatique, et qu'elle était incapable de nous libérer du mal personnellement subi ?

De la confusion à l'aveuglement : l'enfer normal

I. Le double aveuglement

Nous ne mettons pas fin à la confusion entre le mal et le bien en partant de cette confusion. Il y faut l'irruption d'un témoignage *autre*, qui ait suffisamment le poids du réel pour que nous reconnaissions notre ignorance. Mais notre enfermement devient tragique lorsque le fantasme du connaître conforte et consolide notre confusion spontanée. La porte est alors ouverte à toutes sortes d'attitudes jugées bonnes qui font fi du mal qu'elles engendrent : nous connaissons le Bien que nous faisons et nous ne voyons même pas *ce qui fait mal à autrui*. « L'ignorance qui constitue la méchanceté n'est pas une ignorance simple, mais une ignorance "double", une ignorance qui s'ignore elle-même. Car "l'ignorant se croit sage et croit parfaitement savoir ce qu'il n'entend pas du tout". Il y a donc une tragédie de l'ignorance qui se prend pour un savoir, qui n'est donc pas la pure négativité du non-savoir, mais la positivité de l'illusion[3]. »

Voici trois exemples de cette double ignorance, qui dans l'Évangile se nomme aveuglement, et qui consiste à prétendre savoir ce qui est bon pour soi, bon pour Dieu et bon pour autrui. Dans le livre apocryphe qui porte le nom des premiers humains, Ève raconte : « Quand j'étais jeune, j'ai rencontré Satan au paradis ; et son visage rayonnait tandis qu'il chantait les louanges du Seigneur ; je l'ai pris pour un ange, si grande paraissait sa pureté. » Et E. Wiesel de conclure : « Si le bien avait l'apparence du bien, si le mal pouvait se reconnaître, l'existence humaine serait plus simple. Mais elle ne l'est pas. Pas même au paradis » (*Célébration*..., p. 29 s). Rappelons qu'Ève *voit* que l'arbre *est* bon. Cela ne revient-il pas à trouver bon de confondre bien et mal ? L'arbre est bon *et* par lui elle connaît le bon. Double ignorance, aveuglement sur soi... Dans l'ordre naturel, nous n'avons pas de critère décisif pour évaluer le bien et le mal qui nous arrivent.

Le deuxième exemple illustre une exégèse traditionnelle catholique du Livre de Job. Croyant connaître le bon Job d'avant les épreuves, L. Bigot pense accéder à la connaissance de son mal, et tout mystère disparaît du Livre : « Juste, Job l'était avant que ne vinssent ses amis ; depuis, il ne l'est plus : il a commis le péché *d'orgueil*, ce péché du juste... L'idée... que Dieu éprouve le *juste* par la souffrance afin de le *purifier* du péché intérieur *d'orgueil*, est donc bien l'idée principale du récit[4]. » L'auteur ne *voit* pas que Job a *commencé* par subir le mal : il explique ce malheur par une faute ultérieure. Et cette confusion se mue en connaissance de ce qui est juste ou mauvais *aux yeux de Dieu.* Double ignorance absolutisée, aveuglement sur Dieu... Nous ne connaissons pas, fondamentalement, ce qui est Bien ou Mal aux yeux de Dieu.

Enfin, la psychanalyste A. Miller dénonce avec raison la confusion, courante en médecine, qui consiste à qualifier de normal ce qui est fréquent. C'est ainsi que l'on ne prend pas en considération le traumatisme de la naissance, évoqué plus haut au sujet d'un mal originel. Parce que c'est le lot de tout humain, c'est normal, donc sans rapport avec le mal. À cette rationalisation rassurante, il faut opposer le témoignage des médecins et auteurs sensibles non à l'idée du Mal, mais à *ce qui fait mal*. Pourtant, déplore A. Miller, les découvertes de F. Leboyer sur la souffrance de la naissance ne sont pas considérées comme scientifiques : « Les souffrances psychiques du nouveau-né et les conséquences de leur refoulement restent inconnues des spécialistes à quelques rares exceptions près » (*La Connaissance...*, p. 110 s).

La confusion entre fréquent et normal recouvre la confusion entre mal et bien *à l'insu* de la personne qui la fait. Refuser d'appeler mal ce qui fait mal conduit à remplacer *mal* par *normal*. Si j'estime normal ce que subit l'autre, c'est que l'on m'a d'abord appris à considérer comme normal ce qui me faisait mal. Double ignorance, aveuglement sur autrui... Nous croyons savoir ce que vit autrui à partir du savoir de nous-mêmes que nous avons perdu. En discutant avec le personnel de cliniques psychiatriques, A. Miller a deviné la terreur psychique que les enfants avaient subie dans leur famille, mais « ce que j'appelle “l'enfer” est toujours à leurs yeux la chose la plus normale du monde » (*ibid.*, p. 64).

II. Le mal occulté

L'ignorance des camps d'extermination et des fours crématoires qui a été le fait de la plupart des Occidentaux durant la dernière guerre suffit à démontrer que le mal en excès est instinctivement occulté : c'est inimaginable, ce serait trop affreux, donc cela n'est pas. Ici, notre aveuglement provient du refus d'un témoignage réel qui n'entre pas dans nos catégories de pensée habituelles. Si ces catégories résistent au réel, si elles l'emportent sur le témoignage vibrant de ce qui fait mal, c'est que nous les avions absolutisées ; c'est que nous nous nourrissions du fruit de l'arbre interdit. Le mal est occulté, la souffrance rendue inaudible chaque fois que nous donnons la préférence à notre propre système de pensée, notre propre définition du Bien et du Mal. C'est une tendance constante en tout cas en terre chrétienne. Le témoignage du mal subi, sans explication dogmatique, a rarement été entendu. « La liturgie chrétienne, dès les pénitentiels du Moyen Âge, indique H. Mottu, préférera toujours les psaumes de pénitence aux psaumes de plainte individuelle et collective, dès lors curieusement éliminés de la piété cultuelle[5]. »

L'occultation du mal subi est patente dans les ouvrages de théologie systématique. On voit bien pourquoi le mal y est connu exclusivement comme conséquence du péché : comment l'excès du mal entrerait-il dans un système de pensée ? Il y a là une telle contradiction dans les termes qu'on doit passer sous silence cette réalité jugée exceptionnelle. Mais s'il y avait une seule exception dans toute la masse des expériences humaines, elle suffirait à détruire la prétention de notre pensée à connaître *systématiquement* le Bien et le Mal.

En philosophie, le cas de Nietzsche est très intéressant. On a mentionné plus haut sa critique de l'Idéal étranger au mal. Mais quand il dénonce une vision mensongère du monde qui s'interdit de regarder en face le négatif, il se situe déjà au plan de la pure connaissance. En effet, l'aveuglement, la double ignorance ici consiste à s'imaginer voir très clair *en soi* ce qu'il ne voit pas dans sa propre vie. Nous devons à A. Miller la mise en relation de la philosophie de Nietzsche avec les premiers temps de son existence. Elle consacre tout un chapitre de *La Souffrance muette de l'enfant* à l'analyse de cette relation : « Nietzsche a eu besoin de toute sa philosophie pour ne pas savoir et ne pas dire ce qui lui était réellement, concrètement, arrivé dans son enfance, tant la vérité lui était insupportable » (p. 51). L'occultation du mal subi dans son enfance se perpétue dans la manière habituelle d'aborder sa philosophie. A. Miller indique que la biographie de C. Janz compte 1 977 pages, mais moins de dix pages sur son enfance :

> Dans tout ce que Nietzsche a écrit, les spécialistes recherchent des corrélations non pas avec l'histoire de sa vie mais avec l'histoire de la philosophie. Même l'existence de Nietzsche, sa maladie et sa fin tragique, sans parler de son œuvre, n'ont pas encore été étudiées en fonction de son enfance. Il me paraît pourtant clair aujourd'hui que toute l'œuvre du philosophe est une tentative désespérée, mais jamais abandonnée, jusqu'à la détérioration de son esprit, pour se libérer de la prison de son enfance et de la haine vouée aux personnes qui l'avaient éduqué et tourmenté (*ibid.*, p. 96).

Dans la mesure où Nietzsche a occulté sa propre expérience du mal, sa critique de l'Idéal ne lui a ouvert les portes que d'une connaissance abstraite et donc faussée : il a déchargé sa colère « contre le christianisme dans son ensemble pour épargner la maison familiale et garder intacte l'idéalisation des parents ». Lorsque, derrière la morale hypocrite du christianisme qu'il dénonce, on découvre les principes de ce que A. Miller appelle la « pédagogie noire », il devient clair que la connaissance philosophique du Bien et du Mal fonctionne comme un bouclier intellectuel contre la réalité de l'excès du mal. Or l'occultation du mal par la pensée stérilise toute entreprise réflexive : « Si son œuvre ne s'était pas présentée sous la forme d'une analyse abstraite du christianisme, mais comme un récit subjectif de sa propre souffrance, beaucoup de lecteurs se seraient retrouvés dans ce récit[6] » et, ajouterons-nous, la subjectivité dans ce domaine n'aurait rien ôté à la valeur éminemment philosophique de cette œuvre !

III. Le mal nié

Du mal occulté au mal nié, il n'y a qu'un pas. À la racine du processus, c'est la prétendue connaissance du Bien et du Mal qui conduit à assimiler le mal au bien. Mais les faits ne sont que des faits ; leur valeur, bonne ou mauvaise, est d'emprunt. C'est la raison pour laquelle il ne peut y avoir d'autre critère parmi nous que *ce qui fait mal.* Toute torture au nom du Bien — le Bien de Dieu ou le Bien du torturé lui-même — méconnaît délibérément ce qui fait mal, parce qu'elle assimile le mal subi au Bien qu'elle prétend connaître. Dans *C'est pour ton bien*, A. Miller montre comment l'éducation conditionne à appeler « bienfait » ce qui fait mal.

> Les principales étapes de la vie de la plupart des êtres consistent à :
> 1 — subir dans sa petite enfance des offenses que personne ne considère comme telles ;
> 2 — ne pas réagir à la douleur par la colère ;
> 3 — manifester de la reconnaissance pour ces prétendus bienfaits [7] ;
> 4 — tout oublier ;
> 5 — à l'âge adulte, décharger sur les autres la colère que l'on a accumulée ou la retourner contre soi-même.
> La plus grande cruauté que l'on inflige aux enfants réside dans le fait qu'on leur interdit d'exprimer leur colère ou leur souffrance, sous peine de risquer de perdre l'amour et l'affection de leurs parents (p. 128).

Nous croyons pouvoir déceler, à la racine de toute entreprise éducatrice, la tentation de connaître le Bien et le Mal. Du dressage de l'enfant au camp de rééducation, l'aveuglement est une question de degré : l'adulte, le chef, *l'autre* connaît le Bien à inculquer et le Mal à extirper ; *ce qui fait mal* n'entre même pas en ligne de compte...

Dès que nous nions le mal, nous prétendons le connaître. Telle est la tentation du jardin d'Éden. Nous ne sommes pas responsables de l'existence du mal, mais de ce que nous faisons du mal que nous avons commencé par subir. Si nous ne le regardons pas en face pour ce qu'il est, si nous le déguisons en bien(fait), si nous l'occultons et le nions, c'est que nous nous trouvons dans l'impossibilité d'en témoigner. Or la confusion entre le bien et le mal se mue en aveuglement ou double ignorance en raison de l'attitude d'autrui. En effet, si autrui n'entend pas le témoignage de ce que nous avons subi, s'il semble connaître que ce mal subi n'est pas un mal, l'aveuglement sur nous-mêmes commence. Le récit de la Genèse le suggère : c'est l'attitude du premier autrui qui est à la racine de l'aveuglement sur le bien et le mal ; puisque pour *l'autre* de l'homme, le fruit est bon, c'est qu'il l'est pour lui-même ; puisque mon témoignage sur le mal que j'ai subi n'est pas entendu, c'est qu'il n'est pas un mal.

Il n'existe apparemment pas d'autre alternative : soit le témoignage est entendu et le mal peut être envisagé et assumé, soit il ne l'est pas et le mal revient à celui ou celle qui l'a subi, non plus comme ce qui fait mal, mais comme cette réalité « inintégrable » qui doit donc être niée. Dès que notre expérience du mal est frappée d'interdit par notre vis-à-vis qui, au lieu de l'entendre, la remplace par une fausse connaissance — par son travestissement en Bien ou en normalité — notre seule échappatoire à l'abîme de Jb 3 est l'aveuglement. Ce n'est pas le mal en excès qui est mortifère, c'est l'aveuglement auquel il faut consentir pour échapper au souvenir de ce qui fait mal. A. Miller l'exprime en ces termes :

> Ce n'est pas la souffrance des frustrations qui entraîne le trouble psychique mais l'interdiction de cette souffrance, l'interdiction de vivre et d'exprimer la douleur des frustrations subies... Ce n'est pas le traumatisme en lui-même qui rend malade mais le désespoir total, inconscient et refoulé de ne pouvoir s'exprimer au sujet de ce que l'on a subi, de n'avoir pas le droit de manifester de sentiments de colère, d'humiliation, de désespoir, d'impuissance ni de tristesse, ni même le droit de les vivre (*ibid.*, p. 289 et 294).

L'aveuglement n'est possible que si nous recourons à l'intellect, car seule la pensée peut nier les données brutes de l'existence. De la solidité de nos catégories du Bien et du Mal dépend notre survie quand nous avons falsifié *ce qui fait mal* en Bien, l'enfer en normalité. Ainsi, plus nous sommes aveuglés sur le mal réellement subi, plus nous avons tendance à consommer du fruit de la connaissance du Bien et du Mal. « Plus la répression des sentiments a été profonde dans l'enfance, écrit A. Miller, plus l'arsenal d'armes intellectuelles et la réserve de prothèses morales doivent être importants » (*ibid.*, p. 105), et plus la menace est grande lorsque ce qui passait hier pour le Bien dans telle société passe aujourd'hui pour le Mal, ou vice versa.

Mais d'où vient que l'autre ne « veuille » pas entendre le témoignage du mal que j'ai subi ? Pour être capable de l'entendre, il faudrait qu'il laisse cette expérience faire écho en lui. S'il la frappe d'interdit en autrui, c'est qu'elle a déjà été frappée d'interdit en lui-même. Telle est notre interprétation du texte biblique : si l'homme et la femme de Gn 3 ont honte *l'un de l'autre,* c'est que tous deux nient ce qui a détérioré leur image d'eux-mêmes. Le mal subi provoque la honte dès lors qu'il est nié au profit d'une belle image de soi imaginaire qui mé-« connaît » la réalité. Ce qui fait mal devient alors, selon les mots du psychanalyste D. Vasse, « une *parole muette* : quelque chose que nous ne voulons pas entendre, que nous cachons et dont, finalement, nous avons honte... La souffrance ne renvoie plus au désir, elle ne nous interroge plus sur notre prétention imaginaire à vouloir être ce que nous ne sommes pas. En la niant, nous nous nions » (p. 33 s).

IV. Le mal reproduit

Une fois converti en Bien, en normalité, le mal se reproduit aisément : les enfants battus battront leurs enfants, pour leur bien. Le témoignage de ce qui leur faisait mal n'ayant pas été entendu, ils deviendront sourds au témoignage des autres enfants : « Si ce qui m'a été fait était nécessaire pour mon bien, ce traitement est à admettre comme faisant partie intégrante de la vie, et il n'y a pas lieu de le remettre en question [8]. » Si le mal est reproduit en toute bonne conscience, c'est qu'il a été présenté et « connu » comme le Bien. L'illusion de connaître le Bien par la pensée nous rend aveugles et sourds à ce qui fait réellement mal à l'autre. Or cette illusion est un système de défense contre le mal que nous avons nous-mêmes subi et que nous avons dû accepter comme un Bien. Ici, les observations de A. Miller sont très éclairantes : « Dans tout ce que j'ai pu lire au cours de ces derniers temps sur l'enfance de criminels ou d'exterminateurs, nulle part je n'ai trouvé la bête, l'enfant mauvais, que les pédagogues croient devoir éduquer au “bien”. Je n'ai trouvé partout que des enfants sans défense qui avaient été maltraités par des adultes au nom de l'éducation et bien souvent pour servir des idéaux supérieurs » (*ibid.*, p. 278).

On ne fait que commencer à étudier la corrélation entre, d'une part, le mal commis et, d'autre part, le mal subi, refoulé comme ce qui fait mal, connu comme un Bien. Mais déjà des statistiques prouvent l'existence d'une indiscutable corrélation entre les deux [9]. L'aveuglement en chaîne qui pousse à reproduire à l'infini un mal déguisé en Bien est illustré dans le récit de la Genèse par le renvoi de l'homme à la femme, et de la femme au serpent : la femme m'a donné... le serpent m'a égarée... On a fait remarquer que la consommation d'un fruit ne faisait guère penser à un crime ; c'est que le texte biblique ne parle pas du mal effectivement commis mais de *ce qui est à l'origine du mal commis* : l'illusion de connaître le Bien et le Mal.

La femme s'illusionne sincèrement : en croyant faire du Bien à l'homme, elle l'entraîne dans le malheur. Nous sommes responsables non de l'existence du mal mais de sa *reproduction.* Or nous ne reproduirions pas le mal sur autrui s'il était entendu, reconnu et surmonté en nous-mêmes comme ce qui fait mal, comme ce qui en aucun cas n'est désirable ni normal. La conclusion de A. Miller s'impose : « Tout être qui maltraite son enfant a lui-même été gravement traumatisé, d'une manière ou d'une autre, dans son enfance. Ce principe est valable sans exception parce qu'il est impossible qu'un être qui a grandi dans un entourage intègre, où il a été aimé et respecté, éprouve jamais le besoin compulsif de tourmenter et de handicaper à vie des êtres plus faibles » (*ibid.*, p. 233).

Nous avons une manière de reproduire le mal que nous nions : c'est de le faire peser sur les autres, le plus souvent nos propres enfants, sans jamais l'aborder pour ce qu'il a été. Ici, l'excès de la souffrance est tellement incommunicable que nous « choisissons », en n'en parlant jamais, de faire comme s'il n'était pas : illusion de connaître une vie sans la souffrance sans fond... Une telle négation du mal subi est tout aussi mortifère. Ce qui se transmet alors, c'est l'horreur, ce sont les sentiments de culpabilité, la honte, le désespoir jamais avoués ni revécus comme tels.

Les témoignages d'enfants de nazis et d'enfants de déportés juifs convergent : le mal nié, refoulé, « oublié » se transmet et les mêmes symptômes se reproduisent tant qu'on ne remonte pas à l'origine de ce qu'on avait cru suffisamment connu pour être évacué. On ne sort pas de l'enfer par le pouvoir d'oubli de la pensée — qui est une autre manière de connaître et de maîtriser le Bien et le Mal : « Ce dont on ne peut parler, c'est aussi ce qu'on ne peut apaiser, écrit B. Bettelheim dans sa postface au livre de Claudine Vegh sur les enfants de déportés, et si on ne l'apaise pas, les blessures continuent à s'ulcérer de génération en génération » (p. 179). Car, ajoute A. Miller, « le traumatisme dénié est comme une blessure qui ne peut jamais guérir et qui recommence toujours à saigner » (*L'Enfant...*, p. 211).

Ainsi faut-il probablement chercher l'origine du *lien* (au sens biblique de possession) forgé entre le père et le fils Kierkegaard, dans la *faute* du père, cette énorme culpabilité que le père croyait connaître comme étant le Mal connu de Dieu lui-même ; elle a pesé sur toute la vie et l'œuvre du fils philosophe sans que jamais le mal subi à l'origine soit dévoilé ni entendu : la connaissance du Mal commis par le père devait suffire...

La reproduction du mal nié n'est cependant pas une fatalité. C'est pourquoi Gn 3,17 n'est pas nécessairement à entendre comme une malédiction à l'encontre des humains ; « maudite, la glèbe à cause de toi » est *de l'ordre de la constatation* : c'est toi qui maudis, qui mé-dis de ton origine lorsqu'en niant ce qui te fait mal, tu te prives du souffle divin pour maîtriser le mal par ta pensée ; en fait, en croyant le maîtriser, tu ne fais que le reproduire. Mais le texte ne dit pas que *Dieu* maudit. Le récit nous donne clairement le moyen de ne pas reproduire le mal : renoncer à le maîtriser par son déguisement en Bien ou par l'oubli, l'accepter pour ce qu'il est — ce qui fait mal — sans chercher à en connaître l'origine ni la fin. Car nier le mal, c'est se mutiler : c'est se débarrasser de ses parties blessées, et donc de cette capacité de sentir et de vibrer qui avait commencé à animer l'*adamah* lorsque Dieu lui avait donné son souffle. Mais, rappelons-le, cette capacité est inscrite en nous *avant* que nous ne cédions à la tentation de nier le mal par la pensée [10].

V. Le sacrifice d'Isaac

Il est permis de voir en Gn 22,1-19 un tragique exemple d'aveuglement. Convaincu qu'il doit tuer pour obéir à Dieu, Abraham croit connaître ce qui est Bien aux yeux de Dieu. Mais ce n'est pas YHWH qui lui demande de tuer, c'est « le dieu » mentionné trois fois aux v. 1, 3 et 9. Triple tentation, sur une montagne, du tout premier élu de Dieu... *Le dieu* qui tente Abraham est-il si éloigné du diable qui tentera Jésus ? Par trois fois la *connaissance du Bien* projetée sur Dieu va faire de la terre de Moriyah un enfer. Abraham transforme en Bien absolu ce qui est pratique relative, que Dieu condamne lui-même comme une « abomination »

(Dt 12,31) dont il n'a « jamais eu l'idée » (Jr 19,4-5) et qui n'a rien à voir avec « ce qui est bien » à ses yeux (Mi 6,6-8). Un passage du Midrash envisage explicitement qu'Abraham ait pu se tromper sur Dieu : « Quand Je t'ai dit "prends, de grâce, ton fils", Je ne te demandais pas de l'immoler mais de le faire "monter" au nom de l'amour », c'est-à-dire de le faire grandir en amour[11].

Le mécanisme victimaire dont parle René Girard n'est-il pas fondé sur l'illusion que nous connaissons suffisamment le Mal pour pouvoir le déraciner ? On est en droit de se demander quel Bien Abraham croyait sauvegarder, quel Mal il pensait expier en tuant son fils. Une étude attentive de ce qui précède le texte fait apparaître comment l'élimination de son fils Ismaël (par son expulsion dans le désert) a pu provoquer en Abraham un puissant besoin d'éradiquer le Mal qu'il portait en lui. Peut-être a-t-il cru se débarrasser ainsi du mal qu'il venait de commettre à l'instigation de Sarah : il connaissait le Bien que Dieu lui ordonnait maintenant de réaliser par compensation — élimine « ton fils, ton unique, celui que tu aimes, Isaac » (Gn 22,2) ! Aveuglement qui fait apparaître le mal absolu comme ce qui est Bien aux yeux de Dieu, alors que tout semble se jouer *en Abraham lui-même*, aux prises avec sa connaissance fantasmatique du Bien et du Mal : « va *pour toi* vers la terre du Moriyah (v. 2) »... c'est *ta* vision qui doit changer !

L'aveuglement de l'adolescent Isaac est pour le moins aussi spectaculaire. « Abraham bâtit là l'autel. Il dispose les bûches. Il *lie* Isaac son fils et le met sur l'autel au-dessus » (v. 9). Au cœur de ce verset constitué de mots de tous les jours, [‘aqad] n’est pas le verbe couramment utilisé pour les sacrifices d’animaux, mais un verbe totalement inconnu de la Bible. Il s’agit d’un lien, d’une « ligature » tout à fait unique, assez indiscutable pour que le fils trouve normal d’être mis à mort par son propre père. Sincérité totale du père et du fils dans leur commun aveuglement, magistralement peint par Rembrandt : le père, les yeux hagards, croyant voir ce qu’il ne voit pas du tout ; le fils sans visage, le cou offert, confiant dans le Bien que lui veut son père... Ce tableau a beaucoup inspiré A. Miller :

> L’impérative nécessité de ménager les parents est la loi suprême, à laquelle les Abraham doivent toujours sacrifier leurs Isaac, sauf dans le cas où Dieu, ému de l’obéissance de ses fils, veut bien avoir pitié d’eux. Mais si jamais les Isaac de l’avenir veulent bien un jour se demander et comprendre pourquoi ils doivent attendre sagement et les mains liées le couteau de leurs pères, il pourrait arriver que la psychanalyse se décide à intégrer à ses théories ce phénomène social universel qu’est le *sacrifice de l’enfant*[12].

Le récit lui-même illustre la double ignorance des premiers humains dont la cécité est au maximum lorsqu’ils croient avoir les yeux ouverts. Il faut sortir de l’aveuglement qui consiste à trouver normal de la part de Dieu d’exiger la mort d’un enfant. Car le texte marque la progression d’Abraham vers une *vision* qui ne va pas sans conversion : au v. 4, Abraham « *voit* le lieu » que le dieu lui a dit — preuve qu’il voit juste, pense-t-il, de même qu’au jardin d’Éden, la femme voit que l’arbre est bon. Au v. 13,

« il *voit.* Voici — un bélier, derrière », comme si le bélier (l'alternative au mal absolu travesti en Bien) avait été là depuis le début, retenu par ses cornes dans un fourré. La possibilité de sortir de l'aveuglement semble, rétrospectivement, avoir déjà été inscrite dans le réel ; le bélier était là mais « derrière » — mot que suppriment certaines traductions qui, de ce fait, semblent bien taire l'intention du texte : pour *voir* le bélier, pour *voir* que la vie est possible, Abraham a à se re-tourner ; il lui faut se con-vertir de son aveuglement, de la confusion du bien et du mal qui a pris la place du Dieu vivant.

Au milieu du récit, au v. 8, interrogé pour la première fois par son fils, Abraham avait paru ébranlé dans son aveuglement : « Dieu *verra*-pour lui... L'agneau pour l'holocauste mon fils. » Selon la grammaire hébraïque, l'agneau n'est pas le complément de « Dieu verra » ; Abraham avait alors semblé parler malgré lui et même bafouiller, comme s'il pressentait que Dieu (pour la première fois *Elohim* et non *le dieu*) voit ce que Lui seul peut voir, que Dieu connaît ce que les humains ne connaissent pas. Mais il faudra la parole de « YHWH » lui-même, au v. 10, pour que les yeux d'Abraham enfin se dessillent. Et Abraham appellera le lieu de son aveuglement extrême « *Le Seigneur* voit » (v. 14), montrant sans doute par là que *lui* renonce à voir, à prétendre connaître le Bien et le Mal.

Je te bénirai, dit le Seigneur, « par suite de ce que tu as écouté ma voix » (v. 18) — non pas celle du dieu mais celle de mon Nom mystérieux, imprononçable. Cette voix révèle que personne n'est assez en proie au mal et enfermé dans l'illusion de faire le

Bien pour que Dieu, *lui*, ne le voie plus tel qu'il est profondément, tel qu'il l'a créé. Et si le lieu « se dit aujourd'hui : "sur la montagne le Seigneur est vu" » (v. 14), c'est que personne n'est assez aveuglé pour que le Dieu de la vie ne puisse se laisser voir *là même d'où il est le plus absent* : en ce lieu fantasmatique de la connaissance du Bien et du Mal.

E. Wiesel conclut son « histoire de survivant » de la manière suivante : Isaac, [ys*h*aq], c'est « celui qui rit » parce que « certes, Isaac n'oubliera jamais les scènes traumatisantes qui ont violé sa jeunesse ; il se souviendra toujours de l'holocauste et il en sera marqué, écorché jusqu'à la fin des temps. Mais il sera, malgré tout, capable de rire. Et, malgré tout, il rira » (*Célébration...*, p. 88). Et, ajouterons-nous, c'est dans la mesure où il ne l'aura ni oublié, ni occulté, ni nié, qu'il en sera un jour délivré au point de retrouver le rire.

Deux interrogations en suspens

I. « Quelqu'un a nécessairement commencé » ou le fantasme de l'origine

Dire que le mal est originel, que nous naissons dans le mal et commençons toujours par le subir, ne semble pas suffire à notre esprit occidental avide de causes premières. Si nous restons dans la logique de la doctrine du péché originel, certes il faut bien que la longue chaîne du mal subi et reproduit remonte au premier humain qui, en le commettant, aurait déterminé la première victime. Mais si nous sortons de cette logique, pour considérer le mal comme une réalité infiniment plus vaste, point n'est besoin d'imaginer un acte humain volontaire à l'origine du mal subi par tous dès la naissance. Par la prise en compte du traumatisme de la naissance et des souffrances des nouveau-nés, nous accédons d'emblée, avec Job, à ce mal trouvé à la naissance sans être *commis* par quiconque. Quand nous recherchons l'origine du Mal dans le monde, nous réduisons la réalité du mal à l'échelle de notre intellect : cette tentative ne peut que s'inscrire sur le fond d'une quête fantasmatique de l'origine de la vie. Cette double quête est typiquement occidentale, d'une part parce qu'elle est totalement absente par exemple de la pensée hindoue, d'autre part parce que le récit de la Genèse occupe une place prépondérante dans la civilisation et la littérature occidentales.

Si, en Gn 2-3, les récits de la création et du drame sont intimement liés, c'est qu'ils disent la même impossibilité. La quête de l'origine du Mal est autant vouée à l'échec que la quête de l'origine de la vie — c'est pourquoi le Christ s'en abstiendra constamment. Cela tient au fait que nous ne pouvons pas connaître la vie sans la tuer, et que nous ne pouvons pas connaître le mal sans en *manger*. Dès que nous prétendons mettre la main dessus, la vie s'échappe et le mal, devenu une abstraction, n'est plus ce qui fait mal.

1. Dire que Dieu interdit cette double quête, symbolisée par le même arbre, c'est dire que Dieu place la Vie, le Bien et le Mal hors d'accès de la connaissance. Notre pensée ne peut pas plus accéder au commencement du mal qu'au commencement de l'humanité. La raison n'en est pas la sauvegarde d'un privilège divin, mais le bénéfice certain que nous pouvons en retirer. En effet, s'imaginer le commencement du mal, c'est immanquablement le projeter sur *l'autre*, car ce qui fait mal renvoie toujours à un-e autre qui est déjà là. C'est donc attribuer l'origine du Mal à *l'autre* en tant que tel-le. Il y a continuité de l'ordre mythique à l'ordre naturel : nous prétendons connaître l'origine du Mal chaque fois que nous faisons comme si l'autre initiait le Mal, sans « vouloir » voir qu'il a commencé par le subir ; nous prétendons alors connaître le Mal qui est en l'autre comme si nous avions fait nous-mêmes cet autre, sans nous souvenir que l'origine inconnaissable de l'autre lui garantit une sphère d'existence et d'éternité par-delà le Bien et le Mal, une valeur hors d'atteinte de tout jugement réducteur. C'est sans doute cela que Kierkegaard, aussi bien que Nietzsche, ont en vue lorsqu'ils parlent de l'unicité de l'individu.

Nous parlions d'un bénéfice plutôt que d'une barrière arbitraire imposée à notre connaissance : ce que vaut autrui est hors de mon atteinte parce que cette valeur a son origine en Dieu ; là est la source d'un bénéfice à la fois pour autrui et pour moi. En effet, Dieu interdit *également à autrui* de me connaître comme auteur ultime du Mal qu'il croit déceler en moi. Ainsi se trouve sauvegardé mon être véritable, connu de Dieu seul. Le mal que j'ai subi et qui est en moi, relevant du mystère de mon origine, échappe au regard réducteur d'autrui et reste hors d'accès de sa connaissance. Nous n'avons accès qu'aux apparences. En revanche, l'affirmation de l'origine de la Vie, du Bien et du Mal *en Dieu seul* fait apparaître un relief infini derrière toute connaissance que nous avons d'autrui ou de nous-mêmes.

2. Que dans la Bible hébraïque *bien et mal* signifient *tout* donne à réfléchir. Plutôt que de connaître la valeur de toutes choses, nous sommes surtout tentés d'en décider, non pas pour notre propre existence, mais en soi, dans l'absolu : notre impuissance radicale devant le mal semble exacerber notre désir de connaître l'origine de tout ce qui pourrait nous arriver désormais. Nous projetant en un Dieu connu comme Bien suprême totalement étranger au mal, nous compensons notre impuissance face au mal par le contrôle intellectuel parfait qui consiste à prétendre avoir introduit le Mal dans le monde. Ce faisant, nous nous plaçons à l'origine de *tout* : du Bien, défini par nos soins, auquel nous assimilons Dieu, *et* du Mal dont nous devenons les initiateurs exclusifs.

Un *même aveuglement* conduit à connaître Dieu tour à tour comme le Bien suprême totalement étranger au Mal, et comme le despote colérique et amoral qui déjà torturait Job sans raison. Si l'origine du Bien et du Mal est *en Dieu* et que cet arbre est hors d'accès de notre connaissance, c'est à la fois pour préserver le mystère de Dieu et pour délivrer notre esprit de sa hantise d'élucider l'origine et la valeur ultime de « tout ». La relation avec l'Autre, et avec tout autre, ne devient vivante que si nous sommes dépréoccupés de la question de sa valeur ultime. La non-connaissance de la valeur ultime de l'Autre-autre instaure et nourrit la relation.

Mais si nous posons Dieu comme exclusivement bon et l'humain comme exclusivement mauvais, ils le sont indépendamment de leur relation et il n'y a à proprement parler plus de relation, plus d'interdépendance. Si l'illusion de connaître le Mal cache en réalité la prétention démesurée d'en être le Créateur, l'humilité intellectuelle, elle, s'accompagne toujours de l'aveu d'une impuissance devant un mal qui vient d'ailleurs, qui assaille et accule à le reproduire, sans que jamais la responsabilité ultime puisse en être dégagée.

Notre expérience de l'abîme du mal dément formellement le pouvoir que notre pensée s'arroge après coup pour l'exorciser : Job trouve le mal à sa naissance et ne se pose jamais la question de savoir *qui a commencé*. Le commentaire de U. Cassuto, en revanche, fait fi de cette expérience et imagine un commencement absolu totalement incompréhensible. Le vice du raisonnement est évident : si la vie des premiers humains était *parfaite* comme l'auteur la décrit, elle devait *par définition* leur suffire. Mais ici apparaît la prétention à tout connaître et maîtriser : « Bien que le monde issu des mains du Créateur ait été très bon (1,31), les transgressions de l'homme furent la cause de toute la variété de maux et de tourments (3,16-19) » (p. 92). L'auteur en vient tout naturellement à faire de l'humain le Créateur du Mal, en contradiction totale avec le texte biblique qui présente le bien et le mal comme des réalités déjà existantes qu'il n'a en tout cas pas créées pour les connaître : « Il voulait connaître à la fois le bien et le mal, par conséquent il a introduit l'existence du mal dans le monde » (p. 114) !

II. Le bien et le mal, des notions pourtant nécessaires à la vie en société

Gn 2-3 ne nous paraît pas pouvoir servir de base à une remise en question du statut de la connaissance (philosophique et scientifique) hérité en particulier de Descartes. Nous avons vu comment la tâche « scientifique » de nommer le réel (les animaux) incombait à l'humain dès les origines, avant même le drame ; aucune limite n'est posée à cette tâche. Ce qui est en cause, ce n'est donc pas notre activité intellectuelle en tant que telle, la connaissance théorique et pratique de tout ce qui constitue le réel. L'interdit de la connaissance du bien et du mal porte alors exclusivement sur la sphère éthique. Dès lors la question est de savoir ce que devient l'éthique, et à quelle validité elle peut encore prétendre lorsqu'elle s'élabore dans le cadre d'une théologie qui a désabsolutisé les valeurs du Bien et du Mal, traditionnellement considérées comme ses valeurs fondamentales.

1. Notre expérience du mal en excès ne permet pas d'affirmer que la personne qui en est la cause immédiate est à elle seule l'origine et le fondement ultime du Mal. Si Job ne fait jamais allusion aux nomades et pillards qui sont en grande partie respon-

sables de son malheur, c'est que le mal envisagé et assumé comme *ce qui fait mal* pulvérise les cadres de pensée habituels. Bien et Mal deviennent des étiquettes relatives, inadéquates, face à la radicalité d'une expérience qui ne se laisse pas réduire à une relation de cause à effet, mais qui fait toucher à l'Absolu de Dieu. Nous pressentons que l'enjeu est ailleurs. L'acceptation du mal subi, en toute lucidité et humilité, semble aller de pair avec le renoncement à la connaissance du Bien et du Mal.

En effet, au moment où nous témoignons d'une souffrance démesurée, nous sommes dépréoccupés, du moins momentanément, de notre besoin de connaître le degré et la nature du mal venu d'autrui. Le mal est en excès par rapport à tout jugement, c'est pourquoi il reste hors d'accès de la connaissance. Or c'est précisément pour échapper à cet excès du mal que notre pensée se défend en absolutisant ses propres catégories de Bien et de Mal. Car il est rassurant de parvenir à soustraire l'expérience du mal en excès au gouffre des sentiments, et à la domestiquer par la pensée. Maintenir le Mal dans une relation *essentielle* avec le Bien permet de passer sous silence l'excès d'un mal hors catégories.

2. Pourtant la vie en société suppose non seulement les repères du légal et de l'illégal, mais aussi du bien et du mal, définis en fonction d'un consensus précis, et connus de tous. Mais dès que nous absolutisons ces repères, nous sommes tentés de nous faire créateurs du fondement ultime de ces valeurs : « Ce qui est interdit, note P. Ricœur, ce n'est pas ceci ou cela mais une qualité d'autonomie

qui ferait de l'homme le créateur de la distinction du bien et du mal » (*Finitude...*, t. 2, p. 234). Nos choix ont toujours à rester relatifs. Nul ne connaît la valeur *ultime* de son acte ni de l'acte d'autrui. La confusion existentielle entre le bien et le mal, et le conflit constant qui en découle, nous interdisent toute annexion de l'Absolu à un acte particulier.

C'est ce discernement relatif entre le bien et le mal que Salomon demande à Dieu pour être capable de gouverner, en 1 R 3,9. Discerner pour vivre n'est pas « connaître comme des dieux ». Affirmer que nous aurions connu le bien si nous avions obéi au commandement divin, et que nous connaissons le mal en conséquence de notre désobéissance, c'est faire le plus grand contresens sur le texte qui précisément pose le fondement *du Bien et du Mal* hors du champ d'accès de notre connaissance ; mais c'est aussi « récupérer » l'absolu que nous prétendions avoir perdu ; et par le biais de la connaissance du Mal, nous croyons alors implicitement avoir accès à la connaissance du Bien.

Or le discernement nécessaire pour vivre nous impose un renoncement à cette illusion de connaître le Mal dans ses racines originelles. Gn 2-3 parle d'une existence *déjà* traversée par le mal, par moments éclairée par des intuitions justes, par moments fourvoyée dans des fantasmes de maîtrise de toutes choses. À la tentation de déterminer et de connaître le Bien et le Mal comme des vérités objectives et absolues à imposer aux autres, Gn 2-3 oppose la possibilité d'un discernement *relatif*[13] qui laisse la priorité à la *relation* à soi et à autrui. Privés de la connaissance de ce qui est Bien ou Mal en soi, nous valoriserons davantage ce qui leur fait du bien et ce qui leur fait mal. Le bien et le mal deviendront *relatifs* à celui ou celle qu'ils affectent.

Aujourd'hui, une lecture psychanalytique de l'interdit de Gn 3 nous paraît d'autant plus légitime que la découverte de l'inconscient, et notamment de la nature du Surmoi, jette un doute définitif sur notre capacité à distinguer clairement le Bien et le Mal. Lorsqu'on réalise quel est le berceau de la conscience morale et quelles sont les racines inconscientes des plus belles doctrines éthiques, la simple sagesse suggère d'opter pour un discernement très relatif. Qui dira où finit le conditionnement parental, social, politique et où commence la pure connaissance des valeurs ? La racine des actes n'est-elle pas aussi inaccessible que les racines de l'arbre interdit ? Où finit la terre et où commence la vie ? S'il faut arracher ou tuer pour connaître, n'est-ce pas, une fois encore, que Vie, Bien et Mal sont un seul et même arbre ?

3. Nous citions Nietzsche en exergue de ce chapitre : « Tous les actes sont essentiellement inconnus. » C'est encore sous la plume de Nietzsche que nous trouvons le rappel de l'intuition chrétienne selon laquelle *Dieu seul sait* :

> Le christianisme présuppose que l'homme *ne* saurait *point*, ne *pourrait* savoir ce qui pour lui est bien ou mal : il croit en Dieu qui seul le sait ; la morale chrétienne est un commandement de l'au-delà, et en tant que tel *au-delà* du jugement humain (*Fragments...*, p. 186).

L'expérience du mal en excès débouche sur ce moment privilégié où Dieu nous apparaît comme le fondement mystérieux de la valeur de toutes choses. Il devient aisé, alors, de nous déprendre d'une connaissance qui remplaçait la relation vivante avec l'Autre-autre par une maîtrise fallacieuse du Mal dans l'isolement de notre fantasme. L'aveu *Dieu seul le sait* nous libère de l'absolu du mal, vécu sans vis-à-vis comme réalité ultime ; il nous libère aussi de l'intellectualisation du mal, élaborée également sans vis-à-vis. Dieu se tient au-delà, en un lieu de liberté où il en appelle à l'être qui vit et qui souffre : Dieu seul sait, de la seule connaissance qui, ne « mangeant » pas, ne tue pas ce qu'elle connaît.

Désormais l'excès du mal a ouvert le champ de Dieu à l'infini. Dieu n'est plus ce défenseur du Bien que notre pensée s'était annexé ; Dieu n'est plus cette entité totalement étrangère dans son inconnaissance du mal qui nous broie. Dieu est Tout-Autre que mes catégories du Bien et du Mal. Mais il n'est pas Tout-Autre au point de ne pas connaître le bien et le mal qui m'affectent, d'une connaissance de l'intérieur, mystérieuse. Seule connaissance qui plonge ses racines dans la Vie, qui unifie et réconcilie ce que la pensée oppose, seule connaissance capable de démystifier le Bien et de transfigurer le Mal... « Pour l'instant, dit P. Nemo, seule la question est dé-voilée : Dieu, c'est la question du bien ou du mal, indistincts dans une unique question... Il n'est, pour nous, *rien autre chose que l'excès du bien et du mal* inexplicablement confondus. Il est la sphère d'être du bien et du mal » (*Job...*, p. 194).

Il est remarquable que la juxtaposition « YHWH-

Elohim » n'intervienne qu'en Gn 2-3 et seulement une fois ailleurs dans le Pentateuque (en Ex 9,30 où le texte n'est pas certain). N'est-ce pas là l'illustration de ce qui vient d'être dit ? YHWH est un nom propre, le nom spécifique du Dieu d'Israël, un nom qui engage l'éthique du peuple et la foi personnelle de l'individu. Elohim est à l'origine un terme générique désignant le Dieu créateur transcendant, dont la pensée cherche à connaître les relations avec le monde et l'humanité. Le seul moment du récit où il n'est question que d'« Elohim », c'est pendant le dialogue entre le serpent et la femme (3,1-5), lorsque surgit l'idée de connaître le Bien et le Mal *en se passant de la relation personnelle avec l'Autre,* YHWH. Alors les humains annexent Dieu, qu'ils connaissent comme ils connaissent le Bien et le Mal qu'il est censé garantir : Dieu n'est plus qu'Elohim ; eux-mêmes sont « comme Elohim », alors que le mal et le bien relèvent en définitive de YHWH, le Tout-Autre inconnaissable qui fait connaître son nom.

Avec la relativisation des repères du bien et du mal, il faut bien envisager une *suspension de l'éthique,* qui implique le risque de l'absurde. Comme le dit un commentateur de Job, il ne nous est pas naturel d'admettre que le Dieu qui est vraiment Dieu doit échapper même à l'image morale que l'homme se fait de Dieu et que Dieu n'est pas créé à l'image de l'homme, même de l'homme de bien[14]. Spontanément, nous considérons l'erreur et l'illusion plutôt comme des pièges du néant que comme des gardiennes de vie. Nous ne renonçons pas aisément à la notion d'une conscience capable de connaissance naturelle plus ou moins enfouie du Bien et du Mal. Pourtant, nous sommes invités à opter, en accord avec le texte biblique, pour l'approche phénoménologique : toute conscience étant conscience de quelque chose, notre conscience du bien et du mal n'est pas rien ; mais elle inclut l'erreur et l'illusion liées à toute apparition du bien et du mal sur cette terre.

La connaissance à laquelle notre conscience du bien et du mal peut nous faire accéder ne saurait en aucun cas se poser pour soi et par soi : elle perdrait immédiatement son ancrage dans le réel puisqu'elle ne reposerait plus sur la *conscience de* quoi que ce soit. L'erreur et l'illusion qui sont partie intégrante de notre conscience du bien et du mal ne sont pas à considérer comme une malédiction ; ce sont des garde-fous qui nous permettent de ne jamais remplacer la relation vivante à autrui par un jugement de valeur définitif. Positivement, la conscience du bien et du mal nous permet une première perception des êtres et des choses sans laquelle personne ne prendrait aucune responsabilité. Puis, dans un deuxième temps, elle nous fait percevoir la *valeur* infinie et inconnaissable d'autrui. Sur ce fond à la fois connu (la conscience du bien et du mal qui sont en autrui) et reconnu comme éminemment relatif, nous pouvons voir se détacher enfin le mystère de son origine et de sa valeur : il y a là quelque chose qui émane de l'Absolu.

Par-delà le bien et le mal, Dieu veille sur un Sens qui demeure hors d'atteinte de notre connaissance. Mais sans cesse nous tentons de fonder l'éthique sur un absolu de sens que nous commençons par définir nous-mêmes, et que nous demandons ensuite à Dieu de cautionner. C'est consommer de l'arbre interdit. Même les plus hautes valeurs spirituelles restent en définitive inconnaissables et dépendent entièrement de la liberté de Dieu. C'est la dure leçon de Job. Quand nous donnons à des valeurs absolues, prétendument connues, la priorité sur le Dieu inconnaissable en qui réside le mystère du bien, du mal et de toute valeur, quand nous en appelons à Dieu pour légitimer ces valeurs que nous avons *nous-mêmes* posées au préalable, nous consommons de l'arbre interdit sans même nous en apercevoir. Quand nous mettons notre « espoir dans la vertu rédemptrice de la quête des valeurs », nous faisons obstacle à l'accueil de l'Évangile, selon l'interprétation que G.-P. Widmer donne de la pensée paulinienne : « En se consacrant au vrai, au bien et au beau, le créateur de valeurs tend, en fait, à s'égaler à Dieu et à renforcer sa volonté de domination ; sa cupidité... le pervertit d'autant plus profondément qu'elle érige l'intelligence en mesure de toutes choses et qu'elle prête au monde imaginaire la consistance du monde réel [15]. »

Dieu seul sait, cela se traduit chez Kierkegaard, en particulier dans *Crainte et Tremblement*, par l'angoisse qui naît de la contradiction entre l'éthique et la foi : le péché n'est pas une réalité éthique, mais une réalité religieuse ; il est notre manière ordinaire d'être devant Dieu : c'est l'existence même en tant que déréliction. Quand nous faisons entrer le Mal dans le cadre de nos catégories éthiques, nous évitons de nous confronter avec cet Autre en qui réside le mystère du mal en excès, cet Autre par rapport auquel toute existence, même juste, est déréliction dans un mal hors catégories.

Mais dire *Dieu seul sait* nous permet aussi de dépasser l'angoisse de la non-connaissance du Bien et du Mal. Quand nous renonçons à la maîtrise de la valeur, nous nous en remettons à Celui qui sait « le bien et le mal », c'est-à-dire « tout ». L'acceptation du relatif nous donne alors accès non à la connaissance de l'absolu, mais à la *relation* avec cet Autre absolu qui ne se laisse approcher que dans un face-à-face vivant et douloureux : en effet, le bonheur que fait miroiter le serpent par le moyen de la connaissance du Bien et du Mal est la plus tragique des illusions.

« Père, pardonne-leur car ils ne savent pas ce qu'ils font »

1. Le non-savoir essentiel qui caractérise chacun de nos actes n'est pas avant tout à déplorer mais à constater. Or nous commençons toujours par croire spontanément à la valeur bonne ou mauvaise des actes. Pour le philosophe L. Lavelle, « il semble donc que la distinction du mal et du bien soit inséparable de l'avènement de la conscience ». Mais, dit-il, « la distinction du bien et du mal fait hésiter notre pensée et notre conduite, elle fait apparaître dans notre conscience le désarroi et l'angoisse » (p. 74). C'est bien notre *réflexion* sur l'acte qui est génératrice d'angoisse : l'acte lui-même est accompli dans

une sorte d'adhésion à ce qui paraît être, sur le moment, le bon ordre des choses.

C'est parce que la valeur ultime d'un acte ne lui est pas essentiellement liée, que nous ne savons jamais, fondamentalement, le mal que nous infligeons à l'autre-Autre. C'est sans doute la raison pour laquelle Job offrait des holocaustes préventifs en faveur de ses fils : il se disait « peut-être mes fils ont-ils péché (bien qu'ils aient) béni Dieu dans leur cœur » (Jb 1,5). Peut-être croyaient-ils sincèrement être agréables à Dieu tout en faisant un mal qu'ils ne savaient pas. C'est dans ce non-savoir essentiel que se tient le Christ pour implorer le pardon de Dieu en faveur des humains (Lc 23,34) : il s'abstient de dire « ils ne savent pas *le mal* qu'ils font ».

À l'exception du mot mal-faiteurs, [kakourgoi], la terminologie traditionnelle péché-faute-culpabilité fait remarquablement défaut dans le contexte de cette prière (Lc 23,26-49). Le texte parle des humains en proie au mal mais non du mal, du péché, des coupables. Le silence de Jésus sur le mal qu'ils font cristallise la faillite de nos notions habituelles de Bien et de Mal. À regarder de près les acteurs du récit, on s'aperçoit que tous se méprennent sur le Bien et le Mal. Simon de Cyrène, simple passant indifférent, contraint de porter la croix de Jésus, devient artisan involontaire de son malheur. Mais de ce mal, auquel il contribue, naîtra une relation vivante avec le Christ — Marc mentionnera ses deux fils devenus chrétiens. Les femmes croient faire du bien à Jésus en se lamentant. Mais le mal n'est pas là où elles croient : « pleurez sur vous-mêmes et *sur vos enfants* » que vous considérez comme le Bien suprême et qui seront source de votre plus grand malheur.

Quant aux autorités et aux soldats, ils nient le mal qui est en eux pour le projeter sur Jésus. Ce faisant, ils croient faire le Bien, défendre le nom de Dieu en éliminant un blasphémateur. Enfin, les mal-faiteurs ou faiseurs de mal, terme propre à Luc, sont anonymes. Invitation, faite aux destinataires de l'Évangile, à comprendre que tout humain « fait le mal » quotidiennement sans le savoir, dans la même ignorance, [agnoia], le même non-savoir essentiel que Pierre invoquera en Ac 3,17 : « c'est dans l'ignorance que vous avez agi »...

La prière du Christ est l'intercession du seul être humain qui, selon la tradition chrétienne, ait traversé la tentation de connaître le Bien et le Mal sans y céder. « Pardonne-leur car ils ne savent pas ce qu'ils font » : ils sont en proie au mal mais convaincus de faire le Bien. Ils ne savent pas la portée, la valeur ultime de ce qu'ils font, ils se trompent sans cesse de bien et de mal ; ils voient le mal là où il n'est pas et ils ne le voient pas là où il est[16]. Mais à aucun moment Jésus n'accepte d'être réduit au rôle de victime condamnée par cette justice de Dieu qu'ils prétendent connaître. À aucun moment non plus, Jésus ne s'enferme dans le rôle accusateur de celui qui connaîtrait le Mal : il ne se permet pas de juger *ce qu'*ils font. « Pardonne-leur... », sans contenu, sans complément. Il ne prétend pas connaître le Mal qui est en eux. Pardonne-leur non le péché, le crime, l'abomination qu'ils commettent, mais pardonne-leur ce que Toi seul sais qu'ils sont en train de faire.

2. Gn 2-3 met en garde tout-e croyant-e contre son incapacité naturelle à ne pas transformer un tel non-savoir essentiel en connaissance. Là encore, il est plus utile de constater que de déplorer. Parce que nous avons toujours commencé par subir le mal, la tentation de le maîtriser par la pensée et de décider nous-mêmes de la valeur ultime de toutes choses a grandi avec nous. Job trouve le mal à sa naissance mais il trouve aussitôt la parade la plus illusoire à ce mal : une pseudo-connaissance qui tue la vie ; ce que F. Dolto exprime ainsi, en donnant au péché originel un sens très proche de ce que nous essayons d'en dire :

> Je dis que nous sommes toujours dedans. Bien que le Christ nous en ait sortis, nous en payons les suites : en étant tout le temps à juger de la vie, pour savoir si elle est bonne ou si elle est mauvaise. C'est ça, toucher à la question du fruit de l'arbre du bien et du mal, du mieux ou du moins bien. C'est ça notre folie que nous ne pouvons pas changer[17].

On peut parler d'une tentation juive de considérer la Torah comme cette connaissance du Bien et du Mal interdite à Adam et Ève, mais communiquée à Moïse. Elle semble trouver son prolongement dans la tentation chrétienne de remplacer la relation au Christ par l'illusion d'une connaissance du Bien et du Mal révélée par la Bible. La place occupée par le récit de Gn 2-3 au début de la Bible, *avant* toute révélation, *avant* tout enseignement, dit assez que la tentation est commune aux deux traditions. La ruse du serpent indique que la plus subtile des tentations est celle qui se tapit derrière la sincère volonté de faire ce qui est Bien aux yeux de Dieu. Ne pas savoir, fondamentalement, le mal que nous faisons, c'est du même coup ne jamais avoir accès, fondamentalement, à la connaissance du Bien à faire.

Tout se passe comme si la Loi de l'Éden primait toute autre Loi, y compris celle du Sinaï : il nous est interdit de prétendre *connaître* tout interdit et tout commandement, aussi révélés soient-ils. Pourquoi cet interdit premier et massif passerait-il au second plan après la révélation du Sinaï ? Comment la Torah rendrait-elle superflue la mise en garde de Gn 2-3 ? Lorsque J. Eisenberg affirme : « L'humanité est marquée par la souillure du serpent. Seulement voilà : cette tache n'est pas indélébile. Ainsi, Israël s'en est lavé en acceptant la Torah au mont Sinaï » (*Et Dieu*..., p. 241), il ne voit pas que la tentation de connaître le Bien et le Mal en soi et non comme des repères relatifs est alors plus forte que jamais : Dieu nous met en garde *avant toute révélation*, précisément parce que cette tentation est de tous les temps et de tous les lieux.

Le risque est grand de nous annexer Dieu. Or quand nous annexons Dieu en l'assimilant à nos propres notions du Bien et du Mal, nous aboutissons à la même autosuffisance que par l'enfermement dans notre culpabilité. Rien d'étonnant alors à ce qu'on trouve dans le monde de pensée athée à la fois l'absence tragique de vis-à-vis *et* la volonté de décider du Bien et du Mal, malgré l'aveu de leur confusion essentielle, ou à cause de lui. À titre d'exemple, prenons la pièce de J.-P. Sartre *Le Diable et le Bon Dieu*.

Dans cette pièce nous relevons d'une part le

constat de la relativité du bien et du mal dans l'existence[18], d'autre part la transgression de l'interdit biblique : décider soi-même du Bien et du Mal, les connaître au point de les inventer, parce qu'il n'y a pas de vis-à-vis, ni divin ni humain, parce que, décidément, il n'y a pas d'autre alternative — ou bien une relation, où l'être prime la valeur bonne ou mauvaise du faire, ou bien l'isolement dans le fantasme du connaître. Deux extraits de cette pièce :

> Pourquoi faire le Mal ? — Parce que le Bien est déjà fait.
> Qui l'a fait ? — Dieu le Père. Moi, j'invente.

> Je me demandais à chaque minute ce que je pouvais *être* aux yeux de Dieu. À présent je connais la réponse : rien. Dieu ne me voit pas, Dieu ne m'entend pas, Dieu ne me connaît pas. Tu vois ce vide au-dessus de nos têtes ? C'est Dieu. Tu vois cette brèche dans la porte ? C'est Dieu. Tu vois ce trou dans la terre ? C'est Dieu encore. Le silence, c'est Dieu. L'absence, c'est Dieu. Dieu, c'est la solitude des hommes. Il n'y avait que moi : j'ai décidé seul du Mal ; seul, j'ai inventé le Bien. C'est moi qui ai triché, moi qui ai fait des miracles, c'est moi qui m'accuse aujourd'hui, moi seul qui peux m'absoudre ; moi, l'homme (p. 81 et 237 s).

Pourtant, il n'y a aucune fatalité dans l'adhésion à ce non-savoir essentiel érigé en connaissance. Sinon, le récit biblique n'offrirait pas d'entrée de jeu la possibilité d'une autre voie, qui est en même temps une *Autre voix*. Voilà pourquoi on peut répondre à la question de B. Fondane : oui, Nietzsche était libre, après l'échec cuisant de la transgression, après la prise de conscience de la nature fantasmatique de ce connaître, Nietzsche était libre d'opter pour l'aveu du non-savoir essentiel :

> Il a compris mieux qu'Adam que le serpent l'avait trompé, qu'il n'y avait que la « suprême cruauté » dans l'arbre de la connaissance. Aussi, à *l'encontre* d'Adam, qui s'était *résigné* à sa défaite, Nietzsche — déçu mais non brisé — pensa qu'il fallait *persévérer* dans l'erreur. Il *fallait* sacrifier Dieu à l'ineptie — et il l'avait sacrifié... Nietzsche était-il *libre* de refuser la vérité du serpent, après avoir mangé de l'arbre de la connaissance ? était-il libre de revenir de son plein gré, *de sa propre décision,* au non-savoir essentiel ? était-il libre de rejeter sa suprême cruauté et de sacrifier non plus Dieu au néant, mais le néant à Dieu ? (p. 66).

L'expression *suprême cruauté* ne laisse-t-elle pas entendre cette cruauté première, ce mal subi antérieurement, que la connaissance tente vainement ensuite de maîtriser ? Mais chacun-e reste libre de *sacrifier* le néant d'un contrôle illusoire du mal par la pensée à la relation vivante avec un Autre.

3. Dans le monde du Bien et du Mal, ce n'est pas une argumentation qui peut dissiper l'illusion ; c'est bien plutôt le poids du réel que représente une personne, un vis-à-vis, l'autre-Autre. Nous n'avons pas de prise sur cette irruption de l'autre-Autre : « ils entendent la voix de YHWH Dieu... » (Gn 3,8) ; c'est qu'ils avaient cessé de l'entendre. Mais il nous faut renoncer au connaître autosuffisant pour commencer à entendre le *sujet* libre, inconnaissable, en l'autre : un autre-que-soi créé pour être un « secours », qui « répond, annonce et proclame » *autre chose que ce que nous connaissons déjà.* C'est alors

la densité de la vie et du Sens que Dieu oppose à notre fantasme de connaissance. Comme le dit D. Vasse,

> devant la souffrance — ou en elle —, l'attitude ouverte à la vérité en appelle à la suspension du savoir ou de l'immédiate compréhension. Elle plonge dans le silence de l'écoute. Le vrai silence nous dépossède de nos connaissances... Cette attitude *silencieuse* ne dépend pas de notre vouloir ou de notre envie de bien faire. Elle est le fruit d'un travail constant de l'Autre en nous-mêmes, qui met en suspens la prétention hégémonique de notre « moi » (p. 38).

Face au mal subi, Gn 3 pose une seule alternative : ou bien, en le niant, en le fuyant, nous refusons l'autre-Autre en prétendant le connaître, pour tenter en vain de restaurer le même par le même et d'effacer le mal subi ; ou bien nous optons pour cet Autre que nous avouons ne pas connaître mais qui s'avère le seul *secours* dans la mesure où il entend et se fait entendre. Seul l'autre-Autre peut dissiper en nous le fantasme du connaître.

Cependant, la foi chrétienne témoigne de ce que nous ne pouvons réellement être délivrés du fantasme du connaître que par le nom de cet autre-Autre qu'est le Christ. Dans deux manuscrits, Jésus dit à l'*autre* malfaiteur : « aujourd'hui tu seras avec moi dans *le jardin d'Éden* » et non « dans le paradis ». Un jardin d'Éden où l'on s'interdit de connaître le Bien et le Mal en autrui. Aucun jugement sur la valeur dernière des actes d'autrui : c'est la simple présence du Christ qui recrée le cadre du jardin d'Éden.

Car lui n'a rien fait qui soit « sans lieu, sans situation », dit l'autre malfaiteur à propos de Jésus. Chez lui, tout est *en place* : il a renoncé à consommer de l'arbre de la connaissance du Bien et du Mal. Mais pour donner aux autres la possibilité de se libérer de cette tentation, il s'est situé *en Dieu*, là même où poussait l'arbre mortifère. Et là, alors que l'arbre de Vie est devenu la croix sur laquelle il agonise, le Christ refuse pour la dernière fois de sa vie de manger du fruit interdit : « Père, pardonne-leur car ils ne savent pas ce qu'ils font »... Dans la confrontation avec le mal, le secours ou vis-à-vis par excellence, c'est celui qui ne pose aucune condamnation définitive — ni sur un faiseur de mal ni sur une victime du mal.

Ce n'est pas seulement parce que Dieu seul sait « ce qu'ils font » que le Christ lui demande de pardonner ; c'est aussi parce que Dieu est le premier à mourir de « ce qu'ils font ». Cette fois, ils ont « porté la main et pris aussi de l'arbre de Vie » (Gn 3,22). Ils ne savent pas qu'ils le tuent en croyant se débarrasser du mal qu'ils ont tous subi dès la naissance et qu'ils refusent de regarder en face, chacun pour soi. Dieu s'était rendu vulnérable en se plaçant au milieu du jardin. Alors, seule la croix d'un *autre-Autre* pouvait déraciner l'arbre à connaître Bien et Mal — la croix d'un Christ en proie au même abîme du mal que chaque être humain, mais dépréoccupé de toute maîtrise du Bien et du Mal, jusqu'à son dernier souffle.

Notes

Introduction

1. C. Rosset, *Logique du pire*, Paris, PUF, 1971, p. 12.
2. *Post-scriptum*, OC, L'Orante, t. 11, p. 51.
3. *Finitude...*, t. 2, p. 324.

1. Job 3

1. *La Route antique des hommes pervers*, Paris, Grasset, 1985, p. 12 et 21.
2. Des nomades puis une bande d'étrangers massacrent ses serviteurs et s'emparent de tout son gros bétail ; un « feu du ciel » consume tout son petit bétail et ses serviteurs ; une tornade, s'étant abattue sur la maison, provoque la mort de ses sept fils et de ses trois filles (Jb 1,13-19).
3. À partir de Jb 2,10 : « "Nous acceptons le bonheur comme un don de Dieu. Et le malheur pourquoi ne l'accepterions-nous pas aussi ?" En (disant) tout cela, Job ne pécha point par ses lèvres. »
4. Un *hapax legomenon*, mot ou expression qui n'apparaît qu'une fois (dans un Livre, dans la Bible hébraïque, etc.), revêt un intérêt très particulier : on peut y voir une réalité difficile à nommer avec le langage habituel et donc une expression privilégiée du mystère de l'inspiration biblique.
5. Notons le redoublement sous forme de jeu de mots ['orerey]-['orer].
6. Mot-clé pour le sort de Job, ['amal] désigne la misère,

l'esclavage, la souffrance cruelle, l'immense fatigue, la peine ; mais alors que les amis utilisent ce mot pour *faire le mal*, Job l'emploie pour *souffrir le mal ou la misère.*

7. On peut prendre l'expression à la lettre : ma vie est devenue poussière et cendre, voilà ce que l'excès du mal a fait de moi, mais je suis « dessus », donc je sais maintenant que je ne me réduis pas à cela.

8. Les autres mentions se trouvent en Jb 14,1 ; Jb 37,2 ; Jb 39,24 ; Ha 3,2.

9. Cf. plus haut : « ceux qui bâtissent des ruines pour eux » (Jb 3,14).

10. Le mal radical, c'est ce malheur qui nous est arrivé, muselant en nous le sujet parlant jusque dans nos racines, nous privant de parole et détruisant notre capacité d'être en relation. Quand nous nions cette réalité du mal radical, nous sommes souvent acculés à le reproduire aux dépens d'autrui.

11. Dans l'apocalypse juive, deux animaux jouent un rôle majeur : Béhémôt (monstre de la mer) et Léviathan (monstre de la terre).

12. On trouve dans la tradition juive cette perception d'un mal imposé de l'extérieur. Selon le Midrash (Ex. Rabbah, ch. 26), ce verset illustre l'expérience d'Israël, le peuple de Job : « Je n'avais pas de tranquillité de la part de Babylone, pas de paix de la part de la Médie, pas de repos de la part de la Grèce, et l'agonie de la part d'Edom (c'est-à-dire de Rome). »

2. L'empreinte d'un mal originel

1. *Essai pour introduire en philosophie le concept de grandeurs négatives*, OC, vol. 1, Gallimard, 1980, p. 277.

2. *La Douleur chez l'enfant*, Paris, Medsi/Mc Graw. Hill, 1989, p. 6.

3. Nous écrivons Bien et Mal avec des majuscules chaque fois que ces notions sont érigées en connaissances absolues.

4. Rappelons que pour le Zohar, l'obscurité est le visage du mal.

5. *La Liberté humaine* et *Controverses avec Eschenmayer*, Paris, Vrin, 1988, p. 164 ss et 181.

6. Midrash Rabba, p. 186-193.

7. Jn 9,1-2. Cf. aussi la parole de Jésus devant le tombeau

dc Lazarc : « Cettc maladic n'cst pas *du côté de* la mort, mais *en faveur de* la gloire de Dieu. »

8. K. Rahner, « Original Sin », in *Sacramentum Mundi*, vol. 4, p. 329 et 331.

9. C'est-à-dire « coupé de Dieu », selon la signification constante du mot *péché* dans la Bible.

10. À cet égard, le cheminement de P. Ricœur dans l'Encyclopédie de la religion est exemplaire :

— Il commence par poser une Bonne origine, *exempte de mal*, que nous ne voyons pas en Gn 2-3 : « La création est bonne, très bonne ; seul l'homme initie le mal, bien qu'il soit tenté, c'est certain, par le serpent. »

— Il croit voir dans le mythe adamique la découverte de l'origine radicale du mal en l'humain — nous ne voyons nulle part dans le texte que l'humain introduise le mal dans la création : ce mythe, dit-il, pose « une origine radicale du mal distincte de l'origine plus primordiale de la bonté de toutes les choses créées ; l'homme commence le mal mais ne commence pas la création ».

— Il doit, comme Kierkegaard, recourir au *saut* qui marque le passage, parfaitement incompréhensible, d'un état de bien-bonheur parfait, à un mal désiré ardemment alors qu'on n'en avait pas la moindre idée, ce qui à nos yeux est une mécompréhension du texte biblique : « Pour établir la discordance entre une création qui est fondamentalement bonne et une condition historique qui est déjà mauvaise, le mythe n'a pas d'autre ressource que de concentrer l'origine du mal en un instant unique, en un saut. »

— C'est ce *déjà* qui met toujours P. Ricœur sur la voie d'une « impensable et invincible possibilité » (qui évacue totalement la doctrine du péché originel) : celle de la face sombre et terrible de Dieu. « Si cette éventualité se montre si persistante, c'est précisément parce que l'expérience humaine du mal elle-même contient l'éventualité qu'en posant l'existence du mal, *l'homme découvre l'autre côté du mal, à savoir qu'il a toujours existé*, en une paradoxale extériorité qui lie le péché à la souffrance en un même mystère indissociable d'iniquité » (p. 202 s).

11. « Celui qui souffre à nos yeux comme innocent *doit*

croire dans l'humilité qu'il a toujours tort devant Dieu » (p. 281 s). Ce *doit* nous renvoie au *il faut* de Kant, donc à ce même interdit que la doctrine du péché originel fait peser sur la pensée.

12. *Talmud* Babli, traité *Soukkot* 52 b.

13. Jb 29,25. Tout ce chapitre révèle le pouvoir lié à l'exercice du Bien, c'est-à-dire à la maîtrise du Mal. Job allait jusqu'à rêver d'immortalité (v. 18) !

3. Job 10

1. L'auteur raconte comment, à l'âge de quatorze ans, il a assisté dans un camp de la mort à un office de prisonniers, la veille de Roch hachanah. Lui-même dit qu'il était « avec Job » (p. 54).

2. En Jb 23,2-6 et 31,35 ss. Autres références : 6,28 ss ; 9,21 repris en 9,29 ss ; 13,15 ; 16,17 s ; 27,5 s ; 13,23 ; et l'apologie de Job en 29,12-17 ; 30,24 s ; 31,1-34, 38 ss.

3. La traduction syriaque accentue encore le côté pervers : « et après cela *tu veux* me condamner et me détruire ! »

4. Notons le jeu de mots [yada'-yaga'] qui rappelle combien ce *savoir*-là, dans sa prétention à prendre la place de Dieu, est mortifère et nous enferme dans l'enfer du *tourment*.

4. Les résonances de Job 10

1. J. Lacroix, *Philosophie...*, p. 22.

2. A. Miller cite le témoignage d'une lectrice allemande qui confirme son analyse (p. 267) : « Croyez-vous que les camps de concentration nazis auraient été possibles si la terreur physique et tous ses accessoires, bâton, verges, fouet, n'avaient pas été de règle dans toutes les chambres d'enfants en Allemagne ? »

3. *La Névrose chrétienne*, Éd. de Trévise, 1976, p. 36 et 136.

4. *Le Jour*, Paris, Seuil, 1961, p. 48.

5. *Manuscrits autobiographiques*, Lisieux, 1957, p. 245 ss.

6. *Ibid.*, p. 251. Même évolution chez C. Jung dont la découverte des enfants maltraités et victimes d'abus au cours des premières années de la vie disparaît dans la forêt d'archétypes

de sa pensée conceptuelle ultérieure. Son père était théologien et pasteur (*ibid.*, p. 231).

7. « D'après les statistiques publiées par Florence Rush (*Le Secret le mieux gardé, l'exploitation sexuelle des enfants*, Denoël/Gontier, 1983), 70 % des prostituées et 80 % des toxicomanes de sexe féminin ont subi de graves abus sexuels dans leur enfance, et 85 % de tous les crimes commis sur des enfants sont de nature sexuelle » (*ibid.*, p. 359).

8. P. Ricœur, *Finitude...*, t. 2, p. 139.

9. J. Lévêque, « Tradition et trahison dans le discours des amis », *Concilium* 189 (1983), p. 70.

10. Le satan est mentionné quatorze fois en Jb 1 et 2 et plus jamais après. C'est lui qui suggère à Dieu l'idée de mettre la foi de Job à l'épreuve par une succession de malheurs.

11. J. Lévêque, p. 327.

12. L'auteur rappelle d'une part que l'on peut donner l'impression d'être coupable de meurtre alors qu'on ne l'est pas, simplement parce qu'on est rongé par un sentiment secret de culpabilité ; d'autre part que beaucoup de personnes sont incapables de lutter pour leurs droits parce qu'elles se sentent inconsciemment coupables (*Le Besoin d'avouer*, Paris, Payot, 1973, p. 142-146).

13. Cf. aussi T. Reik (p. 235 et 248) : « Aucun juge au monde n'est aussi sévère que le surmoi de nombreuses personnes. »

14. A. Miller, *L'Enfant...*, p. 179.

15. *Job ou l'homme révolté*, Genève, Labor et Fides, 1955, p. 19 s et 28.

16. Cf. Jb 4,17-21 ; 15,14-16 et 25,4-6.

17. Cf. « Culpabilité... », p. 287 et 300, et *Finitude...*, t. 1, p. 160 s.

18. J. Lévêque, p. 513.

19. S. Kierkegaard, *Stades sur le chemin de la vie*, OC, t. 9, Paris, L'Orante, 1978, p. 208 s, 288, 323 s, 343 et 361. Nous soulignons *mon histoire de souffrance* ; il aurait écrit *mon histoire de fautes* s'il n'avait pas su, au fond de lui, qu'il n'était pas coupable de son mal.

20. *Le Procès*, Gallimard, 1957, p. 107-267.

21. « Dans une lettre à son père longue de plus de cent

pages, il essaie de mettre en forme ses reproches, d'exprimer sa détresse et de la faire comprendre à son père. » Mais « il n'arriva jamais à vivre les sentiments qui auraient percé le bouclier de l'autoculpabilisation et, au lieu d'états dépressifs et d'une tuberculose, auraient engendré une véritable révolte... Kafka restait dépendant de notre système de valeurs, au sein duquel une mise en accusation logique et précise des parents, qui ne fuit pas la réalité, constitue l'un des plus grands péchés que l'on puisse commettre » (*La Connaissance...*, p. 130 ss).

5. Genèse 2-3

1. Autre traduction possible : « et lui à toi se comparera ».
2. Midrash Rabba, p. 160, note 11.
3. C'est ce mot, rare et fort, qui est utilisé en Gn 15,12 pour Abraham, lorsque Dieu fait alliance avec lui en passant entre les animaux coupés en deux. On retrouve donc la même intuition : pas d'alliance sans blessure préalable, pas de création sans déchirure ; or, précisément, ['ed] signifie à la fois *flot, nuage* et *brisure*.
4. Midrash Rabba, p. 241.
5. *A Commentary on the Book of Genesis*, t. 1, Jérusalem, The Magnes Press, 1978, p. 71.
6. « Voici mon dernier mot, il eût mieux valu que la terre ne produisît pas Adam, ou, que l'ayant déjà produit, elle l'empêchât de pécher. Car quel avantage avons-nous présentement à mener une vie triste et à attendre après la mort ? Ô toi, Adam, qu'as-tu fait ? Car si tu as péché, ta faute n'est pas seulement la tienne, mais celle de nous qui descendons de toi » (Apoc. d'Esdras 7,116). « Ô Adam, qu'as-tu fait à tous ceux qui sont nés de toi ? Et que dira-t-on à la première Ève qui a obéi au serpent ? En sorte que toute la grande multitude est dévorée par le feu... parce que Adam avait péché, la mort entra dans le monde... le deuil fut nommé, l'affliction préparée, la douleur créée, le labeur fut accompli et l'orgueil commença de s'établir » (Apoc. de Baruch 48).
7. Essayons d'inverser 3,23 : « de ['iššah], ['yš] a été pris » parce qu'elle risquait de s'ennuyer... L'enthousiasme biblique et rabbinique serait-il aussi grand ?
8. J. Eisenberg, *Et Dieu...*, p. 64.

9. B. Maruani, in Midrash Rabba, p. 193.

10. *Ibid.*, p. 50. Or « le paradis dont nous parle la Bible n'est pas le lieu d'où nous sommes issus : c'est celui auquel nous sommes promis » (p. 56).

11. Ce couple de notions signifie, dans la grande majorité des textes, conformément à la manière bien plus concrète de s'exprimer des Orientaux : tout simplement *tout* (G. Von Rad, p. 80).

12. « Je vais lui faire un allié... » *Biblica* 65 (1984), p. 233-238. Il s'agit de Dt 33,26 ; Os 13,9 ; Ps 20,3 ; 89,20 ; 121,1-2 ; 124,8 ; Dn 11,34 ; Ex 18,4 ; Dt 33,7 et 29 ; Ps 33,20 ; 70,6 ; 115,9, 10 et 11 ; 146,5 (p. 234 ss).

13. Dans son commentaire du v. 18, Calvin écrit : « Je ne le restreins pas à sa seule personne (Adam), mais j'estime plutôt que ç'a été une règle commune de la vocation humaine, afin que chacun prenne ceci comme dit à soi-même : il n'est pas bon d'être seul » (p. 56).

14. Midrash Rabba, p. 226.

15. Cette exégèse est en accord avec le passage suivant du Midrash Rabba (p. 234) : « Donnée pour le faire vivre (*le-hiyouto*), elle lui donna un conseil de serpent (*hivia*). »

6. De l'enseignement hébraïque à la passion du Christ

1. *Une vie...*, p. 242. Du camp où elle sera internée, elle écrira : « On est devenu un être marqué par la souffrance, pour la vie. Et pourtant cette vie, dans sa profondeur insaisissable, est étonnamment bonne, Maria, j'y reviens toujours. Pour peu que nous fassions en sorte, malgré tout, que Dieu soit chez nous en de bonnes mains, Maria » (*Lettres...*, p. 111).

2. *Le Concept...*, p. 146. Cf. aussi saint Augustin (p. 61) : « Comment... l'homme pouvait-il comprendre ce qui lui était dit de l'arbre de la connaissance du bien et du mal, alors qu'il ignorait complètement ce qu'était le mal lui-même ? »

3. A. Vergez, p. 69. L'auteur parle du socratisme et cite Platon, le *Sophiste* 229c et les *Lois* 863c.

4. « Job », in *Dict. de théologie catholique*, t. 8, col. 1461 et 1465.

5. *Les « Confessions » de Jérémie*, Genève, Labor et Fides, 1985, p. 24.

6. A. Miller, *La Souffrance...*, p. 91 et 139. Les principes de la pédagogie noire sont les suivants : « Il s'agit toujours avant tout du mépris du vivant, de la sensualité, de la créativité, de la lutte contre le bonheur de l'enfant, d'empêcher l'enfant d'être bien dans sa peau et de cultiver chez lui, au contraire, le repentir et des sentiments de culpabilité » (p. 125).

7. C'est ainsi que les enfants battus sauront gré à leur père ou leur mère de les avoir préparés à la vie.

8. A. Miller, *C'est pour ton bien*, p. 139.

9. A. Miller, *La Connaissance...*, p. 9.

10. Cf. *ibid*, p. 172 : « Tant que l'aptitude à la sensibilité et à la sympathie n'est pas totalement détruite, ces êtres ont toujours la possibilité de renoncer à nier leurs souffrances, de les ressentir, d'en voir les véritables causes et de se libérer ainsi du mal et de la compulsion de faire le mal. »

11. Midrash Rabba, p. 592.

12. A. Miller, *L'Enfant...*, p. 241. Cf. aussi *La Souffrance...*, ch. III « Lorsque Isaac quitte l'autel du sacrifice ». Non seulement les deux versions du tableau de Rembrandt (Leningrad et Munich) représentent la main du père qui « couvre tout le visage du fils et l'empêche de voir, de parler et même de respirer », mais il en est de même pour les trente autres représentations picturales du récit que A. Miller a pu analyser.

13. « Or quand nous entendons qu'il y a un jugement universel en l'homme à discerner le bien et le mal, écrit Calvin, il ne nous faut estimer qu'il soit entièrement sain et entier » (p. 45).

14. S. Terrien, *Job*, Neuchâtel, Delachaux/Niestlé, 1963, p. 46.

15. « Kierkegaard et le Christ », *RThPh* 1963 (IV), p. 140.

16. Pour Calvin (p. 47 s), « nous expérimentons plus qu'il ne serait nécessaire combien nous faillons souvent avec notre bonne intention... Il ne nous peut pas venir en l'entendement ce qu'il est bon de faire... Saint Augustin a tellement connu ce défaut de notre raison à entendre les choses qui sont de Dieu, qu'il confesse la grâce du Saint-Esprit pour nous illuminer n'être pas moins nécessaire à notre entendement, qu'est la clarté du soleil à nos yeux ».

17. *Autoportrait d'une psychanalyste*, Paris, Seuil, 1989, p. 163.

18. « Dieu sait plus de choses que tu n'en sais : ce qui te paraît un mal est un bien à ses yeux parce qu'il en pèse toutes les conséquences... Le Bien n'engendre pas le Mal, soit : puisque ta folle générosité va provoquer un massacre, c'est donc que tu ne fais pas le Bien » (p. 21 et 124).

Bibliographie

AUGUSTIN (saint), *La Genèse au sens littéral*, Œuvres de saint Augustin 48, Paris, DDB, 1972.

BARTH K., *Dogmatique*, vol. III, t. 3 (éd. fr. 14) et vol. IV, t. 3 (éd. fr. 24), Genève, Labor et Fides, 1963 et 1973.

BRUEGGEMANN W., *Genesis*, Atlanta, J. Knox Press, 1982.

CALVIN J., *Commentaires sur l'Ancien Testament, Genèse*, Genève, Labor et Fides, 1961.

CHALIER C., *La Persévérance du mal*, Paris, Cerf, 1987.

DELUMEAU J., *Le Péché et la Peur*, Paris, Fayard, 1983.

DOLTO F., *L'Évangile au risque de la psychanalyse*, t. 2, Paris, Delarge, 1978.

DOLTO F., *La Foi au risque de la psychanalyse*, Paris, Delarge, 1981.

EISENBERG J. et ABÉCASSIS A., *Et Dieu créa Ève*, Paris, Albin Michel, 1979.

EISENBERG J. et WIESEL E., *Job ou Dieu dans la tempête*, Paris, Fayard/Verdier, 1986.

FONDANE B., *La Conscience malheureuse*, Paris, Denoël/Steele, 1936.

FREUD S., *L'Avenir d'une illusion*, Paris, PUF, 1971.

FREUD S., *Malaise dans la civilisation*, Paris, PUF, 1972.

HESNARD A., *L'Univers morbide de la faute*, Paris, PUF, 1949.

HESNARD A., *Morale sans péché*, Paris, PUF, 1954.

HILLESUM E., *Lettres de Westerbork*, Paris, Seuil, 1988.

HILLESUM E., *Une vie bouleversée*, Paris, Seuil, 1985.

JANKÉLÉVITCH V., *La Mauvaise Conscience*, Paris, Montaigne, 1966.

JANKÉLÉVITCH V., *Le Mal*, Grenoble/Paris, Arthaud, 1947.

KANT E., *Critique de la raison pure*, OC, vol. I, Paris, Gallimard, 1980.

KANT E., *La Religion dans les limites de la simple raison*, OC, vol. III, Paris, Gallimard, 1986.

KIERKEGAARD S., *Discours édifiants à divers points de vue*, OC, t. 13, Paris, L'Orante, 1966.

KIERKEGAARD S., *La Maladie à la Mort*, OC, t. 16, Paris, L'Orante, 1971.

KIERKEGAARD S., *Le Concept de l'angoisse*, OC, t. 7, Paris, L'Orante, 1973.

LACROIX J., *Philosophie de la culpabilité*, Vendôme, PUF, 1977.

LAVELLE L., *Le Mal et la Souffrance*, Paris, Plon, 1941.

LÉVÊQUE J., *Job et son Dieu*, Paris, Gabalda, 1970.

MIDRACH RABBA, *Genèse Rabba* t. 1, Lagrasse, Verdier, 1987.

MILLER A., *C'est pour ton bien*, Paris, Aubier, 1983.

MILLER A., *L'Enfant sous terreur*, Paris, Aubier, 1986.

MILLER A., *La Connaissance interdite*, Paris, Aubier, 1990.

MILLER A., *La Souffrance muette de l'enfant,* Paris, Aubier, 1988.

MILLER A., *Le Drame de l'enfant doué*, Paris, PUF,1983.

NEMO P., « Job et l'excès du mal », in *La Confession de la foi*, Paris, Communio Fayard, 1977, p. 57-66.

NEMO P., *Job et l'excès du mal*, Paris, Grasset, 1981 ; rééd. avec texte d'E. Lévinas, Paris, Albin Michel, 1999.

NIETZSCHE F., *Fragments posthumes 1887-1888*, OC, t. 13, Paris, Gallimard, 1976.

NIETZSCHE F., *L'Antéchrist*, OC, t. 8, Paris, Gallimard, 1974.

NIETZSCHE F., *La Généalogie de la morale*, OC, t. 7, Paris, Gallimard, 1971.

POHIER J., *Dieu fractures*, Paris, Seuil, 1985.

RICŒUR P., « Culpabilité tragique et culpabilité biblique », *RHPhR* 1953, n° 4, p. 285-305.

RICŒUR P., « Evil », in *The Encyclopedia of Religion*, vol. V, p. 199-208.

RICŒUR P., *Finitude et culpabilité*, t. 1 et t. 2, Paris, Aubier/Montaigne, 1960.
RICŒUR P., *Le Mal. Un défi à la philosophie et à la théologie*, Genève, Labor et Fides, 1986.
SHAPIRO S., « Entendre le témoignage de la négation radicale », *Concilium* 195 (1984), p. 11-22.
THÉVENAZ P., *La Condition de la raison philosophique*, Neuchâtel, La Baconnière, 1960.
VASSE D., *Le Poids du réel, la souffrance*, Paris, Seuil, 1983.
VERGEZ A., *Faute et liberté*, Paris, Les Belles Lettres, 1969.
VERGOTE A., *Dette et désir*, Paris, Seuil, 1978.
VON RAD G., *La Genèse*, Genève, Labor et Fides, 1968.
WENHAM G., *Word Biblical Commentary 1, Genesis 1-15*, Waco Texas, Word Books Pub., 1987.
WESTERMANN C., « Le double visage de Job », *Concilium* 189 (1983), p. 29-41.
WESTERMANN C., *Genesis 1-11, A Commentary*, Minneapolis, Augsburg Pub. House, 1984.
WIESEL E., *La Nuit*, Paris, Éd. de Minuit, 1958.

Table

Avant-propos 7
Avertissement 11
Introduction 13

Ire PARTIE : LE MAL SUBI AU FONDEMENT DE L'EXISTENCE 55

1 : Job 3 57

Qui est Job ? 59
I. Un personnage exemplaire ? 59
II. Une victime réelle ? 61
III. Un personnage vrai 63
Le monologue de Job 3,1-10 65
I. Job face à l'abîme 66
II. Les surcharges d'autodestruction dans le texte 70
III. Quelle issue au déchaînement d'autodestruction ? 77
Le monologue de Job 3,11-26 89
I. L'agitation ou le tourment de Job 91

II. Le mal subi, devenu constitutif de l'identité 93
III. Aux antipodes de la paix, le mal absolu (v. 20-26) 97
IV. La conclusion du monologue : un cercle sans fin (v. 24-26) 103

2 : L'empreinte d'un mal originel 106

L'abîme du mal : une approche nécessairement rétrospective 106
I. Une vie tombée en abîme 106
II. L'existence d'autrui, pulvérisée 113
La création bonne : une construction *a posteriori* 120
I. La non-coïncidence de la vie et du Sens 120
II. Le paradis d'avant la chute : une manière de court-circuiter la réflexion sur le mal subi 126
Le mal originel, antérieur au péché originel 135
I. Un mal déjà là dans l'ordre de l'expérience 135
II. Un mal déjà là dans l'ordre de l'être 146

IIe PARTIE : LES IMPASSES DE LA CULPABILITÉ 157

3 : Job 10 159

Job ou la doctrine de la rétribution en faillite 162
I. La tentation d'autojustification 165
II. La tentation d'auto-accusation 171
L'hypothèse du Dieu méchant 180

4 : Les résonances de Job 10 190

Une culpabilité plongeant ses racines dans le mal subi 202
I. Une culpabilité naturelle 202
II. Une culpabilité marquée par le mal originel 207
III. Une culpabilité privée de tout objet ... 215
La ré-action coupable : une quête de Sens ... 219
I. Le satan promoteur de culpabilité et non du mal 221
II. L'autojustification, une manière de nier le mal re-agi 225
III. Une culpabilité en quête de Sens 230
L'autosuffisance de la culpabilité, coupée de l'abîme du mal 237
I. L'*a priori* théorique de l'absence d'innocence 237
II. Les bénéfices d'une culpabilité auto-suffisante 240
III. De l'abîme du mal à l'abîme de la culpabilité, l'absence de « devant toi » 246
IV. Une illusion au second degré : la négation de la culpabilité 249

IIIe PARTIE : LE FANTASME DE LA CONNAISSANCE DU BIEN ET DU MAL 251

5 : Genèse 2-3 253

Deux mystères contemporains : la vie et le mal 258
Le non-respect de la femme 266

Deux arbres en un seul 272
I. Le glébeux, « placé » là où la vie est possible. 272
II. Le Sens de cette mutation 274
III. Dieu, symboliquement au milieu du jardin 275
Le Mal et le Bien à jamais dans la sphère de l'inconnaissable 277
La nécessité d'un vis-à-vis pour faire face au mal 280
La vocation humaine, plus originaire que le fantasme 283
La suggestion du serpent : le salut par la connaissance du Bien et du Mal 286
La connaissance du Bien et du Mal : un fantasme d'autosuffisance 289
Le fruit mortel : voir dans l'existence de l'autre l'origine du Mal 292
La prétention mortifère : connaître le Bien et le Mal 295
De l'impasse de la connaissance à l'avenir de la vocation 299

6 : De l'enseignement hébraïque à la passion du Christ 303

À la base de toute connaissance du Bien et du Mal, une confusion existentielle 303
De la confusion à l'aveuglement : l'enfer normal 314
I. Le double aveuglement 314
II. Le mal occulté 316
III. Le mal nié 319

IV. Le mal reproduit 323
V. Le sacrifice d'Isaac 326
Deux interrogations en suspens 330
I. « Quelqu'un a nécessairement commencé » ou le fantasme de l'origine .. 330
II. Le bien et le mal, des notions pourtant nécessaires à la vie en société 335
« Père, pardonne-leur car ils ne savent pas ce qu'ils font » 343

Notes 353
Bibliographie 363

DU MÊME AUTEUR

Le Pardon originel
de l'abîme du mal au pouvoir de pardonner
Labor et Fides, 1994

La Joie imprenable
pour une théologie de la prodigalité
Labor et Fides, 1996

Traces vives
Paroles liturgiques pour aujourd'hui
(en collab. avec F. Carrillo et S. Schell)
Labor et Fides, 1997

« Moi, je ne juge personne »
L'Évangile au-delà de la morale
Albin Michel/Labor et Fides, 1998

Le pouvoir de pardonner
Albin Michel/Labor et Fides, 1999

La fermeture à l'amour
un défi pratique posé à la théologie
Labor et Fides, 2000

Culpabilité
Labor et Fides, 2000

« Spiritualités vivantes »
Collection fondée par Jean Herbert

au format de poche

DERNIERS TITRES PARUS

140. *Le Yoga et saint Jean de la Croix,* de Swâmi SIDDHESWARANANDA.
141. *Traces de lumières, paroles initiatiques soufies,* de F. SKALI.
142. *Aux sources de la joie,* de MÂ ANANDA MOYI, traduction et préface de Jean HERBERT.
143. *Temps et prières* de AL-GHAZÂLÎ.
144. *L'Enfant de pierre et autres contes bouddhistes,* de THICH NHAT HANH.
145. *Le Livre du dedans*, de RÛMI.
146. *Trois mystiques grecs, Orphée, Pythagore, Empédocle,* de S. JACQUEMARD.
147. *Le Miroir des âmes simples et anéanties*, de M. PORETE.
148. *Présence de Râm,* de SWÂMÎ RAMDAS, trad. de J. HERBERT.
149. *Traité du Vide parfait*, de LIE TSEU, trad. de J.-J. LAFITTE.
150. *Les Illuminations de La Mecque*, d'IBN ARABÎ, trad. sous la direction de M. CHODKIEWICZ.
151. *Le Silence foudroyant*, de THICH NHAT HANH, trad. de Z. BIANU.
152. *Comme un éclair déchire la nuit*, du DALAÏ-LAMA.
153. *Jung et la question du sacré*, d'Y. TARDAN-MASQUELIER.
154. *La Religion des Chinois*, de M. GRANET.
155. *La Saveur du Zen. Poèmes et sermons d'Ikkyû,* traduits et présentés par M. et M. SHIBATA.
156. *L'Etincelle de l'âme,* de Maître ECKHART, trente sermons trad. et présentés par G. JARCZYK et P.-J. LABARRIÈRE.
157. *Poèmes mystiques*, de HALLAJ.
158. *Sagesses de la mort*, de Z. BIANU.
159. *Polir la lune et labourer les nuages*, de Maître DÔGEN, anthologie présentée par J. BROSSE.
160. *L'Éveil subit,* de HOUEI-HAI suivi de *Dialogues du Tch'an*, traduits et présentés par M. et M. SHIBATA.
161. *L'Imitation de Jésus-Christ*, trad. par P. CORNEILLE.
162. *Dieu au-delà de Dieu, sermons XXXI à LX* de Maître ECKHART, traduits et présentés par G. JARCZYK et P.-J. LABARRIÈRE. (Inédit)
163. *Zen et Occident*, de J. BROSSE.

164. *Dialogue sur le chemin initiatique*, de K. G. DÜRCKHEIM et A. GOETTMANN.
165. *Prendre soin de l'être,* de J.-Y. LELOUP.
166. *Transformation et guérison,* de THICH NHAT HANH.
167. *La Lumière du Satori,* d'E. DE SMEDT.
168. *Job sur le chemin de la Lumière,* d'A. de SOUZENELLE.
169. *Le Chœur des Prophètes. Enseignements soufis* du Cheikh Adda BENTOUNÈS.
170. *Guérir du malheur,* de L. BASSET.
171. *Le Pouvoir de pardonner,* de L. BASSET.
172. *L'Esprit du Ch'an,* de T DESHIMARU.
173. *Passerelles. Entretiens sur les sciences de l'esprit,* du DALAÏ-LAMA.
174. *Le Recueil de la falaise verte, kôans et poésies du Zen*, trad. et prés. par M. et M. SHIBATA.
175. *L'Islam au féminin,* d'A. SCHIMMEL.
176. *Et ce néant était Dieu, sermons LXI à XC,* de Maître ECKHART, trad. et prés. par G. JARCZYK et P.-J. LABARRIÈRE.
177. *L'Évangile de Marie*, trad. du copte et commenté par J.-Y.LELOUP.
178. *Le Féminin de l'être. Pour en finir avec la côte d'Adam*, d'A. de SOUZENELLE.
179. *Dictionnaire des symboles musulmans*, de M. CHEBEL.
180. *Etty Hillesum*, de P. LEBEAU.
181. *Bernard de Clairvaux*, de M.-M. DAVY.
182. *Les Maîtres Zen*, de J. BROSSE.
183. *Les Psaumes,* traduits et présentés par P. CALAME et F. LALOU.
184. *La Rencontre du bouddhisme et de l'Occident,* de F. LENOIR.
185. *Moïse,* de J. BLOT.
186. *Mohamet*, de S. STÉTIÉ.
187. *Le rêve du papillon*, de TCHOUANG-TSEU.
188. *Entre source et nuage. Voix de poètes dans la Chine d'hier et d'aujourd'hui*, de F. CHENG.
189. *Dietrich Bonhoeffer*, d'A. CORBIC.

La composition de cet ouvrage
a été réalisée par Nord Compo,
l'impression et le brochage ont été effectués
sur presse Cameron
dans les ateliers de **Bussière Camedan Imprimeries**
à Saint-Amand-Montrond (Cher),
pour le compte des Éditions Albin Michel.

Achevé d'imprimer en février 2002.
N° d'édition : 20609. N° d'impression : 020782/1.
Dépôt légal : novembre 2000.